セルフ・キャリアドック入門

INTRODUCTION TO SELF CAREER DOCK

キャリアコンサルティングで
個と組織を元気にする方法

高橋　浩
増井　一［著］

金子書房

まえがき

本書のタイトルにある「セルフ・キャリアドック」とは，定期的なキャリアコンサルティングとキャリア研修などを組合せて，従業員のキャリア形成を促進・支援する総合的な仕組みのことです。本書は，企業内キャリアコンサルティングについて述べていますが，個別面談の技法を伝えるというよりも，「個を超えたキャリアコンサルティング」の考え方と技法を中心に紹介しています。「個を超えたキャリアコンサルティング」とは，個人と他者，個人と職場，さらには個人と組織との関係性にかかわるキャリアコンサルティングを指します。もちろん，個別面談が重要なことに変わりはありませんが，組織においてはより高い視座で組織内の様々な関係性を捉える必要があります。なぜなら，個人の問題は組織との相互作用によって発生・維持されるからです。それゆえ，個人のキャリア形成を支援するためには，個人と組織の両方にかかわる技法が不可欠となります。本書はこの点を中心に伝えていくことをねらいとしています。

筆者らは，厚生労働省の「平成28年度～29年度セルフ・キャリアドック導入推進事業」において，慶応義塾大学名誉教授である花田光世先生を座長とする導入推進委員会のメンバーであり，この委員会においてセルフ・キャリアドック導入のガイドラインとなる『「セルフ・キャリアドック」導入の方針と展開』（平成29年11月発行）の作成にかかわりました。このガイドラインは，導入の基本的なプロセスや勘所を示すことができた点で大きな成果といえます。一方，初めてセルフ・キャリアドックを導入しようとする企業にとっては，具体的な手順が示されておらず，内容が十分だとはいえません。また，セルフ・キャリアドック制度導入の助成金（平成29年度をもって終了）を目当てに制度を導入し，キャリアコンサルタントが組織に対し何らのフィードバックをしないまま一過性の個別面談を実施している例を多く耳にしました。セルフ・キャリアドックの正しい理解と実施が普及されていないことを痛感しました。

そこで，企業内で活躍するキャリアコンサルタント，産業カウンセラーや，今後導入を検討している企業，あるいは既に導入済みでさらなる推進を図っている企業の担当者を対象に，ガイドラインよりも詳しく，かつ分かりやすい入門書の必要性を感じ，本書の出版に至った次第です。

しかしながら，セルフ・キャリアドック（あるいは，企業内キャリアコンサルティング）についての理論や技法が十分に確立しているわけではありません。よって，既存の理論・技法に頼らざるを得ません。そこで，本書は，コミュニティ心理学やシステムズ・アプローチ，システム思考，対話型組織開発，産業・組織心理学，人材資源開発論，およびキャリアコンサルティング導入済み企業におけるノウハウなどをもとに，セルフ・キャリアドックの考え方や理論・技法を構成しました。

本書は，ガイドラインにおける５つの標準プロセスに沿って章を構成しています。各章は，基本的な考え方，手順，各手順の詳細，まとめを基本構成とし，必要に応じてガイドラインの解説や各種様式の例示，事例，コラムを掲載しています。次に，各章について説明します。

第１章では，「セルフ・キャリアドックの概要」を解説します。セルフ・キャリアドックが必要となった時代変化（キャリア観のパラダイム・シフト）と，セルフ・キャリアドックが目指す姿，セルフ・キャリアドックのプロセス（STEP）を解説します。

第２章では，セルフ・キャリアドックの中核となる「人材育成ビジョン・方針」の策定について解説します。特に，導入準備として重要な「組織を見立てる」ことから人材育成ビジョン・方針に至るまでについて，事例を用いて重点的に解説します。また，その後の経営者のコミットメントを得ること，社内に周知することについても解説します。

第３章では，「セルフ・キャリアドック実施計画」の作成について解説します。経営理念にもとづいて，人材構成の現状と将来像とのギャップを見定めて人材育成計画を立案する方法を解説します。また，キャリア研修，キャリアコンサルティング面談の実施に向けての準備についても解説します。

第４章は，実施計画の作成とほぼ並行して実施する「企業内インフラの整備」について解説します。物理的な有形インフラだけでなく，無形インフラも含めて必要なインフラのチェックの観点を示します。また，インフラとして重要なセルフ・キャリアドックの実施組織とその人員，連携体制，社内規定（特に守秘義務と情報共有），意識醸成などについて解説します。

第５章は，「セルフ・キャリアドックの実施１」として，「キャリア研修」について解説します。企業内における標準的なキャリア形成を踏まえて，年代別に必要なキャリア研修のテーマや，研修の運営方法を解説し，研修プログラムの例や研修事例を紹介します。

第６章は，「セルフ・キャリアドックの実施２」として，「キャリアコンサルティング面談」について解説します。特に，非自発的来談を前提とした開発的な面談として，キャリア形成プロセスを点検してその課題を明確にしていく方法を中心に解説します。

第７章は，各種施策の実施後の「フォローアップ」について解説します。各種支援施策を終了後に実施する個々の対象従業員へのフォローアップと，全体報告書をまとめて組織にフィードバックをして改善措置につなげることについて解説します。

最後に，付録として厚生労働省が2017年に発行した『「セルフ・キャリアドック」導入の方針と展開』，厚生労働省が開設している「セルフ・キャリアドック普及拡大加速化支援サイト」，セルフ・キャリアドックに役立つ「学習の場」，「推薦図書」，「引用・参考文献」を採録しました。

なお，各章の内容は他章と重複する部分がありますが，異なる視点からの記述になっていたり，補完し合っていたりしますので，この点ご容赦いただくと同時に，適宜，両方を参照していただきたいと思います。

本書では，ガイドラインに沿った用語を用いています。この内，特有なものについてここで解説しておきます。

・人材育成ビジョン・方針：当該企業において求める人材像や人材育成の方針を示したもの。
・実施組織：セルフ・キャリアドックを実施・推進する組織。この組織のメンバーはキャリアコンサルタントであることが前提。
・実施責任者：実施組織の長であり，セルフ・キャリアドックの実施・推進を進める責任者。
・対象従業員：セルフ・キャリアドックにおいて支援対象となる従業員。
・現場管理職：対象従業員の上司である管理職（ライン・マネジャ）。
・キャリアコンサルティング面談：キャリアコンサルタントが，キャリア理論等の専門的な知見にもとづき，従業員の心理的な自己洞察を促して，キャリア形成について認識を深め，明確化するための面談のこと。上司が行うキャリア面談と区別している。
・キャリアコンサルティング面談シート，または面談（記録準備）シート：対象従業員が自身のキャリアに関する情報を記入するシート。キャリアコンサルティング面談において，キャリアコンサルタントと本シートを共有しながら面談を進める。なお，ジョブ・カードで代用してもよい。
・個別報告書：キャリアコンサルティング面談の相談者に関する内容をキャリアコンサルタントが記録するカルテのこと。
・全体報告書：当該年度におけるセルフ・キャリアドックの実施計画，実施結果，人材開発についての考察，今後の課題，組織的な改善措置などを書いた報告書。

本書が，セルフ・キャリアドックの導入および運営に携わる方々の一助となることを願っています。

本書は，セルフ・キャリアドック導入支援事業ならびにセルフ・キャリアドック普及拡大加速化事業に参画したことを契機に出版することができました。本事業の事務局，委員，協力企業担当者の皆様に感謝申し上げます。また，セルフ・キャリアドック普及拡大加速化事業のスーパーバイザーでいらっしゃいますキャリア心理学研究所代表の宮城まり子先生からは本書に推薦文を賜りました。誠に有難く，御礼を申し上げます。そして，本書の出版にあたってご尽力いただきました金子書房の皆様，特に編集担当の木澤英紀様に深謝いたします。

令和元年6月吉日
ユースキャリア研究所
高橋　浩

目　次

第2章 人材育成ビジョン・方針の明確化
——組織を見立てることの重要性——

第3章 セルフ・キャリアドック実施計画の策定
——実施の準備と報告書の作成——

第4章 企業内インフラの整備
――インフラの5分類と有形・無形インフラ――

第5章 セルフ・キャリアドックの実施１
――キャリア研修の企画・立案・運営と研修プログラム――

第6章 セルフ・キャリアドックの実施２
――キャリアコンサルティング面談における点検（見立て）と対応――

第7章 フォローアップ
——セルフ・キャリアドックを徹底するために——

付　録

巻末資料

CHAPTER 1
第1章

セルフ・キャリアドックの概要

高橋　浩

セルフ・キャリアドックとは，従業員のキャリア形成を促進・支援することを目的として，定期的なキャリアコンサルティングとキャリア研修などを組合せて行う組織的な仕組みのことです。近年，変化の激しい社会，先の見えない時代といわれますが，このような状況だからこそ，企業には組織の成員の活性化を図るセルフ・キャリアドックが必要です。本章では，時代変化とセルフ・キャリアドックの必要性について解説したうえで，セルフ・キャリアドックが目指すこと，支援すること，セルフ・キャリアドックの実施プロセスの概要について解説します。

なお，「キャリアドック」および「セルフ・キャリアドック」という名称は，厚生労働省の登録商標となっています。

1．なぜ，今，セルフ・キャリアドックが求められるのか

(1)　キャリアのパラダイム・シフト

近年の日本は，労働観の大転換期であるパラダイム・シフトを迎えているのではないでしょうか。バブル経済崩壊までの企業は，年功賃金制と終身雇用制（長期雇用制）を根幹とした人事制度をとっており，従業員の生涯は経済的に保障されているようでした。しかし，このことは同時に，企業への忠誠と，命令への服従を従業員に求めているといえます。物質的な豊かさを求めていた時代では，従業員はこれを是としていましたし，企業も経済発展を遂げることができました。つまり，労使間の利害は一致して

いたわけです。これにより，キャリアアップとは，昇進・昇格・昇給であり，定年退職（55歳・60歳）後は悠々自適に暮らすというキャリア観が人々に形成されたと考えられます。

しかし，1990年代初頭のバブル経済崩壊によって，それまで安泰と思われていた大手企業や銀行が倒産・破綻するという前代未聞の事態が発生しました。企業は構造改革を図るべく組織の統廃合や人員整理を行うようになりました。転職を経験する人々も多くなりました。従業員にとって，企業はもはや生涯を保障してもらえる場ではなく，忠誠を誓う必要もなくなったわけです。

並行して，物質にあふれICTの発展した社会になっています。人々が求める豊かさは，「物」から「心」へと移っています（環境省，2012)。また，このようななかで，特に20代の若者は，「仕事」よりも「プライベート」が重要であり，また働くことを通して求めることは「昇進・昇格・昇

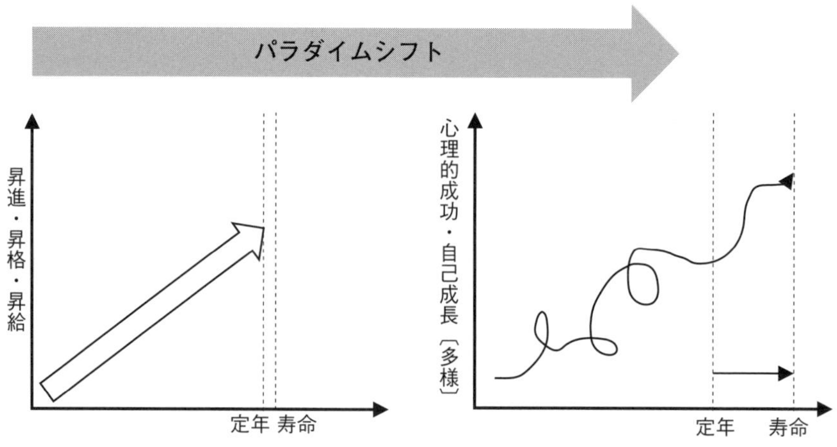

旧パラダイムのキャリア
・企業が生涯を保証してくれる
・生涯一企業に勤務
・指示・命令で動く従業員
・画一的なマネジメント

新パラダイムのキャリア
・企業が生涯を保証し得ない
・生涯複数企業に勤務
・指示・命令では動かない従業員
・個々に応じたマネジメント

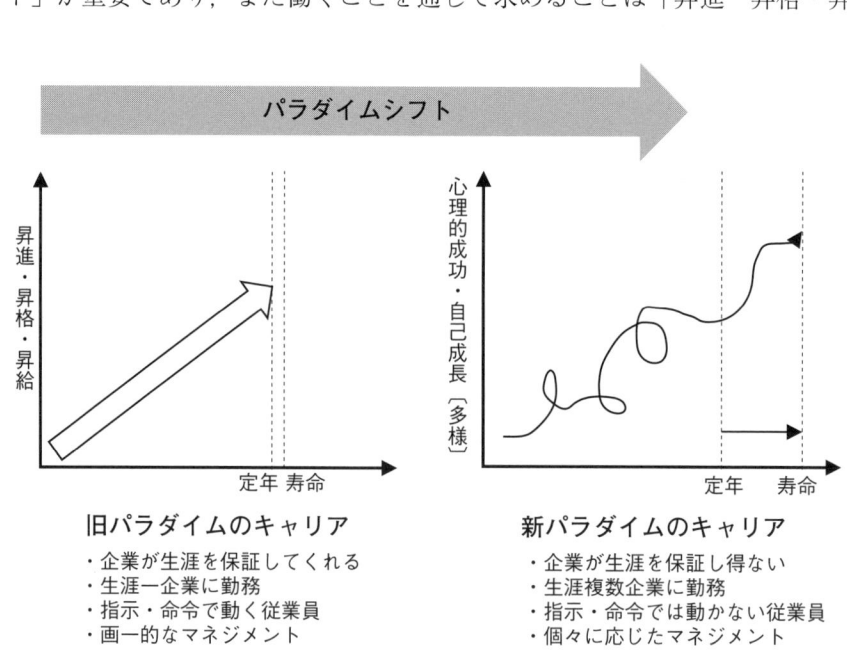

図表1－1　労働観のパラダイムシフト

給」よりも「自己成長の実感」になっています（エン・ジャパン，2017）。外的報酬よりも個人的な充実を求めているといえます。このようにして，人々は，生涯に何度か仕事を変えながら，個人的な充実を図りつつ働いていく，というキャリア観に移行しつつあると考えられます（図表１－１）。

(2)　働かせ方と働き方の不一致

バブル経済崩壊後，企業は人事制度の見直しを図りました。しかし，実態は年功賃金制を根幹としていますし，長時間労働や指示・命令型のマネジメントなど，いまだに旧来の「働かせ方」が強く残っています。しかし，若手はというと，新しいキャリア観で働いているのです。つまり，旧パラダイムに基づく「働かせ方」と新パラダイムに基づく「働き方」の不一致が生じており，これが各種の人材問題を生んでいるのではないでしょうか。このままでは，従業員は疲弊し，生産性が下がり，組織が成り立たなくなる恐れがあります。

(3)　新しいパラダイムにおける個人と組織の在り方

このような時代において，個人と組織は働き方と働かせ方が一致するように変化していかなくてはなりません。組織の人事としては，ルソー（Rousseau，2005）や高橋俊介（2012）は「個に応じた人材マネジメントや支援」の重要性を指摘しています。一方，個人のキャリアとして，ホール（Hall，2002）やハートン（Hartung，2018）は，内的キャリアや自己の成長，働く意味の重要性を指摘しています（図表１－２）。だとすると，組織が個に応じた支援をすることによって個人の働きがいや働く意味を生みだし，このことが社会的価値の創出につながるような仕組みを作ること，つまり，個人と組織の共創関係（Win-Win の関係）を作ることが新しいパラダイムに求められるあり方だと考えられます（図表１－３）。そして，この共創関係を作り出せるのが個の視点を尊重できるキャリアコンサルタントであり，セルフ・キャリアドックであるといえます。

図表１－２ キャリアにおける新旧パラダイムの比較

Hall（2002）・Hartung（2018）を参考に筆者が作成

	旧来のパラダイム	新しいパラダイム
キャリアの主体	組織	個人
雇用環境	長期・安定雇用，進路安定	短期・不安定雇用，変幻自在
重要なキャリア	外的キャリア （役割，目標達成，業績） 仕事重視（キャリア）	内的キャリア （ニーズ，価値観，意味） 生活重視（ライフ）
組織のスタイル	機械（従業員は歯車）	生命体（従業員は細胞）
労使関係	主従関係，対立関係 組織による拘束	対等な関係，共創関係 個人の自由裁量
業務スタイル	定型業務	思考労働
重視される特性	合理，論理，客観	直感，感情，主観
重要な成果	組織の発展	自己の成長
重要な報酬	外的報酬（給与，地位）	内的報酬（心理的満足）
マネジメント	指示・命令，外発的動機づけ	共感・協働，内発的動機づけ
キャリア支援	自己と仕事のマッチング	仕事を通しての自己形成

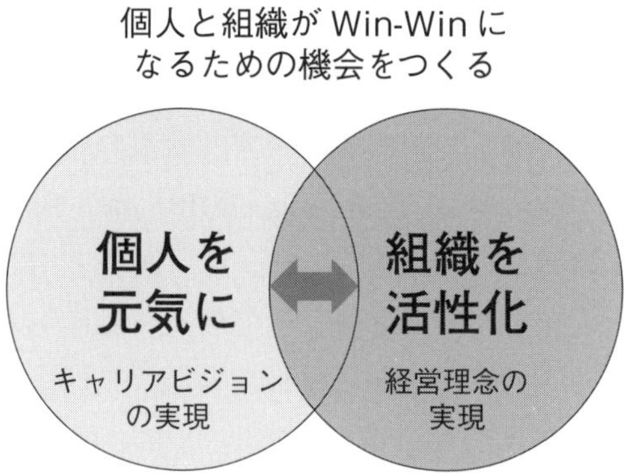

図表１－３ セルフ・キャリアドックが目指すこと（概要）

厚生労働省（2018）をもとに筆者が修正

COLUMN

キャリアドック構想

もともと「キャリアドック」という名称は，株式会社日本マンパワーの登録商標でした。当初のキャリアドックの構想については，「第３回職業能力開発の今後の在り方に関する研究会議事録（2014年７月９日）」に垣間見ることができます。このなかで，特定非営利活動法人日本キャリア開発協会の当時理事長であった立野了嗣氏（2017年以降は会長）は，キャリアドックについて「体の健康診断として『人間ドック』の名称が使われるように，雇用主が従業員に対してキャリアの定期健康診断を半ば義務として実施する『キャリアドック構想』を提唱したい」と述べています。さらに，「多様な個人の意思と選択により自由で柔軟に働くことが可能な社会」の実現のためには，労働者個々人が自身の働き甲斐の拠り所や職業人生における多様な選択肢のなかから自身の描く職業人生に合う基準をしっかり持つことが前提であり，自らコントロールし難い問題に遭遇する前に将来展望を踏まえた認識を持って，自身の適性や能力，仕事観の振り返りを行ってキャリア形成に対して静かに考える定期的な時間を持つことが必要であると述べています。

つまり，本来のキャリアドックは，①個人が自由で柔軟に働くことができる社会の実現を目指すものであり，そのために，②不確実で変化の激しい社会に適応できるような職業人生の基準を作り，③このようなキャリア形成について考える時間を定期的に実施するものだということになります。

このキャリアドック構想が発端となり，現在のセルフ・キャリアドックに発展しています。なお，「キャリアドック」という名称は，協議の結果，2016年７月に株式会社日本マンパワーから厚生労働省に商標権が移っています。また，「セルフ・キャリアドック」という名称についても厚生労働省に商標権があります。

2．セルフ・キャリアドックとは

(1) セルフ・キャリアドックの定義と枠組

セルフ・キャリアドックとは，単なる企業内におけるキャリア相談活動ではありません。2017年11月に発行された『「セルフ・キャリアドック」導入の方針と展開』（以下，ガイドライン）という小冊子には，セルフ・キャリアドックの定義や実施プロセス，各種留意点が掲載されています。まずは，定義について見てみましょう。これによって，セルフ・キャリアドックのねらいや手段などの枠組を知ることができます。

> *①企業がその人材育成ビジョン・方針に基づき，②キャリアコンサルティング面談と多様なキャリア研修などを組み合わせて，③体系的・定期的に従業員の支援を実施し，④従業員の主体的なキャリア形成を促進・支援する⑤総合的な取組み，また，そのための企業内の「仕組み」のことです*
>
> 『「セルフ・キャリアドック」導入の方針と展開』Ｐ２より
>
> （丸数字は筆者が追加）

これにはいくつかのポイントがあります。最初に強調したい個所は④「従業員の主体的なキャリア形成を促進・支援する」という点です。従来の人材育成は，組織の利益のために人材育成をするという組織中心のものでした。組織が主で従業員が従というトップダウンの人材育成といえるでしょう。しかし，セルフ・キャリアドックでは，従業員の主体性にも力点を置いたのです。つまり，図表１-３で示したように，組織と従業員が対等な関係によるキャリアコンサルティングだといえます。

次に，①「企業の人材育成ビジョン・方針に基づく」ということです。組織中心ではないからといって組織の目的や方針と関連なく行われるのではなく，組織に寄与しうるキャリアコンサルティングだということです。これまでのキャリアコンサルティングを行ってきた方の多くは，目前のクライエントの福利のみを追求してきたかもしれません。ただし，クライエントの福利の追求が組織にとって不利益を生むものだとすれば，キャリアコンサルティングは組織に不要ということになってしまうでしょう。両者の関係を個人か組織かという対立関係ではなく，共に協力し合って新たな価値を創出する共創関係として捉えることがセルフ・キャリアドックの枠組としてあるのです。

第３に，セルフ・キャリアドックの実施手段は②「キャリアコンサルティング面談と多様なキャリア研修などを組み合わせる」という点です。セルフ・キャリアドックは組織内のキャリア面談だけではないということです。組織内のキャリアコンサルティングとして，面談だけでなくキャリア研修が有効であることが既に導入された企業の成果から明らかとなっています。これに加えて，各企業の事情に応じて，また工夫次第で，研修と面談以外の方法を導入しても構いません。「～などを組合せて」と表現しているのはこのような理由からです。たとえば，上司によるキャリア面談「１on１」とか，さらにキャリアコンサルタントが上司の補佐として加わる「三者面談」，管理職たちが集まって部下の人材開発を検討する「人材育成会議」，学び直しを気軽にできる「ラーニング・カフェ」など，工夫次第で多様な方法を考え出すことができます。従来の方法にこだわらず多くの可能性を検討していただきたいと思います。

第４に，③「体系的・定期的に従業員の支援を実施する」ということです。どのような社員層に対してどのようなキャリア形成支援策を実施するかを体系的に検討し，何らかのタイミングで実施していきます。たとえば，若手，中堅，リーダー，管理職といった階層別にして毎年実施する，昇格時・異動時や育児休暇からの復帰時に実施するといったことが考えられます。もちろん，定期的だからといって随時面談することを妨げるものではありません。

最後に，セルフ・キャリアドックは⑤「総合的な取組み」であり「企業内の仕組み」であるということです。主体的キャリア形成を行うために組織の関係各署が連携して多様な支援を行うことや，組織の制度や規程を見直すなど組織的な改善措置を講じることも必要です。また，PDCA サイクルを回して継続的な改善を行うことや，取り組みを属人化せずに責任者や担当者が代わっても継続的に運営されるような仕組みを構築することも必要でしょう。

以上から，セルフ・キャリアドックとは，キャリアコンサルタントが，単に面談をするだけではなく，経営層，人事部門，ラインマネジャ，その他関係部署にも積極的にかかわりながら，従業員と組織の両者の活性化に向けた多様な活動を行うことがお分かりいただけたと思います（図表

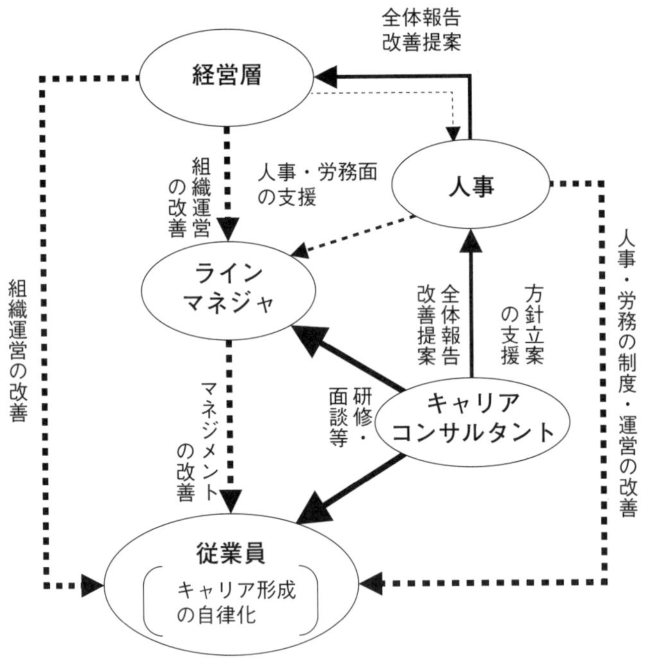

図表１－４　セルフ・キャリアドックにおけるキャリアコンサルタントの役割

高橋（2018）『日本産業カウンセリング学会 TODAY』より作成

１－４）。

⑵　最終的に目指すこと

セルフ・キャリアドックが最終的に目指すことは，個人と組織が Win-Win の関係を構築すること，すなわち，個人が元気になり，組織が活性化される状態にすることです。個人を元気にするにはどうしたらよいでしょうか。昇進・昇格・昇給をすればよいのでしょうか。そうではありません。これは古いパラダイムの労働観です。もちろん，なかにはそれを望んでいる人もいますが，価値観が多様化している現在は，個人によって望むものが異なります。人はそれぞれ異なる欲求，価値観，信念を持っているわけですが，これらに合致した状態になったときに喜びを感じます。また，これらが得られそうなときに内発的に動機づけられます。そして仕事に励み，生産性が向上するわけです。したがって，個人が元気になるためには，個人が望む状態にアプローチしていけるような仕事や働き方や職場でなければなりません。これを実現するには，各自が自分の望みを自覚してそれに向かって行動していく必要があります。そして，個人の努力だけでなく，個人を支えるような上司・同僚との関係，職場の雰囲気，組織の制度，経営理念などの環境も整っていないといけません。

一方，組織が活性化するとは，どういうことでしょうか。企業が，従業員を理解しないまま際限のない規模拡大や利益追求を行ったとしたら，従業員はついてきてくれるでしょうか。昇進・昇格・昇給で最大限に力を発揮してくれるでしょうか。答えは NO です。従業員は企業に都合よくつかわれ，疲弊し，企業を信用しなくなります。組織が活性化するということは，個人が，組織の理念に共鳴し，組織の個人への接し方に感謝し，喜んで力を発揮して初めてなされる状態だと思います。

したがって，セルフ・キャリアドックで最終的に実現したい姿は，図表１－５の状態だと筆者は考えます。つまり，個人は自己のキャリアビジョンの実現や働く意味を実感するために内発的に動機づけられ職務遂行をし

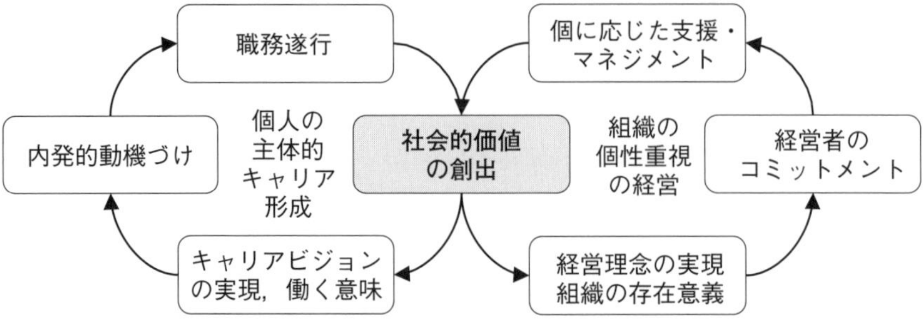

図表1－5　セルフ・キャリアドックが目指す姿

て，社会的な価値を創造し，これがさらなるキャリアビジョンの実現や働く意味の実感として返ってきます。一方，組織は，経営理念の実現や組織の存在意義に向けて経営者がコミットメントを強め，個に応じたマネジメントや支援を実施して従業員による社会的価値の創造を促し，これがさらなる経営理念の実現，組織の存在意義として返ってきます。このような「個人の主体的キャリア形成」の好循環と，「組織の個性重視の経営」の好循環が同期して相乗効果が生み出される状態をセルフ・キャリアドックは目指しているのです。同時にこのことは，社会的価値を創出するので，社会にとっても有益なものとなり，個人と組織と社会の三者の Win-Win-Win を作り出すという意味もあります。

⑶　セルフ・キャリアドックに期待できること

セルフ・キャリアドックを導入することは，従業員の職務満足やモチベーション向上，職場適応を助けるだけでなく，上長の部下理解や意識改革，キャリア支援の制度構築といった組織の変化を生み出すことも期待することができます。以下に，キャリアコンサルティングやセルフ・キャリアドックの効果についての調査研究結果を紹介します。

下村（2015）は，国内で企業内キャリアコンサルティングを実施している企業を調査した結果，企業内キャリアコンサルティングの機能を以下の

３つであるとしています。

①リテンション機能（人材維持，保持，引き止め）

リテンション機能とは，キャリアコンサルタントが人材を組織内に留める方向で支援をするというものです。特に新卒者や中途入社者に対して，職場理解や仕事理解を促すことにより職場適応を実現しています。

②関係調整・対話促進機能

上司や同僚との対話を促進し，人間関係を良好にしていく関係調整の機能があります。多様な価値観のメンバーと協働していくことや，さらには組織開発をしていくうえでも重要な機能といえます。

③意味付与・価値提供機能

変動が激しく不確実性の高い現代において，アイデンティティや働くことの意味を失う従業員は多いと思われます。旧来，組織から与えられていた働く意味は今や消失し，一人ひとりが自ら意味を作り出していかなければなりません。これを支援する機能といえます。

また，下村（2018）は，キャリアコンサルティングを受けた経験者1,117名に対する調査（下村，2017）から，次のような効果を見出しています。

①キャリアコンサルティングを受けて「変化した」が65.1%
②変化した人のうち「将来のことがはっきりした」が40.0%（複数回答）
③変化した人のうち「とても役立った＋役立った」が64.9%
④キャリアコンサルティングを受けている人の方が現在の満足度が高い（図表１－６）。
⑤キャリアに関する相談の専門家に相談経験がある場合，正規就労率，個人年収，部課長・係長比率が高い（図表１－７）。

さらに，2016年～2017年にかけて行われたセルフ・キャリアドック導入支援事業では，セルフ・キャリアドックを導入した14社を対象にその導入効果を検証しました（厚生労働省，2018）。その結果，以下のことが示さ

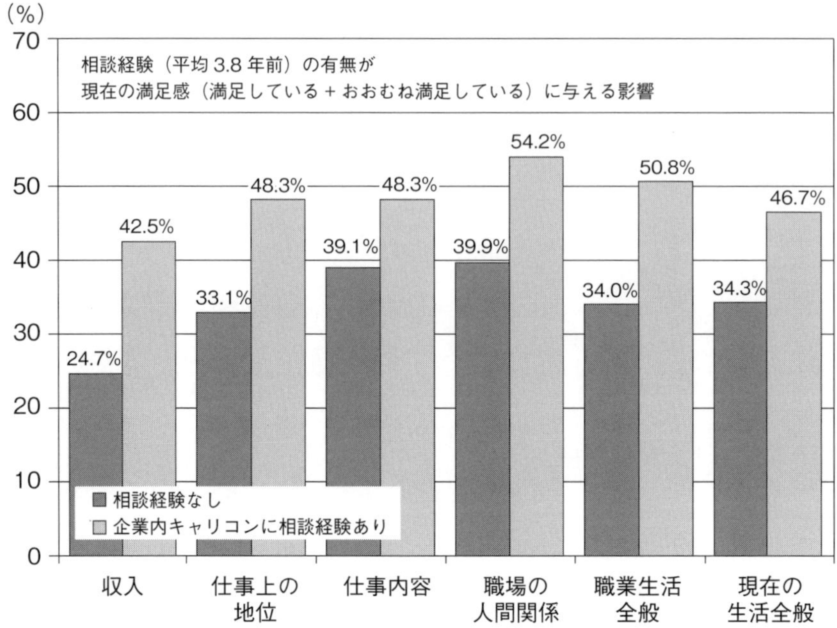

図表1－6　キャリアコンサルティングの効果（下村，2018）

れました。

①従業員のモチベーション向上

不本意な異動，低処遇者，行き詰まり感のある従業員にとって，やりたいことを熟考する機会になった。

②上長の意識改善

部下理解をして，これをマネジメントに活用した。上長自身がキャリア開発の必要性を自覚した。

③キャリア開発支援の制度構築

セルフ・キャリアドックを試験的に導入したことによってキャリア開発を制度化できた。また，人事主導から従業員主導のキャリア開発へと変化し始めた。

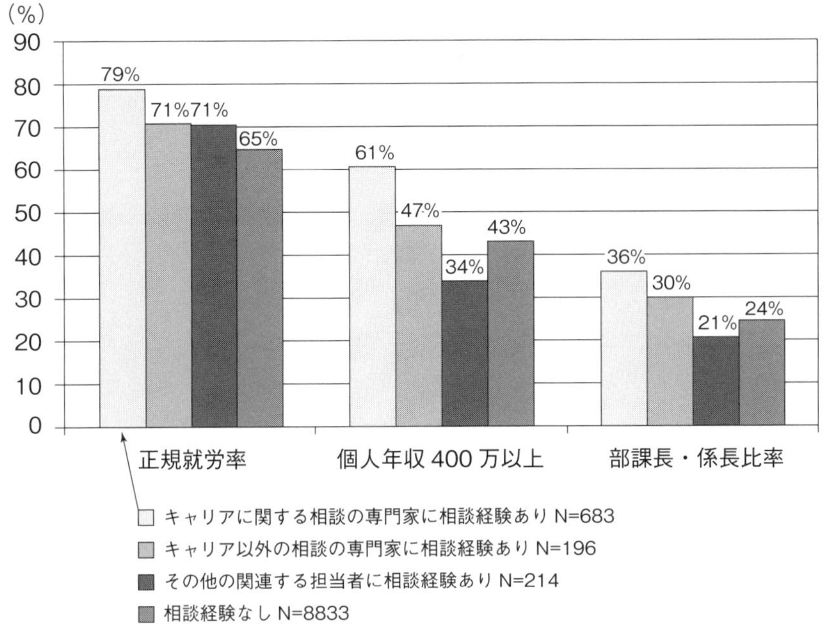

図表１−７　キャリアコンサルティングと労働状況（下村，2018）

以上から，キャリアコンサルティングやセルフ・キャリアドックは従業員や管理職の心理面や内的キャリアに好影響を与えることが示されました。既に，産業・組織心理学では人間関係やモチベーションが生産性に影響することが示されていますので，人材を活性化することは組織を活性化することにつながると考えられます。

COLUMN

セルフ・キャリアドック発足の経緯

新しい労働観へと移行しつつある日本において，政府も対応を始めています。日本再興戦略改訂2015（内閣府，2015）では，「働き手が自らのキャリアについて主体的に考える習慣を身に付ける環境を整備することが重要」であることを指摘しています。職業能力開発促進法（2016年４月１日施行）の第三条の三では，「労働者は，職業生活設計を行い，その職業生活設計に即して自発的な職業能力の開発及び向上に努めること」が謳われ，同時に，第十条の三では「事業主がキャリアコンサルティングの機会の確保その他の援助を行うこと」が謳われました。つまり，従業員の自律的なキャリア形成について，従業員自身だけでなく，組織もそれを支援することが法的に定められたわけです。

これを受けて，厚生労働省はセルフ・キャリアドックと称する企業内のキャリアコンサルティングの導入推進を開始しました。2016年度～2017年度にかけてセルフ・キャリアドック導入推進事業が実施され，2017年11月に『「セルフ・キャリアドック導入」の方針と展開』（厚生労働省，2017）が発行されました。さらに，未来投資戦略2018（内閣府，2018）では「労働者が『気づき』の機会を得て，主体的にキャリア形成を行えるよう，年齢，就業年数，役職等の節目において企業内外でキャリアコンサルティングを受けられる仕組みの普及」が示され，2018年度からは，セルフ・キャリアドック普及拡大加速化事業が開始されました。東京と大阪に活動拠点を設置して企業へのセルフ・キャリアドックの導入と実施・運営の支援を行ってきました。2019年度からは，札幌，名古屋，福岡の拠点を増設して全国展開を図っています。

また，この活動を支えることになるキャリアコンサルタント国家資格取得者は，2017年３月時点で約25,000人に達しています。その主な活動の場は企業が34.2％と最も多いのです（労働政策研究・研修機構，2018）。このことは，従業員のキャリア形成に対して企業内での関心が高まっていることを示唆しており，キャリアコンサルティングが，需給調整機関や人材ビジネス，学校だけでなく，企業内にも拡大しつつあるといえます。同時に，キャリアコンサルティングが単に職業紹介，転職紹介を行うものではなく，従業員が求める働き方・生き方を実現しつつパフォーマンスを向上させていくという開発的なものであることが重要視されてきているといえます。

3．セルフ・キャリアドックにおける支援の概要

(1)「キャリア」について

セルフ・キャリアドックでは，キャリアコンサルティング面談とキャリア研修などを組合せた支援施策を実施していきます。これは結局のところ何を支援するのでしょうか。キャリアコンサルティングやセルフ・キャリアドックについては，世間一般では誤解があるようですから，まずは誤解を解きながらセルフ・キャリアドックにおける支援について解説したいと思います。

まず，「キャリア」という言葉について見ていきましょう。世間一般がキャリアに抱くイメージは，「出世」や「収入アップ」，「エリート」，「高業績の経歴」，「ベテラン」，「バリバリ働くこと」といった感じです。そのためキャリアについて考えましょうと話しかけると，「私には関係ない」とか「管理職になるつもりはない」，「そんなに仕事を一生懸命したくはない」といった反応をする人達がいます。これは，旧パラダイムでキャリアを捉えているからだと思われます。つまり，外的キャリア（履歴書に書かれるような内容）や，世間や組織が是とする働き方が「キャリア」であると捉えている傾向が見受けられます。しかし，今後，キャリアコンサルティングで向き合っていくキャリアは新パラダイムのキャリアです。外的キャリアだけでなく，仕事への満足感や働く意味，仕事を通じて得たい状態といった内的キャリアもキャリアコンサルティングの対象です。そして，新パラダイムのキャリアでは，キャリアの良し悪しは世間ではなく自分自身が決めるものです。ですから，キャリアについて関係のない人は誰もいないのです。

⑵ 「キャリアコンサルティング」について

では，キャリアコンサルティングとは何でしょうか。職業能力開発促進法第二条5においてキャリアコンサルティングとは，「労働者の職業の選択，職業生活設計又は職業能力の開発及び向上に関する相談に応じ，助言及び指導を行うこと」とされています。これを見ると，就職や転職の相談のようにも思えます。しかし，職業の選択や，職業生活設計などを行うためには，本人の内的キャリア（気持ちやニーズ，働く意味）を無視することはできません。さらには，仕事と私生活との関係についても検討していく場合もあります。新パラダイムに基づいているキャリアコンサルティングは，仕事の質（QOW：quality of work）を上げることによって生活の質（QOL：quality of life）を上げることに力点が変化しています。この意味を込めて，最近では「キャリア」ではなく「ライフ・キャリア」と呼ぶようになっています。

「キャリアコンサルティング」は「キャリアカウンセリング」と呼ばれることもあります。カウンセリングというと，「仕事に悩んでいる人」や「精神的に弱い人」が受けるものというイメージを持つ人達がいます。もちろん，そういう場合もありますが，キャリアコンサルティングはそれだけではありません。そもそもカウンセリングには問題解決をする「治療的カウンセリング」と個人の成長を促す「開発的カウンセリング」があります（國分，1996）。治療的カウンセリングは問題行動をなくしていくもので，開発的カウンセリングは成長を促していくものです。キャリアコンサルティングもこれに沿って捉えてもらうとよいと思います。キャリア上の問題を解決していく「解決的キャリアコンサルティング」と，キャリア形成を促していく「開発的キャリアコンサルティング」があるということです。セルフ・キャリアドックでは，「開発的」を基本として，「解決的」は必要に応じて実施するという考え方がよいと考えます。というのは，解決的な面談は従業員の任意来談の場合が多く，面談件数は比較的少ないものです。一方，開発的な面談は特定の対象従業員層に対して一斉に実施されるため件数は解決的な面談よりもはるかに多く，その目的は主体的キャリア形成のために達成すべき課題の発見にあります。セルフ・キャリアドックにおけるキャリアコンサルティングも，その目的はキャリア形成，キャリア開発というポジティブな側面にあり，それは自分らしく働くための支援なのです。

(3)　キャリアコンサルティングによって人材は流出するか

キャリアコンサルティングやセルフ・キャリアドックを導入すると，従業員が転職してしまうと危惧する経営者がときどきいます。この懸念は必ずしも外れているとはいえません。ただし，これはセルフ・キャリアドックの目的からずれています。Hall（2004）の考え方に基づくと（図表1-8），組織内キャリアコンサルティングで行う支援は，個人のアダプタビリティ（組織への適合性）と自己理解を高めることであり，その結果，積極的行動と高業績を引き出すことだと考えられます。しかし，キャリアコンサルティングによって自己理解ばかりを高めてアダプタビリティを高めないでいると，仕事に対して無気力になったり逃避してしまったりすることになります。これによって転職を助長してしまうのです。キャリアコ

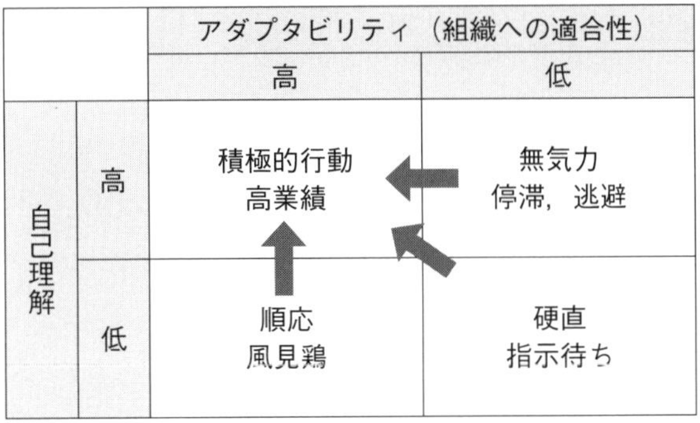

図表１-８　組織における自己理解と適合性の相互作用

（Hall, 2004）をもとに筆者が作成

ンサルティングのプロセスとして，自己理解を促し従業員自身のニーズに気づかせ，仕事へのモチベーションの向上を促すことは重要な支援です。これに加えて，組織への適合性を高める支援もしていく必要があるのです。カウンセリングの学習では「目前のクライエントの利益になることのみをせよ」と教わるので，組織への適合性を見失いがちになります。この点が企業内キャリアコンサルティングの難しい点でもあり，肝心な部分でもあります。

キャリアコンサルティングによって人材が流出することは組織の損失になりますし，転職した従業員にとっても本当によいことなのかは疑わしいことです。なぜなら転職はとてもリスクが高い行為ですし，唯一の解決策でもないからです。リスクが高い理由は，転職先の実情を100% 知ることができないため，キャリア上の問題解決としての不確実性が高い点にあります。むしろ，現職場の方が事情を十分に知ることができ効果的な対策を検討することが可能です。唯一の解決策でないというのは，問題を回避する手段は転職以外もあるからです。そのことを十分に検討できていなかったり，他の解決策を実行していなかったりすると，本質的な課題が残ったままになり，転職先で同様の問題が生じる可能性が高くなります。安易な転職支援をした場合，転職元の企業の人材流出と，転職先でのミスマッチという二重の問題をキャリアコンサルタントが引き起こすことになります。企業内のキャリアコンサルティングでは，来談した従業員だけに注目するのではなく，その周囲との関係性や環境との相互作用を含めて見立てを行い，支援することが必要です。仮に転職を支援する場合であっても，転職先という環境との相互作用を可能な限り考慮して行うべきでしょう。

⑷ 主体的なキャリア形成のプロセス

ここまで，キャリアコンサルタントは開発的キャリアコンサルティングを行うこと，自己理解と適合性の両者を高める支援を行うことを述べました。しかし，これだけでは十分なキャリア形成の支援とはいえません。な

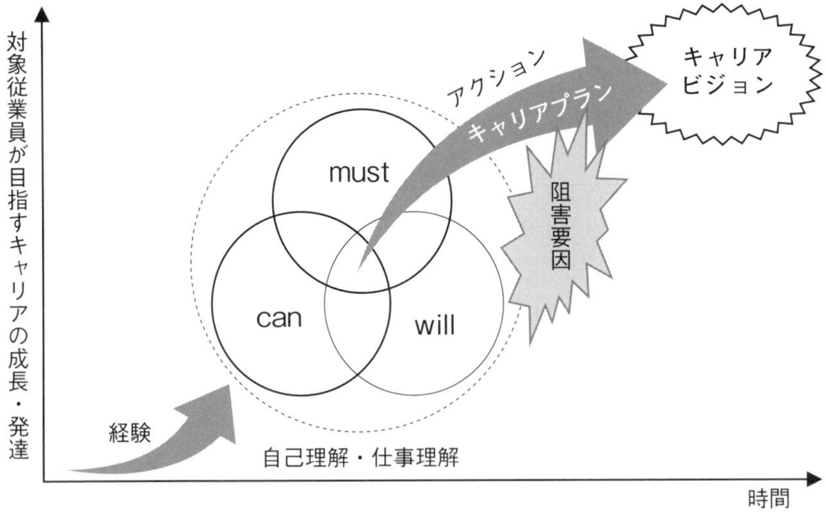

図表1－9　キャリア形成プロセス

厚生労働省（2018）をもとに筆者が加筆・修正

ぜならば，キャリア形成とは何かを把握してそのプロセスを本人が推進できるように支援することが不可欠だからです。

本書が推奨する「キャリア形成プロセス」を図表1－9に示します。キャリアコンサルタントはこのプロセスが進むように対象従業員を支援していきます。まず，過去の経験を振り返ることによって自己理解・仕事理解を促します。will（したいこと），can（できること），must（すべきこと）を自覚させます。次に，これらの重複部分が拡大した状態，すなわち理想の自己となった状態をキャリアビジョンとして描かせます。さらに，キャリアビジョンを実現するための行動計画（キャリアプラン）を立て，実際に行動できるように支援していきます。これが開発的キャリアコンサルティングに相当します。

なお，この一連のプロセスに対する阻害要因があれば，これを点検して課題を明確化することも重要です。その課題達成のための行動計画を立て実行を促していきます。これは解決的キャリアコンサルティングに相当します。

(5) 個を超えた支援

キャリアコンサルタントの基本的な活動は従業員の支援ではありますが，非常に効果的に企業内で活躍しているキャリアコンサルタントは，個を超えた支援を行っています。高橋（2015）は，企業内キャリアコンサルティングを導入していた10社を調査した結果，図表1-10に示す特徴がみられました。第2段階以降が個を超えた支援です。第2段階は，上司－部下間の問題の解決を図る支援で，関係調整機能を果たします。第3段階は，職場への介入で，職場の人達の理解と協力を得て対象従業員を支援するもので，職場管理職や同僚を巻き込む機能が必要です。第4段階は経営層へのアプローチで，経営層への改善提案をして組織全体を変える契機となるものであり，また経営者個人の相談に乗るという機能でもあります。段階が進むにつれ支援の範囲が拡大するわけです。

セルフ・キャリアドックとしては，すべての段階を実施していくのが理想的です。ただし，すべての段階を最初から実施しなければならないというわけではありません。まず着手する対象従業員は誰か，どの段階まで導入するか，いつまでに導入するかなど，各企業の目的や事情，導入の規模やペースに応じて決めるのがよいでしょう。この点は第2章における「組織を見立てる」や，第3章の実施計画の策定を踏まえて決定するとよいで

図表1-10　企業内キャリアコンサルティングの発達段階

（高橋，2015）から抜粋

発達段階	第1段階	第2段階	第3段階	第4段階
対象者	個人	上司ー部下間	職場	経営層 （組織全体）
支援活動	個別面談	個を超えた支援		
	環境理解の支援 自己理解の支援 未来構築の支援	上司への支援・介入	職場への介入	経営者への アプローチ

しょう。

4. セルフ・キャリアドックのプロセス

(1) 概要

ガイドラインに表示されている標準的プロセスは，以下に示す通りです（図表1-11）。

このプロセスは，基本的には上から順次進めていくのですが，適宜，前後を行き来しながら進めていって結構です。ガイドラインでは，最初のプロセスである「人材育成ビジョン・方針の明確化」において，残念ながら導入決定に至るプロセスは示されていません。多くの企業では，セルフ・キャリアドックの導入にあたって，経営層にセルフ・キャリアドックやキャリアコンサルティングの重要性を理解してもらえず，導入が困難になっているということを聞きます。この対策としては，導入前に「組織を見立てる」ことです。見立てた結果を根拠として人材育成の問題が経営課題と関連していることを示すことが重要なのです。本書では，人材育成ビジョン・方針のプロセスにこれを盛り込んでいます。

セルフ・キャリアドックは，個人と組織を活性化する一種のマネジメントシステムであるといえます。マネジメントシステムとは，方針と目標を定めて，その目標達成のために組織を適切に動かしていく仕組みのことです。セルフ・キャリアドックの場合，人材育成ビジョン・方針を定め，これに基づいてPDCAサイクルを廻していきます（図表1-12）。これにより，セルフ・キャリアドックの体制が次第にブラッシュアップされていきます。したがって，最初から完成度の高いものを導入するというよりも，段階的に完成度を高めていく方が導入企業に応じた体制を構築することができるでしょう。

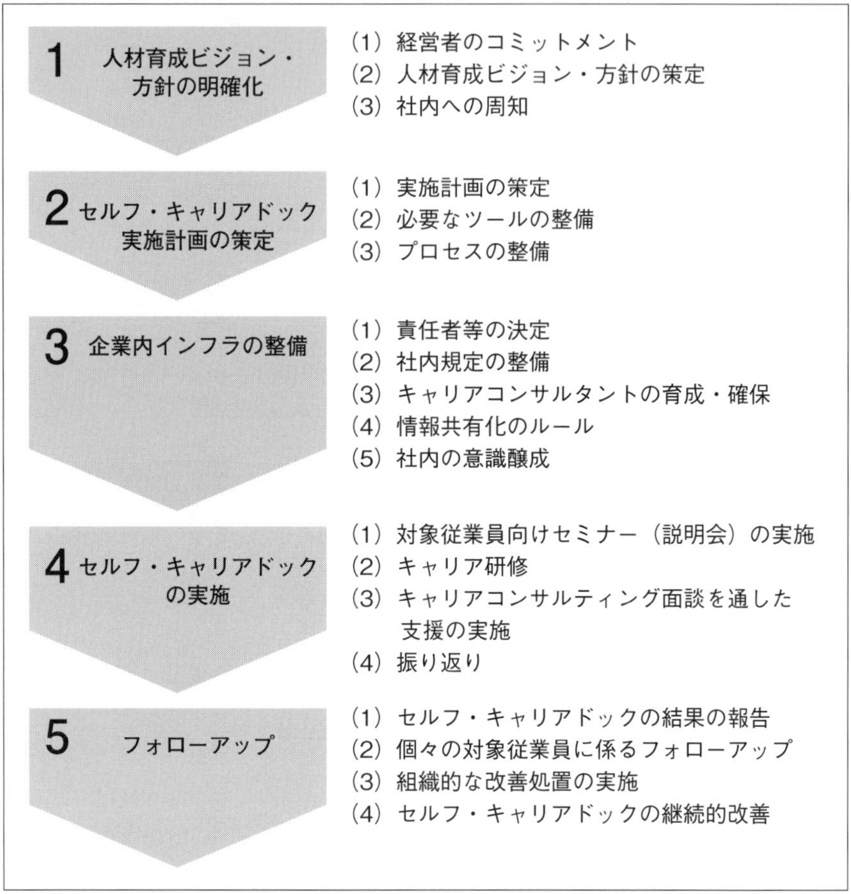

図表１-11　セルフ・キャリアドックの標準的プロセス

厚生労働省（2017）「セルフ・キャリアドック」導入の方針と展開Ｐ７より

⑵ 各プロセスの概要

本書では，次章から標準的プロセスに沿って解説をしていきます。ここでは各プロセスの概要について説明します。

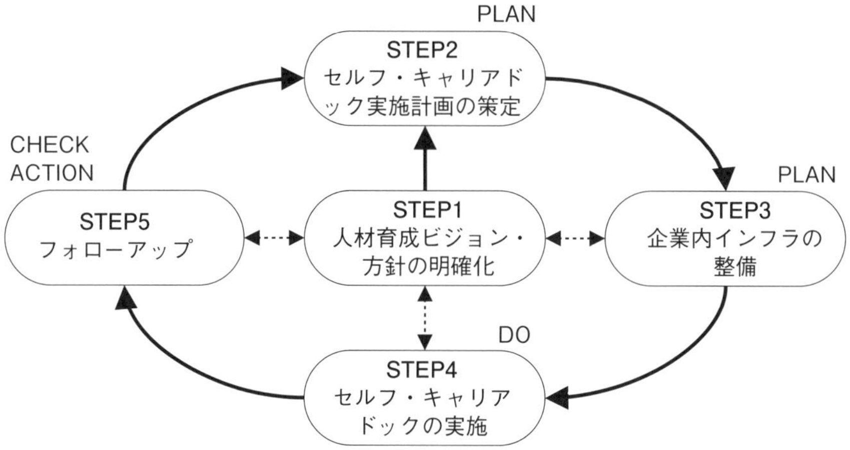

図表１-12　セルフ・キャリアドックのプロセス

STEP １：人材育成ビジョン・方針の明確化

ガイドラインでは，この段階は導入決定後の内容が解説されています。実際に導入するには，その準備段階が必要です。本書では，導入準備で重要となる「組織を見立てる」という段階も含めました。企業内の人事課題や気になる現象（若手の離職率上昇やミドルのモチベーション低下など）について洗い出し，これらがどのように関連して合って発生・維持されているかを明らかにしていきます。

組織を見立てた結果，明らかになった課題に基づいて人材育成ビジョン・方針を策定していきます。今後，期待する人材像は何か，人材育成の方針はどうするか。経営理念や経営戦略との関連はどうなっているか。場合によっては，経営理念を見直してもよいでしょう。人材育成ビジョン・方針は，セルフ・キャリアドックの活動全体の中核になります。策定の際には，組織と個人の両方の視点から検討します。

STEP ２：実施計画の策定（PLAN）

人材育成ビジョン・方針に沿って，実施計画を策定します。PDCA サイクルのPLANに相当します。どの従業員層に対して，どのような支援施策を実施するのか，人材育成計画を作成します。支援施策については，主にキャリア研修とキャリアコンサルティング面談が考えられますが，人材育成ビジョン・方針に基づいてこれ以外の施策も検討します。人材育成計画では誰に対してどの施策をいつ実施していくのか，組織内のリソースや繁忙期を考慮しながら，無理なく確実に実施できる計画を策定します。

STEP 3：企業内インフラの整備（PLAN）

このステップもPDCAサイクルのPLANに相当します。ガイドラインでは，セルフ・キャリアドック活動を行ううえで必要な最低限のインフラについて説明していますが，実際にはSTEP 2の実施計画に沿って必要なリソースを調達します。インフラは人材育成ビジョン・方針の達成の下支えになるものであり，一般的には物理的なものを指しますが，ここでは組織的，人的，情報的なものについても検討して調達・整備します。

STEP 4：セルフ・キャリアドックの実施（DO）

このステップはPDCAサイクルのDOに相当します。STEP 2で計画したセルフ・キャリアドックの支援施策を実施していきます。本書ではキャリア研修とキャリアコンサルティング面談について，準備と実施，後処理などについて解説をしていきます。もちろん，これ以外の支援施策を実施しても構いません。

STEP 5：フォローアップ（CHECK，ACTION）

セルフ・キャリアドックの実施状況や実施結果について情報を収集し，当初の目的・目標と比較して評価を実施します。これはPDCAサイクルのCHECKに相当します。その後，評価結果に基づいて個々の対象従業員に残されたキャリア形成の課題達成を支援します。同時に，収集した情報を用いて改めて組織を見立てて，セルフ・キャリアドックの効果，未達成事項などを整理して全体報告書を作成します。これを組織に提出して組織的な改善措置につなげていきます。これらはPDCAサイクルのACTIONに相当します。

以上のような PDCA サイクルを継続的にくり返して，順次，従業員の主体的なキャリア形成と個を重視した組織の経営体質の完成度を上げていきます。セルフ・キャリアドックの各 STEP 内の手順については，各章に割り当てて解説をします。一覧したい場合は目次を参照してください。

5．まとめ

本章のポイントを以下に列挙します。

①現在，組織中心のキャリア形成から，個人中心のキャリア形成へと，キャリアについてのパラダイム・シフトが起きており，新旧パラダイムの混在によって様々な人材問題が生じている。
②セルフ・キャリアドックは，「個人の主体的なキャリア形成」と「組織の個性重視の経営」のサイクルを同期させて，個人と組織の Win-Win 関係を作る仕組みである。
③主体的なキャリア形成のプロセスは，will，can，must の自覚（自己理解・仕事理解）とキャリアビジョンの形成，キャリアプランの立案とその実行と，これらの進行の阻害要因の把握で構成される。
④セルフ・キャリアドックは，単に企業内における個人へのキャリア相談だけでなく，上司や職場や経営者に対して行う「個を超えた支援」を含んでいる。
⑤セルフ・キャリアドックでは，人材育成ビジョン・方針からフォローアップまでの５段階があり，PDCA のサイクルを廻しながら完成度を高めていく仕組みである。

COLUMN

セルフ・キャリアドックの導入パターン

セルフ・キャリアドックの導入経緯は企業によって多様ですが，いくつかパターンが見受けられます。１つ目は，人事部門や人材開発部門でキャリアコンサルティングを学んだ者が，その重要性に気づき，経営者を説得して導入するケースです（ミドルアップダウン型）。経営者に対してキャリアコンサルティングの重要性と必要性について根拠と熱意をもって粘り強く説明していった結果，導入が決定されたケースが多く見られます。この場合，興味関心を持ってくれる取締役がいると導入がより円滑になるようです。なかには，経営者を通さず，人事部門の権限で部分的に導入したという企業もあります。

２つ目は，経営者が自ら導入を主導するケースです（トップダウン型）。この場合，経営理念に「人材の重要性」を感じさせる文言が既に入っていることや，経営者が今後の社会や経済の変化を鋭敏に察知して人材育成の重要性を感じたことがきっかけになっているようです。変化の激しい社会，予測不可能な社会において，従来のやり方を踏襲するだけでは企業は生き残れないという危機感から，これを打破するために独創的な人材，個性豊かな人材を求める傾向が強まっているためでしょう。

３つ目は，キャリアコンサルタントの有資格者である有志の従業員が自発的にキャリアコンサルティングを実施して，それが拡大して人事部門とも連携するに至ったケースです（ボトムアップ型）。草の根的な運動ともいえます。有志の活動が社内で評判になって口コミで広がっていったようです。

もっとも，口コミによる拡大はボトムアップ型に限ったことではありません。多くの従業員や経営者には，まだまだキャリアコンサルティングは知られていません。未知のものであったり，誤解されたりしています（退職勧奨の面談であるとか，弱い人間が受けるものだとか，出世には興味ないので自分には必要ないとか……）。しかし，実際にキャリアコンサルティングを受けた人の「良かった」という感想が口コミで伝わっていけば，キャリアコンサルティングに対する誤解は払拭され，信頼感が増していきます。ですから，経営者を説得する際にも，経営者自身にキャリアコンサルティングを受けてもらうという方法もあります。そして，経営者自身がその体験を従業員に発信していくこと，つまり経営者の体験談による口コミは非常に大きな影響力を持つといえます。

CHAPTER 2
第2章

人材育成ビジョン・方針の明確化

——組織を見立てることの重要性——

高橋　浩

セルフ・キャリアドックの最初のSTEPは「人材育成ビジョン・方針の明確化」です（図表2－1）。このSTEPは，セルフ・キャリアドックの目標と方向性を表す「人材育成ビジョン・方針」を明確にして，これを経営者がコミットメントして，社内に周知するというプロセスになります。特に，人材育成ビジョン・方針は，セルフ・キャリアドックの全活動の中核となるものですが，これを明確化するには導入企業における人材の問題を見定める必要があります。本書では，この行為を「組織を見立てる」と称して重点的に解説していきます。組織を見立てることは，人材育成ビジョン・方針を明確化するだけでなく，セルフ・キャリアドック導入

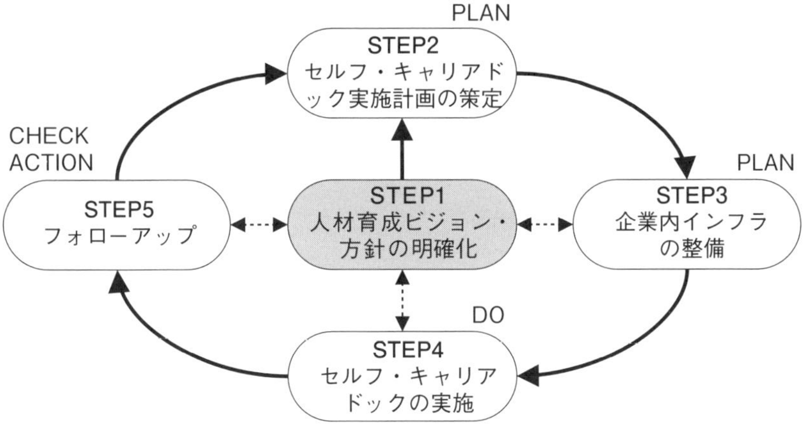

図表2－1　セルフ・キャリアドックのプロセス

の必要性について根拠のある説明を可能にします。その後，人材育成ビジョン・方針を組織としてオーソライズする必要があります。具体的には，経営者のコミットメントと社内への周知です。オーソライズすることによって，全従業員ならびに社内の各部署・担当者にセルフ・キャリアドックが認識され，これに協力する準備状態が作り出されます。本章では上記について詳細に解説します。

なお，このSTEPは，セルフ・キャリアドックの導入を推進する部門（以降，実施組織*[1]）と人事部門等が協力し合って進めていきます。実施組織のキャリアコンサルタントは積極的にこれにかかわることが望まれます。

1．基本的な考え方

(1) 中核としての「人材育成ビジョン・方針の明確化」

第1章の4で，セルフ・キャリアドックの全体プロセスを示しました。このなかで，STEP 1「人材育成ビジョン・方針の明確化」は中核になる存在で，セルフ・キャリアドックの全活動（STEP 2～5）の目的・方針にあたります（図表2-1）。各STEPにおいて，活動に迷いが生じたら人材育成ビジョン・方針に立ち返り，活動がこれに沿っているか，あるいは反対に人材育成ビジョン・方針を改訂する必要はないかを検討しながら進めていきます。特にSTEP 5「フォローアップ」では，人材育成ビジョン・方針を基準に，目標達成や効果を評価して，実施計画や各支援施策，組織的な改善措置へとフィードバックをかけていきます。STEP 1はこれらの要となります。

＊1　本書では実施組織の存在を前提として話をすすめます。セルフ・キャリアドックの推進者や推進グループのことと捉えて結構です。

⑵　人材育成ビジョン・方針と個人・組織・社会

さて，ガイドラインでは，人材育成ビジョン・方針を次のように説明しています。

> *人材育成ビジョン・方針とは，企業の経営理念を実現するために，従業員に期待する人材像とそのための人材育成方針を明らかにするものです。*
>
> 『「セルフ・キャリアドック」導入の方針と展開』Ｐ８より

つまり，人材育成ビジョン・方針には，「経営理念」と「期待する人材像」，「人材育成方針」が示される必要があります。これらは組織の立場で表現されています。セルフ・キャリアドックは個人と組織が Win-Win の関係になるためのものですから，この表現は趣旨からずれていますが，セルフ・キャリアドックを企業に導入してもらうために，あえて組織側のメリットを強調した表現をしています。

第１章の「セルフ・キャリアドックの定義」で説明した通り，セルフ・キャリアドックは個人と組織の両者を活性化する仕組みであって，決して組織のためだけのものではありません。組織を構成するのは個人であり，組織の発展のためには個人の活性化や成長が不可欠です。しかし，個人の力だけで活性化し成長するには限界があります。そこで，組織は個人の活性化と成長のための環境づくりをすることが求められるわけです。従来からある組織主導の人材育成と，個人の成長重視のキャリアコンサルティングを組合せることによって，個人と組織が相互活性化する共創関係の実現をセルフ・キャリアドックは狙っているのです。

したがって，人材育成ビジョン・方針で明記する内容は，「経営理念の実現」であると同時に「個人のキャリアビジョンの実現」につながるものでなくてはなりません。ところで，経営理念とは，企業経営が「社会的価値を創出」して社会に貢献することを示したものです。これを考慮する

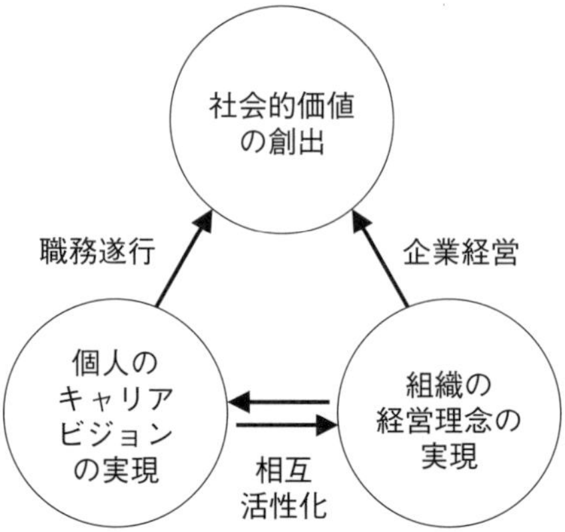

図表２－２　人材育成ビジョン・方針における個人・組織・社会の関係

と，経営理念の実現と個人のキャリアビジョンの実現が相互活性化することによって，社会的価値を創出することになります（図表２－２）。個人のキャリアビジョンの実現が社会貢献になることは，個人のキャリア形成に意味・意義を付与することになるでしょう。このことが職務やキャリア形成へのさらなる内発的動機づけとなり，主体的なキャリア形成を促進していく好循環を生み出すようになります（第１章　図表１－５参照）。

⑶　組織を見立てる

「組織を見立てる」とはどういうことをいうのでしょうか。まずは，ガイドラインを見てみましょう。人材育成ビジョン・方針を策定するにあたって以下のことが書かれています。

> *<u>業界・企業を取り巻く環境や，自社の人材が抱える実態を適切に把握する</u>必要があります。把握された実態と，企業の経営理念やあるべき人材像とのギャップから課題を明確にし，そのギャップを埋めたり，あるいは，時代や組織の変化に対応するため，あるべき人材像を設定し直し，企業の求める人材像に向けた人材育成方針を明*

らかにしていきます。

『「セルフ・キャリアドック」導入の方針と展開』P８より

（下線は筆者）

人材育成ビジョン・方針を策定するにあたって，組織内外の諸事情と人材に関する諸問題がどのような関係にあるのかについて把握する必要があります。端的にいうと，これが「組織を見立てる」ということです。個人支援において見立てをするのと同様に，組織の問題についても見立てをすることが不可欠です。残念ながら，ガイドブックではこの部分について詳細な解説はしていません。

組織を見立てるためには，人材が抱えている問題や生じている現象を複数の視点で検討します。具体的には，従業員，組織（経営層＋人事部門），そしてキャリアコンサルタントの視点です。キャリアコンサルタントの視点とは，キャリアコンサルティングの知見から検討するということです。同じ現象であっても，立場によって問題の意味が異なるので，これによって問題を立体的に捉えることができます。さらに，人材の抱える問題と組織内外の環境との関係についても把握します。組織外の環境としては景気や社会経済の状況，業界での位置づけ，労働市場などであり，組織内の環境としては経営状態，経営理念，社是・社訓，組織風土，各種の制度や規則，規範，職場の人間関係といったものです。問題を立体的に捉えると，たとえば，人材問題が経営問題（生産性や売上，品質問題など）や制度，マネジメントとの関連が見出されるかもしれません。人材の問題が，実は組織の問題であることを，組織を見立てることによって明らかにしていきます。同時に，人材の問題が組織内の諸問題や諸現象の相互作用によって生じているという「問題のメカニズム」を明らかにすることができます。

つまり，「組織を見立てる」とは，企業，従業員，キャリアコンサルタントの視点から，人材に関する諸問題と組織内外の環境要因の相互作用を明らかにすることによって，人材に関する問題の発生・維持のメカニズムを見極めること，といえます。

(4) 組織を見立てる意義

組織を見立てることには4つの意義があると考えられます。

①セルフ・キャリアドック導入の目的・根拠・意義の明確化

組織を見立てることによって，セルフ・キャリアドック導入の目的・根拠・意義を明確にすることができます。組織を見立てたことによって明らかになった人材問題の発生メカニズムの納得度が高いほど，セルフ・キャリアドックの導入理由に説得力が増します。また，経営問題との関連が明確になった場合は，経営問題の改善策として，セルフ・キャリアドック導入の意義が見えてきます。

②関係部署との協力関係の構築

人材問題を共有することで関係部署との協力関係が構築しやすくなります。組織を見立てるプロセス，あるいは組織を見立てた結果を関係部署と共有することによって，人材問題について共通の理解や認識を持つことができます。組織を見立てる際は，経営層，人事部門，経営企画部門など，セルフ・キャリアドックの後ろ盾となる関係部署をなるべく多く巻き込むとよいと思います。

③セルフ・キャリアドックのカスタマイズ

自社に適したセルフ・キャリアドック導入の検討が容易になります。人材問題の発生メカニズムが明らかになると，それに応じて人材育成ビジョン・方針の策定が容易になりますし，どの従業員層に対して，どのような施策を打つべきかについても検討しやすくなります。

④施策実施後の評価基準になる

セルフ・キャリアドックの活動後のSTEP 5「フォローアップ」では，支援施策の効果を評価する必要があります。組織を見立てた結果から，評価指標（KPI：key performance indicator）を設定すれば，支援施策実施前後の比較が可能となってセルフ・キャリアドックの効果を知ることができます。さらに，支援施策や仕組みの改善につなげることができます。

このように，組織を見立てることは，セルフ・キャリアドックの中核であるSTEP１のなかでも要となる部分です。ただし，最初から精度を高く見立てようとするとハードルが高くなりますので，ある程度問題のメカニズムが見えたら次のSTEPに入ってPDCAを廻し，次のサイクルから徐々に完成度をあげていくのが現実的です。

⑸　人材育成ビジョン・方針の明確化

組織を見立てたことによって明らかになった問題から，その対極にある理想状態は何であるか，問題と理想のギャップ，すなわち課題は何かを検討していきます。そして，これらの検討結果を総合したものが人材育成ビジョン・方針となります。

可能であれば，セルフ・キャリアドックの実施組織が中心になって組織を見立てて人材育成ビジョン・方針を明確化してほしいところですが，これが難しい場合は人事部門や経営企画部門が中心となって行い，実施組織がこれに協力するということでも構いません。将来的には，企業内のキャリアコンサルタントは，組織を見立てるスキルを磨いていき，人材育成ビジョン・方針の明確化をリードする専門家になることを期待します。

２．手順

前述の通り，STEP１「人材育成ビジョン・方針の明確化」の手順は以下のようになります。

①　組織を見立てる
・情報収集

・問題のメカニズムの明確化
② 人材育成上の課題抽出
③ 人材育成ビジョン・方針の策定
・経営理念
・期待する人材像
・人材育成方針
④ 経営者のコミットメント
・経営者のコミットメントを得る
⑤ 社内への周知
・周知の内容，対象，形・方法，タイミング

3．組織を見立てる

(1) 情報収集

組織を見立てることは，社内の人材に関して気になる問題や現象，従業員の声・意見について情報収集するところから始めます。情報収集の視点は4つあります。

①組織・人事にとっての問題

収集する問題は人材や人事に関するものであることは当然ながら，それにとどまることなく経営上の問題も含めて情報収集をしていきます。このほうが人材と経営上の問題との関連が明らかになり，セルフ・キャリアドックのメリットが現れやすくなります。たとえば，勤怠状況，職務満足度，職務意欲，離職率，求職者数，役割認識度，職務遂行能力，組織への帰属意識（エンゲージメント），職務遂行状況，業績（目標達成度），不具合件数，賞罰の数，売上や利益率，生産性などが考えられます。

これらの情報は，経営層，経営企画や品質管理，人事部門など，様々な人や部門にまたがって存在しますから，協力を求めて情報収集を行いましょう。実施済みの各種のサーベイや保有しているデータベース，過去の報告書を参照したり，必要に応じて経営層や関係部門の担当者，職場管理職からヒアリングを行ったりしましょう。データには現れにくいような人事担当者が肌で感じていることもかなり重要です。

②従業員にとっての問題

従業員の立場から，何を問題だと感じているかを収集します。たとえば，仕事や職務，制度，職場の人間関係，仕事をする環境についての不満や不安，要望，困っていることなどです。「組織・人事にとっての問題」と重複して構いません。なぜなら，同じ問題でも，立場によって問題の捉え方やその意味が異なるからです。また，一口に従業員といっても多くの層が存在します。新人，若手，ミドル層，シニア層，職種，管理職，女性・男性，メンタルヘルス不調者，障害者など，誰にとってどのような意味で問題なのかも把握しながら収集していきます。

これらの情報は，各種サーベイのようなフォーマルな情報だけでなく，日常業務を通じて聞こえてくるインフォーマルな従業員や管理職の声も重要です。これまでの個人面談を通じて得られた従業員の傾向（頻繁に話される主訴や職場の状況など個人が特定されないレベルでカテゴライズした情報）も重要な情報になります。

なお，あらためてキャリア形成に関するサーベイを行う場合は，ガイドライン P34にある「キャリア形成意識調査」が参考になります。適宜，活用してください。

③キャリアコンサルタントにとっての問題

キャリアコンサルタントは，キャリア形成やキャリア開発の専門家です。その専門家の知見をもって社内を捉えた場合にどのようなことが問題として見えているでしょうか。これを情報として加えます。たとえば，第１章で示したキャリア形成プロセス（第１章 図表１－９参照）のどの部分に課題や阻害要因があるでしょうか。そのことは，どのような勤務の状況や態度に関連しているでしょうか。また，従業員は職場の上司・同僚，職場環境からどのような影響を受けているでしょうか。社内キャリアコンサルタントであれば，職場の観察結果およびこれまでの経験をもとに問題を検討します。社外キャリアコンサルタントの場合，その企業について十分に把握できていないかもしれませんが，当該組織の企業情報（利益の推移，従業員の構成，採用数，離職率，人事制度など）や当該業界の代表的な人材問題を事前に調べておいたり，組織の雰囲気などの観察結果や，関係部署から提出された情報から仮説を立てて実施組織に提案します。なお，キャリアコンサルティング面談に先駆けて，情報収集のために若干名の対象従業員との面談を実施するというのも１つの方法です。

④組織の環境要因

社外環境として景気や経済状況，業界での位置づけ，労働市場などが挙げられます。社内環境として組織構造，企業理念，社是・社訓，組織風土，規範，諸制度，実施中の各種施策，経営状況などが挙げられます。なかでも目に見えない，あるいは見えにくい環境要因が重要であることに留意します。私たちは，制度やルールなど目に見えるものについ意識がいきがちですが，実は目に見えない組織風土や規範，慣習，人間関係などに人は強く影響されます。これを踏まえて，①～③で挙げた問題と関連のありそうな環境要因＊2を取り上げてみてください。

情報収集では問題や気になる現象をピックアップしていきますが，その問題や現象がなぜ生じているのか，あるいはその問題や現象が誰にどのような影響を与えているのかに関心を払って情報収集すると，この後に行う

＊2　環境要因：組織の環境要因を捉えるうえで，「マッキンゼーの７つのＳ」（Peters & Waterman, 1982　大前訳　2003）が参考になります。７つのＳとは，機構（structure），戦略（strategy），スタッフ（staff），スタイル（style），システム（system），共通の価値観（shared value），スキル（skills）のことです。これらが相互に整合している状態が組織として望ましいと考えられます。

「問題のメカニズムの明確化」がしやすくなります。

⑵　情報収集の例

上記の情報を可視化して集約する「情報収集・整理シート」を例示しておきます（図表２－３）。実際の記入例を見てみましょう（図表２－４）。たとえば，組織・人事にとって，目下問題となっているのが「技術職のモチベーション低下」だとすれば，これを「組織・人事にとっての問題」欄に記入します。そして，人事部門からは「技術職の離職者の増加」，品質管理部門からは「不具合の多発」や「技術者の問題予測能力の低下」などが挙げられました。これも同じ欄に記入します。できれば，これらがどのような事実から得られたのかについても記入しておくとよいでしょう。

図表２－３　情報収集・整理シート

１．情報収集	
■組織・人事にとっての問題	■従業員にとっての問題
■キャリアコンサルタントにとっての問題	■環境要因

図表２－４　情報収集・整理シートの記入例

１．情報収集	
■組織・人事にとっての問題 ・技術者のモチベーション低下 ・技術者の離職者の増加 ・不具合増加→開発スピード低下 ・技術者の問題予測能力の低下 ・自己啓発の時間がない	■従業員にとっての問題 ・技術者が疲弊 ・技術力を発揮できない ・仕事が面白くない ・大量のチェック項目で忙しい ・ミスをすると上司から叱責される（パワハラ） ・自己啓発の余裕がない
■キャリアコンサルタントにとっての問題 ・キャリア形成のモチベーション低下 ・働きがいを感じられていない ・パワハラに近いマネジメント	■環境要因 ・減点主義の評価制度 ・品質重視の社風 ・開発スピードで他社に遅れをとっている ・不具合は開発スピードの大幅ダウンになる

得られた情報と関連する情報を得るべく現場管理職にヒアリングするとより実態をつかむことができます。この例では，複数の職場管理職に最近の部下の様子を尋ねた結果，「技術者が疲れている」との話が多く得られました。その理由を何人かの技術者にそれとなく尋ねてみると「大量のチェック項目で忙しい」ため「仕事が面白くない」，「技術力が発揮できない」といった話を聴くことができました。また，ミスをすると「組織長から叱責されるので嫌だ」という話も出てきました。これらの情報は「従業員にとっての問題」に記入します。

では，組織長はなぜ叱責するのでしょうか（叱責をする組織長を短絡的に悪者にするのではなく，そうせざるを得ない事情があると考えることが重要です）。この会社は「品質重視」がスローガンになっていて，不具合発生件数が目標値を上回ると当該部門長の評価が下がる仕組みになっていました。「減点主義の評価制度」が組織長の叱責の原因となっていると考えられます。さらに，減点主義の背景には，「開発スピードが他社に遅れをとっている」，「不具合は開発スピードの大幅ダウンになる」という組織の事情がありました。これらは「環境要因」に記入しました。

キャリアコンサルタントからは，現場管理職のヒアリング結果を聴いて「キャリア形成のモチベーション低下」や「働きがいを感じられていない」，上司の対応は「パワハラに近い」との指摘がありました。人事部門からは近年パワハラの訴えがいくつか出始めていることも確認できました。

⑶　問題のメカニズムの明確化

情報収集がある程度できたら，収集した情報同士がどのような因果関係（あるいは時系列関係）になっているかを分析します。この分析では，システム思考のループ図を用います。関係者にとって納得のいくループ図が完成できれば，ひとまず問題のメカニズム（仮説）を明確化したことになります。

ところで，システム思考とは，問題に対して近視眼的に捉えるのではなく，俯瞰して大局的流れをつかんで本質的で持続的な解決方法を探るものです。通常，問題解決では「原因→結果」という直線的因果関係を前提として原因を探っていき，原因の除去を行います。これは，比較的単純な物理的・機械的なものに対して有効ですが，多数の人が集まった組織では，問題は複雑な相互作用によって発生・維持されており，有効ではありません。それは，問題を形成している複数の事柄が相互に作用して，問題を維持する悪循環（円環的因果関係）を形成しているからです（図表２-５）。どこか１つの事柄が原因なのではなく，事柄が形成する悪循環が原因なのです。原因と思われる事柄を除去すると，その問題は解決されるかもしれませんが，別の類似の問題が発生し続けます。特に組織の風土や体質から

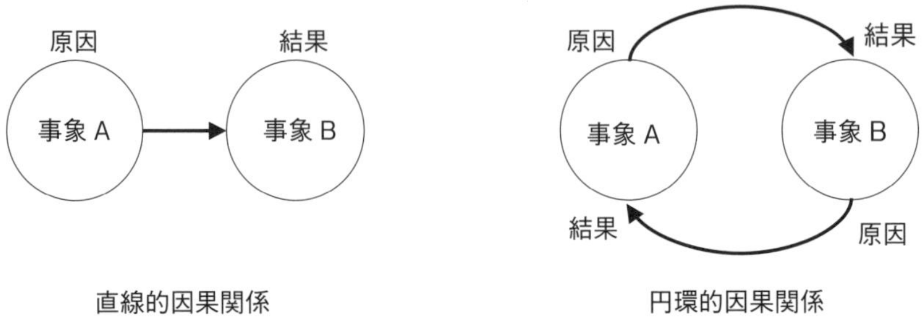

図表２－５　直線的因果関係と円環的因果関係
実際の円環的因果関係の事象数はもっと多く複雑である

くる問題はそうです。したがって，この悪循環を把握して，これを解消する対策を打つ必要があります。

さて次に，問題のメカニズムを明確化するために，ここまで収集した４つの情報（組織・人事にとっての問題，従業員にとっての問題，キャリアコンサルタントにとっての問題，関連する環境要因）がどのような相互作用やループを形成しているかを検討していきます。どの事柄（問題や現象）から始めてもよいのですが，まずは人材育成上で最も気になる事柄に注目して，これを起点に検討していきます。「その事柄が発生した原因は何か？／何によって引き起こされたか？」，「その事柄がどのような結果を招いたか？／何にどんな影響を及ぼしたか？」を考え，該当する他の事柄と矢印で結び付けていきます（矢印の柄が原因，先が結果）。そして，この因果関係がループになるということを想定して結び付けていきます。なぜなら，問題や現象が継続しているということは，それを維持する円環的因果関係があるからです。

この検討は，１人ではなく複数人で，そして実施組織だけでなく人事部門などに加わってもらって検討し，より多くの人が納得できるループ図を作り上げることがポイントです。組織を見立てることは仮説の構築ですから，完璧である必要はありません。また，因果関係に飛躍がある箇所は十分な情報が得られていないということですから，できれば追加の情報収集をします。もし，情報収集が無理であれば「仮の事柄」を追加しても結構です（仮の事柄は識別できるように印をつけておきましょう）。この仮説の検証はSTEP５フォローアップにて実施します。

⑷　問題のメカニズムの明確化の例

前述の情報収集の例（図表２-４）に基づいて，ループ図を作成しました（図表２-６）。このループ図を見ると，大きな悪循環１が見えます。悪循環１では，技術者が「チェック時間を割く」ことによって，「仕事がルーチンワーク化」し，「問題予測力が低下」し，「不具合の発生」に至っ

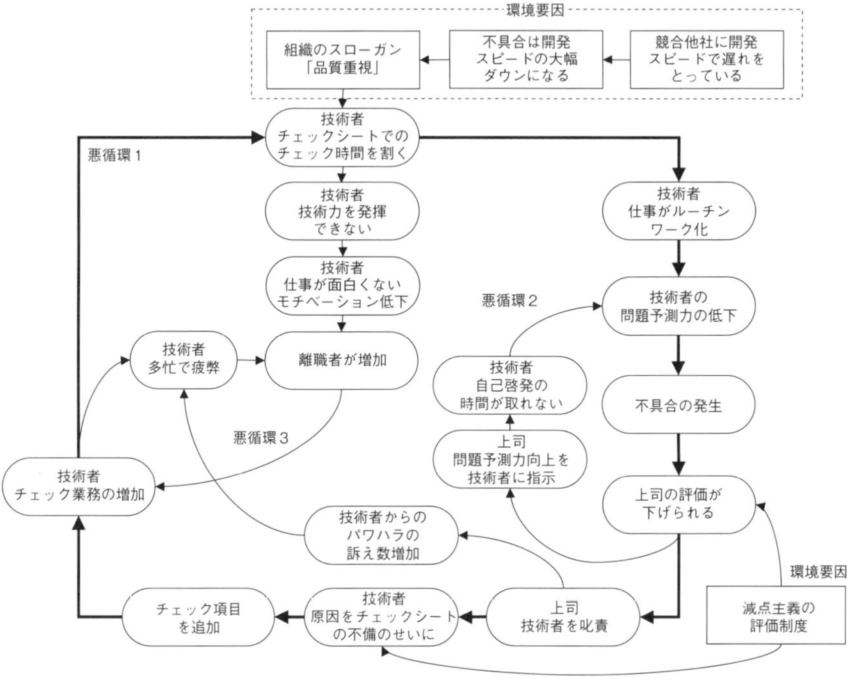

図表２-６　問題のメカニズムの明確化（ループ図）の作成例

ているようです。不具合が発生すると「上司の評価が下げられる」ので，上司はこれを恐れて「技術者を叱責する」と考えられます。技術者は，不具合を自責としたくないため「チェックシートの不備のせい」にします。しかし，この対策として「チェック項目が追加」され，「チェック業務が増加」し，最初の「チェック時間を割く」所に回帰しているということが考えられます。

悪循環は1つとは限りません。悪循環2では，「上司の評価が下げられる」ので「上司が問題予測能力向上を技術者に指示」したものの，「技術者は自己啓発の時間がない」ため，「問題予測力は低下したまま」で，結局，「不具合の発生」は低減されない状態を維持しています。

悪循環3では，「チェック業務の増加」が「技術者を多忙で疲弊」にさせ，「離職者の増加」につながっています。これがさらに一人当たりの「チェック業務の増加」を招くという悪循環になっていると考えられます。

また，品質重視のスローガンや減点主義の評価制度といった環境要因が悪循環1，2を維持させていることも見えてきました。

このように，ループ図で捉えると，特定の事柄だけが原因ではなく，悪循環を形成しているシステム（人間関係や事柄の相互作用という意味のシステム）に問題があるということが理解できます。情報収集からここまでが「組織を見立てる」という部分になります。

4．人材育成上の課題抽出

ループ図から，組織内に生じている問題のメカニズムが明らかになりました。これに対して，どのような対策を打つことができるでしょうか。この対策のテーマが「人材育成上の課題」になります。ループ図を構成している事柄がその課題のヒントになります。なぜなら，悪循環をもたらしている事柄のいずれかを変化させることによって，ループ状の問題は緩和されたり，好循環に逆転したりすることが期待できるからです。どの事柄を

図表２－７　人材育成上の課題の例
(⇒印は期待される効果)

３．人材育成上の課題
■技術者に対して ・マニュアル主義からの脱却 ・問題予測能力の向上とその能力発揮 ⇒モチベーション向上 ⇒不具合件数の低減 ⇒不具合分析の本質的な問題追求の姿勢 ■現場管理職に対して ・部下の気持ちに配慮したマネジメント能力の習得 ⇒部下叱責（パワハラ）の減少 ⇒チェック項目数増加の低減 ■組織として ・品質重視のスローガンの真意の伝達 ・減点主義の評価制度見直し

変化させてもよいのですが，実施が容易で効果が大きいと思われるところに注目する方がよいでしょう。

図表２-６のループ図をもとに人材育成上の課題を検討してみました(図表２-７)。まず，技術者が持てる力を発揮できるようにするにはどうしたらよいでしょうか。品質重視のスローガンはそのままだとしても，その真意はチェックシートのチェックを推し進めることではないでしょう。高い技術力によって品質を高めるのが真意だとしたら，マニュアル依存の体質から脱却し，技術者がその知識と技術力を発揮して問題予測をしていく必要があります。「マニュアル主義からの脱却」と「問題予測能力の向上とその能力発揮」が人材育成上の課題として挙げられるでしょう。この結果として，技術者の「モチベーション向上」，「不具合件数の低減」，「不具合分析の本質的な問題追求の姿勢」がなされることが期待されます。これらはKPIとして設定しておくとよいでしょう。

また，チェック項目が増加してしまうのは，上司のマネジメントにも問題があるかもしれませんし，その根底には「減点主義の評価制度」が影響していることも考えられます。課題として「減点主義から加点主義へ転換」して「上司の部下の気持ちに配慮したマネジメント能力の習得」を挙げる必要があります。この結果として，「部下叱責やパワハラ訴えの減少」，「チェック項目増加の低減」の実現が期待されるので，KPIとして設定します。

最後に，悪循環に寄与した環境要因についての課題として，「品質重視のスローガンの真意を経営者が従業員に伝達する」こと，「減点主義の評価制度の見直し」が挙げられます。これらは組織的な改善措置として求められます。

5．人材育成ビジョン・方針の策定

人材育成ビジョン・方針では，①経営理念と②期待する人材像，③人材育成方針などで構成されます。

(1) 経営理念

経営理念には，組織が社会に果たす役割が書かれています。セルフ・キャリアドックでの期待する人材像や人材育成方針と，経営理念とは整合性が保たれてなければなりません。そうでなければ，セルフ・キャリアドックの活動に矛盾が生じ，活動が滞ってしまいます。もし，整合性がない場合は，組織を見立てた結果を参照して，経営理念を修正するか，人材育成ビジョン・方針を見直すかを検討します。あるいは，経営理念の代わりとなるスローガンや社是・社訓を明記してもよいでしょう。

(2) 期待する人材像

期待する人材像は，現在，あるいは将来にわたって組織が必要とする理

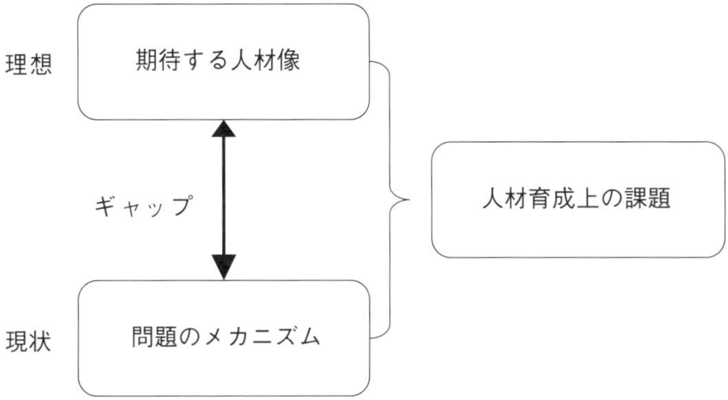

図表２－８　問題のメカニズム，人材育成上の課題，期待する人材像の関係

図表２－９　人材育成上の課題の例

４．人材育成ビジョン・方針の検討

■経営理念（見直し後）
・確かな品質で未来のICT，AI時代を切り開くパイオニア

■期待する人材像
・全社員：将来を見据えて自身のキャリア形成と価値を生み出す人材
・技術者：自ら考え問題を予測できる高度な人材
・職場管理職：個々のメンバーの強みと意欲を引き出し，チームとしての成果を生む出すマネジメントができる人材

■人材育成方針
・マニュアル主義から脱却し，自らの知識と経験から問題を予測し対処できる技術力を育成すると同時に，メンバー一人ひとりの思考・感情・価値観を配慮し，成果を引き出すリーダーシップやマネジメント能力を育成する。
・202X年までに，上記の「期待する人材像」それぞれの人員比率を40%以上を目指す。

想の人材像です。職種別に複数設定して結構です。これは，前述の「問題のメカニズム」と「人材育成上の課題」の両方を参照しながら検討するとよいでしょう。「問題のメカニズム」で顕在化された現状と「期待する人材像」という理想との間にギャップがあり，これを埋めるためにすべきことが「人材育成上の課題」になります（図表2－8）。ですから，実は，「人材育成上の課題」を検討する際に，既に「期待する人材像」を無意識に想定して検討しているのではないでしょうか。そのため，「人材育成上の課題」よりも先に「期待する人材像」を検討していただいても結構です。もちろん，経営戦略として「期待する人材像」を積極的に明示している場合は，それを用いてください。いずれにしても，この三者を照らし合わせながら「期待する人材像」を言語化していきます。

図2-10　問題のメカニズム～人材育成ビジョン・方針の整理シート

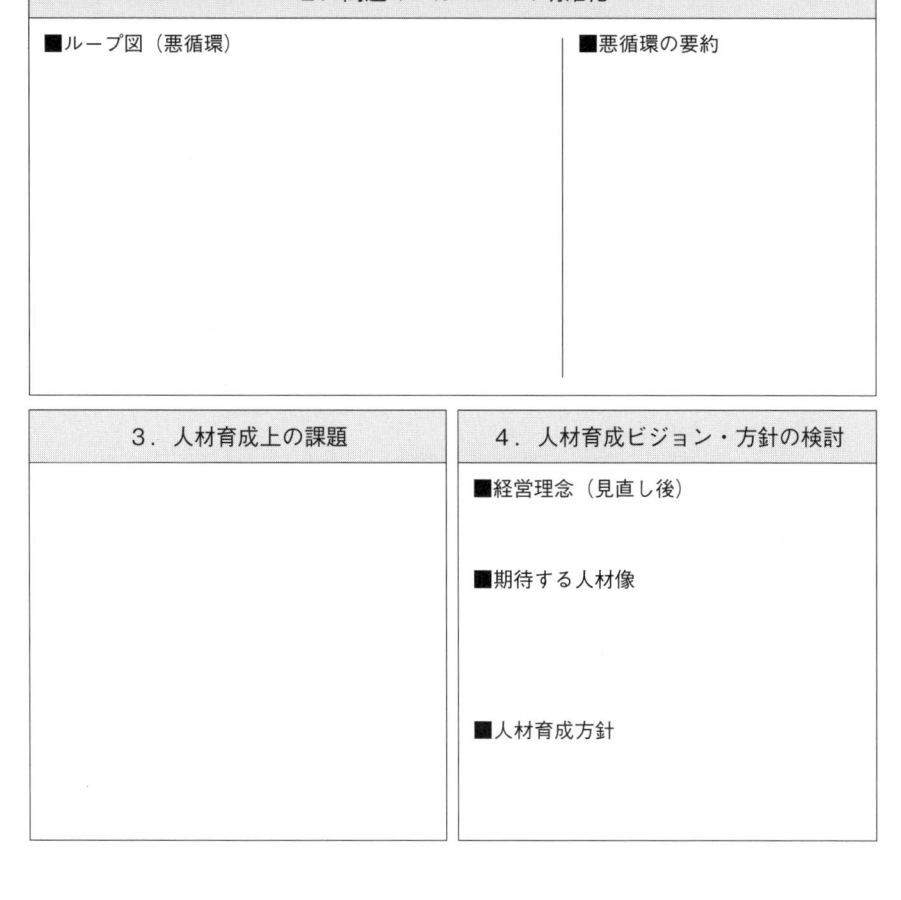

2．問題のメカニズムの明確化

■ループ図（悪循環）

■悪循環の要約

3．人材育成上の課題

4．人材育成ビジョン・方針の検討

■経営理念（見直し後）

■期待する人材像

■人材育成方針

(3)　人材育成方針

さらに，「経営理念」と「期待する人材像」を実現するためのおおまかな方針を明文化します。何のために，どのようなことができる人材を，いつまでに，どの程度（質・量）育成するのかを示します。以上で，人材育成ビジョン・方針の完成となります。この例を示します（図表２−９）。

以上のように，組織を見立てることによって，人材育成ビジョン・方針を策定しやすくなると同時に，セルフ・キャリアドックの導入の目的や根拠を明確にすることができます。最後に，「問題のメカニズム〜人材育成ビジョン・方針の整理シート」を参考までに掲載します（図表２−10）。

６．経営者のコミットメント

(1)　職業能力開発促進法による規定

ガイドラインでは，経営者のコミットメントについて以下のように記述されています。

> *経営者には，職業能力開発促進法で規定された従業員に対するキャリアコンサルティングの機会の確保を，セルフ・キャリアドックの仕組みの具体化により明確化し，社内（全従業員）に対して各社の適切な形で明示・宣言することが求められます。*
>
> *経営者のこのようなコミットメントは，組織全体としてセルフ・キャリアドックを推進していく前提として重要であると同時に，職業能力開発促進法で規定された措置を果たす上において必要なことです。*
>
> 『「セルフ・キャリアドック」導入の方針と展開』Ｐ８より
>
> （下線は筆者）

「職業能力開発促進法」により，経営者は従業員に対するキャリアコンサルティングの機会を確保することが規定されています。2016年４月１日から施行された「職業能力開発促進法」の第十条の三では，「事業主は，（中略）雇用する労働者の職業生活設計に即した自発的な職業能力の開発及び向上を促進する」，さらに「労働者が（中略）業務の遂行に必要な技能及びこれに関する知識の内容及び程度その他の事項に関し，情報の提供，キャリアコンサルティングの機会の確保その他の援助を行うこと」が示されています。つまり，経営者は従業員のキャリアコンサルティングやキャリア開発を行っていく義務を負っていることが法的に示されたわけです。ただし，現時点では罰則があるわけではなく，努力義務ということになります。

また，同法の第十一条の２では「事業主は，前項の計画を作成したときは，その計画の内容をその雇用する労働者に周知させるために必要な措置を講ずること」が示されています（下線筆者）。能力開発やキャリアコンサルティングの計画を，雇用する労働者，つまり全社員に周知しなければならないということです。

⑵　経営者のコミットメントとは

経営者のコミットメントとは，単に宣言をすることではありません。経営者がセルフ・キャリアドックの導入，すなわち，従業員の主体的なキャリア形成を通じて組織と従業員の両者の活性化を図るという「覚悟」や「意思」を持つことです。この覚悟や意思を経営者自身の言葉で社内に宣言し発信することがセルフ・キャリアドックの導入・促進に寄与することになります。セルフ・キャリアドックを導入してきた多くの企業の経営者は，企業の繁栄や存続には従業員の主体的なキャリア形成が不可欠であることを理解し，これを全従業員に向けて宣言しています。年頭や期初のあいさつ，またこれをイントラネットで動画配信したり，社内報に掲載したりするなど，自社にとってインパクトのある方法を用いています。なお，経営理念，社是・社訓と整合性のある人材育成ビジョン・方針であるほど従業員にとって納得感が増すようです。

これによって，セルフ・キャリアドックの実施組織の後ろ盾ができて，活動がしやすくなります。また，セルフ・キャリアドックの実施組織以外の部署にとっても重要視すべき方針として取り込まれ，人材育成，現場管理職，従業員のなかにセルフ・キャリアドックを実施する心構えが作られます。さらに，セルフ・キャリアドックの実施組織と関係各署との協力関係も構築しやすくなります。

⑶　経営者のコミットメントを得るには

①法的な必要性を示す

経営者の理解を得る方法の１つとして，前述の通りセルフ・キャリアドックが職業能力開発促進法で求められていることを示すことが挙げられます。しかしながら，罰則のない現状ではそれほど強い説得力は持たないかもしれません。重要なことは，経営者にセルフ・キャリアドックの重要性やその意義を感じてもらうことです。そうでなければ，たとえセルフ・キャリアドックが導入されたとしても，すぐに形骸化することになるでしょう。

②導入根拠を示す

経営者の理解を得る次の方法としては，前述の「組織を見立てる」プロセスに経営者にも参画してもらい，その結果を共有することです。これにより，経営者の視点による問題や課題が検討に含まれることになり，経営者との一体感が得られやすくなります。また，組織を見立てるプロセスを通じて，経営者が何に問題意識を持ち，どこで困っているのかをしっかり受容しながら検討していくプロセスは，経営者へのキャリアコンサルティング面談と類似した効果を持つ可能性が高いといえます。結果として，経営者をセルフ・キャリアドックの導入あるいは推進のキーパーソンとして巻き込むことが期待できます。

③経営者に学習を促す

経営者自らがセルフ・キャリアドックの導入を標榜している企業は，経営者の社会変化に対する感度が高いようです。つまり，変化の激しい社会，不確実性の高い社会に敏感に反応し，将来に対して危機感を持っています。なかでも，人材の確保，組織のあり方についての関心が高いようです。まだその種の関心が低い経営者に対しては，最新の書籍や情報から，経営者自身で学んでいただくとセルフ・キャリアドックの重要性と意義を感じていただけるかもしれません。ただし，「学んでください」と経営者に丸投げしても学んでくれないでしょう。導入の企画者や実施組織が，経営者の代わりに学習し，情報収集をし，整理してセルフ・キャリアドックの必要性を示すストーリーを作り，経営者に提示する必要があると思います。

④リスクを示す

上記と関連しますが，人材における経営のリスクを分析して示す方法です。つまり，現状のままだとどのような問題が自社に生じる恐れがあるかを予想し，人材育成の重要性を提示します。もし，経営企画部門やこれに関心のある取締役，部長などがいるならば，この方々を巻き込んでリスク分析を行ってみるのも１つの手かもしれません。リスク分析ではリスクマップ（図表２-11）が常套手段となっていますが，これを作り，現状を続けた場合に生じる人材および経営の問題を「予想される最悪のシナリオ」として提示します。その際にリスクを回避したり低減・予防したりする方法の１つとしてセルフ・キャリアドックを提案するわけです。

⑤キャリアコンサルティングを受けてもらう

最後は，経営者自身にキャリアコンサルティング面談を受けてもらうという方法です。経営者は孤独な立場にあります。自身の現在の立場や仕事の悩みについて受容される経験や，自身のキャリアについての考えが整理されたりする経験は貴重であることが考えられます。キャリアコンサルティングの良さを体験してもらうことによって，理屈ではなく体験的な納

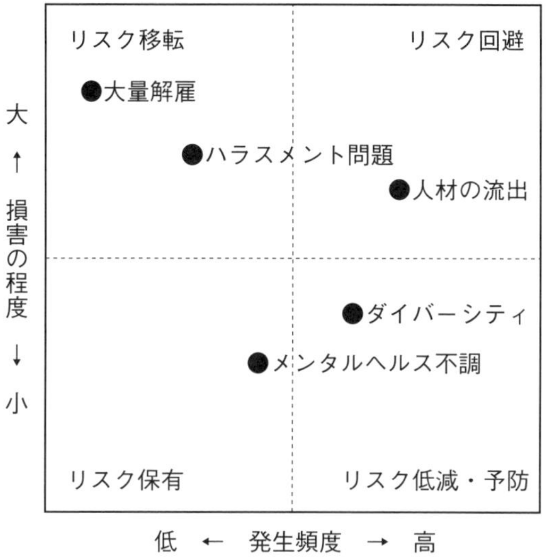

図表２-11　リスクマップ（リスクを２軸で布置する）

得を得てもらうわけです。この時のキャリアコンサルタントは，利害関係のない社外の方がよいでしょう。そして，１回の面談で有効性を実感してもらうためには，かなり優秀なキャリアコンサルタントに依頼する必要があります。

以上，５つほど列挙しましたが，この他にもあるかもしれません。これを機にいろいろと検討してみてください。

７．社内への周知

(1)　周知の内容

人材育成ビジョン・方針を策定するだけでなく，社内に周知することによってこのSTEPが完了します。ガイドラインでは以下のように説明されています。下線部はポイントとなる部分です。

> *策定した人材育成ビジョン・方針は，各社の適切な形・方法により，全ての従業員に対して提示する必要があります。*
>
> *なお，人材育成ビジョン・方針は，導入時の一時的な周知に止まらず，後述するセルフ・キャリアドックの各プロセスを通じ，各従業員に繰り返し浸透を図ることが望ましいものです。*
>
> 『「セルフ・キャリアドック」導入の方針と展開』P8より
>
> （下線は筆者）

まず，周知する内容についてですが，人材育成ビジョン・方針は当然のことながら，その作成経緯や意図について経営者や実施責任者から説明されると影響力が増します。また，関連情報や参考情報として，キャリア形成やキャリア自律に関する用語の解説，実施時期や実施内容について，イントラネットで参照できるようにしておくとよいでしょう。

⑵ 周知の対象

ガイドラインでは，周知の対象は「全ての従業員」となっています。一部の従業員に対してのみセルフ・キャリアドックが行われる場合であっても，会社の新たな試みを浸透させていく意味で全社員に認識してもらうことが大事だと思います。ただし，人材育成ビジョン・方針に付随する内容（経緯や根拠など）については，導入企業の事情に応じて提示範囲を検討してください。当然のことながら，周知する内容については，従業員にとって否定的な感情を引き起こさないよう吟味してください。たとえば，大量解雇が行われるといった誤解が生じないように留意してください。

⑶ 周知の形・方法

周知の形・方法については「各社の適切な形・方法」でよいので，従業員に認知されやすく興味を持ってもらえる媒体や伝達方法などを検討しましょう。マーケティング手法を参考にするとよいと思います。たとえば，消費者の購買行動プロセスのモデルに「AIDMA」というモデルがあります（図表２-12)。AIDMA とは，Attention（顧客の注意を引く），Interest（顧客に商品を訴求し関心を引く），Desire（顧客に商品への欲求があり，それが満足をもたらすことを納得させる），Memory（顧客に商品のことを思い出してもらう），Action（顧客に行動を起こさせる）の頭文字をとったものです。このモデルに基づくと，まず，従業員の注意を惹くためにオフィス内のポスター掲示やチラシの配布，イントラネットのバナー表示など目立つ宣伝を行う（Attention と Memory)。次に，興味を持ってもらえるようなキーワードやイラスト，経営者のメッセージを宣伝媒体に盛り込む（Interest)。さらに，セルフ・キャリアドックの体験談などを提示することによってニーズを引き出して（Desire)，いつでもキャリアコンサルティングを受けてもらえるよう面談予約に誘導する（Action)

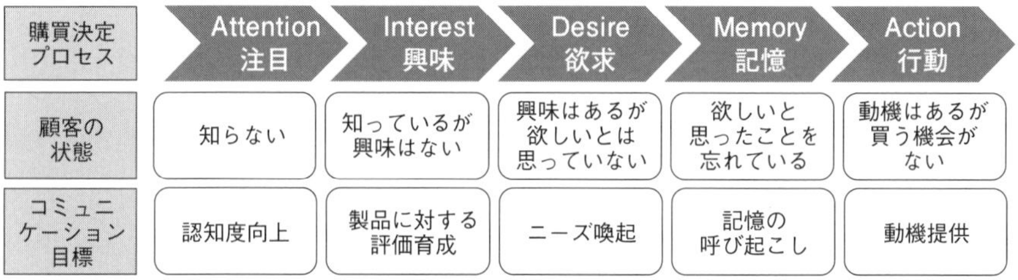

図表２-12　購買行動のプロセス　AIDMA モデル

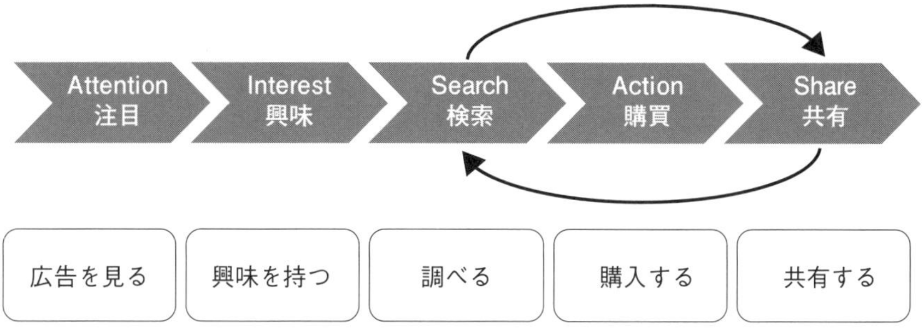

図表２-13　購買行動プロセス　AISAS モデル

ということになります。

また，インターネット時代に適合した「AISAS」というモデルもあります（図表2-13)。AISASとは，Attention（注目)，Interest（興味)，Search（インターネットでの検索)，Action（購買)，Share（SNSやTwitterでの共有）という消費者行動のプロセスを示しています。AIDMAと違う点は興味・関心をもった人がさらにインターネットを通じて商品を知り，インターネット上で知人と共有するという点です。紙媒体だけでなく，社内のイントラネットを用いて周知を図る場合は，ポスターやチラシに検索キーワードやQRコードを表示するなどの工夫により，社内のセルフ・キャリアドックのサイトへとアクセスしやすくすることができます。そして，これを社内のSNSでシェアしてもらうことによって従業員の間に共感を生むことが重要になります。SNSがなければ，本人の許可を得て体験談を掲載し，そこへの「コメント」や「いいね」を受け付けるような工夫をするとよいでしょう。イントラネットがあるならば，専用サイトの開設（文字だけでなく写真や動画)，トップページからの当該専用サイトへのリンクを設けることが考えられます。活動内容，スケジュール，キャリアコンサルタントの紹介，キャリアコンサルティングの体験談，面談予約の受付，キャリアに関するコラム，キャリア形成の参考図書の紹介などを掲載するとよいでしょう（図表2-14，図表2-15)。

もちろん，インターネットだけでなく，年頭や期初の上長挨拶等で言及したり，紙媒体の場合は社内報，ポスター，パンフレット，クレドカード，バッジなどを用いたりすることが考えられます（図表2-16～図表2-18)。

また，人材育成ビジョン・方針だけでなく，セルフ・キャリアドックやキャリアコンサルティングを周知する方法としては，インフルエンサー・マーケティングやアンバサダー・マーケティングの手法を活用することができます。どちらも，ある人物が宣伝していく方法です。前者は，社内に

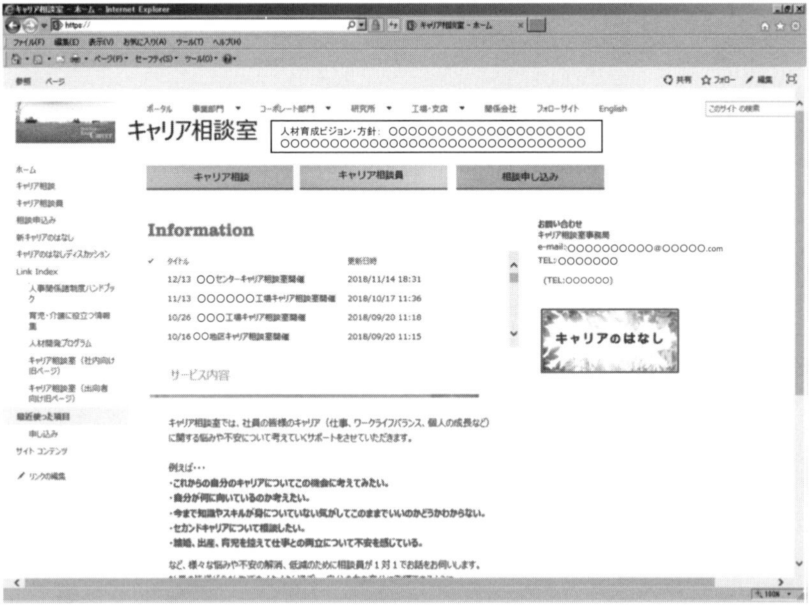

図表２-14　イントラネットのキャリア相談ポータルサイト（トップページ）の例

図表２-15　イントラネットのキャリア相談ポータルサイト（コラム）の例

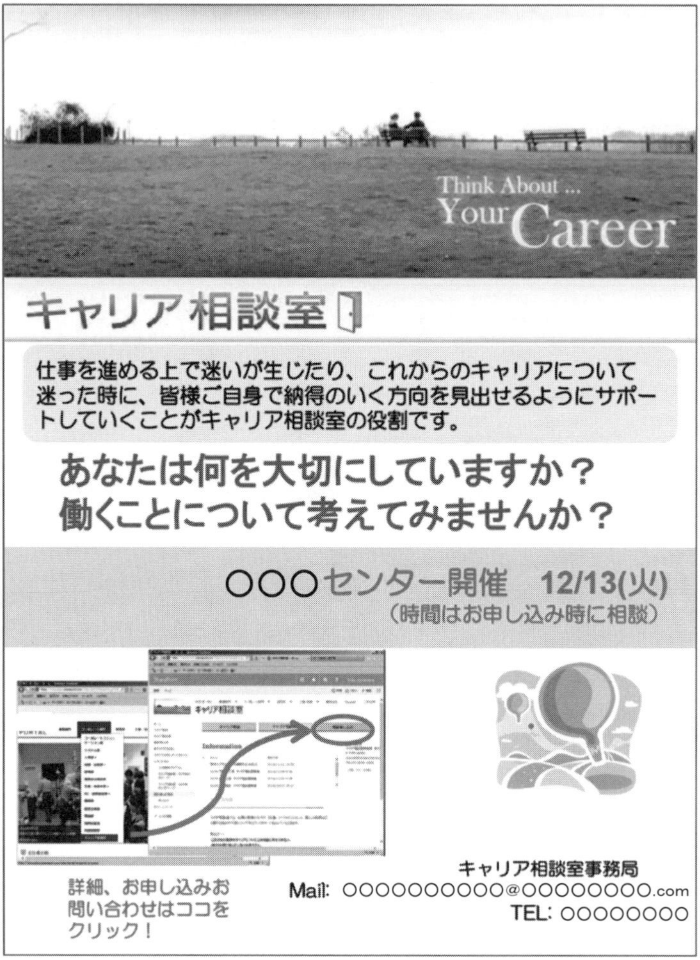

図表２-16　キャリア相談（出張相談）のポスター例

影響力のあるキーパーソンがキャリアコンサルティングについて社内に宣伝をする方法です。キーパーソンの役割としては，経営層や社内の有名人にキャリアコンサルティングを体験してもらい，これを発信してもらいます。一方，後者は，キーパーソンである必要はなく，とにかくキャリアコンサルティングを受けて良かったと強く感じた方やキャリアコンサルタン

図表２-17　キャリア相談室の三つ折りパンフレット（外側）の例

図表２-18　キャリア相談室の三つ折りパンフレット（内側）の例

トの資格を持つ従業員にアンバサダー（大使）となってもらい宣伝してもらう方法です。アンバサダーの活動は，たとえば，「キャリアウィーク」と題してキャリアに関するワークや読書会などお祭り的なキャンペーンを開催して，従業員に自身のキャリアを考えることに慣れ親しんでもらうものです。

⑷　周知のタイミング

人材育成ビジョン・方針は「繰り返し浸透を図る」ことが重要です。一過性のものとして忘れ去られる恐れがあるからです。特に新しい制度や概念は組織に定着するまでに時間がかかりますから，定期的な周知に加えて，支援施策の実施が近づいた時，キャリア研修やキャリアコンサルティング面談の直前，全体報告の前後など，適時行っていくことが望ましいです。また，「周知の形・方法」と関連しますが，人材育成ビジョン・方針を従業員が確認したい時にすぐに確認できるようにしておくことも重要です。ポスターを掲示する，イントラネットのトップページに掲載しておく，バッチやクレドカードに記載して携帯してもらうなどの工夫ができるでしょう。

8．まとめ

本章では，セルフ・キャリアドックの中核となるSTEP 1 人材育成ビジョン・方針の明確化について解説をしました。本章で述べたSTEP 1 のポイントを列挙します。

①人材育成ビジョン・方針は，セルフ・キャリアドックの中核をなすものであり，なかでも「組織を見立てる」ことは不可欠である。
②「組織を見立てる」とは，複数の視点で情報収集を行い，問題を立体的に捉え，諸問題間の関係性を見出して，人材問題のメカニ

ズムを明らかにすることである。

③人材育成ビジョン・方針では，経営理念，期待する人材像，人材育成方針を示す。

④人材育成ビジョン・方針について経営者のコミットメントを得る必要がある。このために，法的な必要性，導入根拠（組織を見立てた結果）を示す，学習を促す，リスクを示す，キャリアコンサルティングを体験してもらうことが考えられる。

⑤人材育成ビジョン・方針などを周知・徹底するには，各種マーケティング手法（AIDMA, AISAS, アンバサダーマーケティングなど）を駆使することが考えられる。

CHAPTER 3
第3章

セルフ・キャリアドック実施計画の策定

——実施の準備と報告書の作成——

増井　一

セルフ・キャリアドックの標準的プロセスのSTEP 2は「セルフ・キャリアドッグ実施計画の策定」です（図表3－1）。企業は，経営理念を実現するため，人材育成ビジョンや人材育成方針を設定します。そして，人材育成ビジョンを実現するため，人材育成方針にもとづき，それぞれの企業が抱える人材育成上の課題の解決を図る人材育成計画を作成します。なかには人材育成ビジョンや育成方針が明文化されていない企業や人材育成計画を作成していない企業もあります。しかし，人材育成ビジョン・育成方針・人材育成計画を明確にすることで，人材育成をより効果的，効率的に行うことが可能になります。

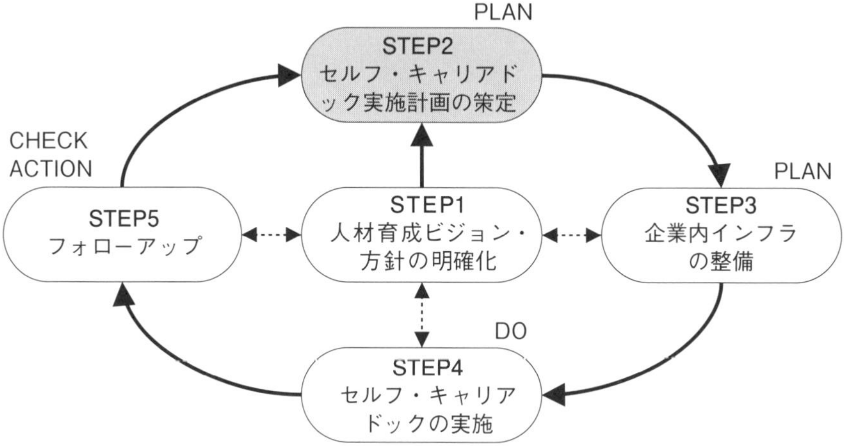

図表3－1　セルフ・キャリアドックのプロセス

セルフ・キャリアドックの実施計画を策定するためには，人事部門が中心となって実施する人材育成に関連する人事制度の新設および改定，評価制度や目標管理制度などの運用改善，教育研修体系の見直しや新しい教育プログラムの導入などについても理解しておくことが必要です。企業における人材育成の全体像を理解して，様々な視点を持ってセルフ・キャリアドックの導入と実施計画をプランニングできることが大切です。

1．基本的な考え方

第２章で，セルフ・キャリアドックのSTEP１である人材育成ビジョン・方針を明確にすること，そのために「組織を見立てる」ことが重要であることを説明しました。本章では，実施組織がセルフ・キャリアドックの実施計画を検討するために，企業における人材育成計画を作成するまでのフローや人材育成全般に関する視点，および実施している人材育成施策の検証などについて解説します。

セルフ・キャリアドックでは，キャリア形成における同様の課題を有する社員を集めたキャリア研修や従業員一人ひとりのキャリアコンサルティング面談を通して，組織に内在する課題を把握することができます。実施組織では，把握できた課題を解決するための効果的な施策を検討し，実施することが可能になります。

2．手順

セルフ・キャリアドックの実施計画を策定するとき，その他の人材育成に関連する施策との関連や連携を考えなければなりません。企業における人材育成計画の策定プロセスと人材育成に関する様々な制度や施策を理解します。

実施組織では，セルフ・キャリアドックを実施するとき，効果的・効率的に運営できるように準備を行い，実施後にはその効果の検証が必要となります。そして，キャリア研修やキャリアコンサルティング面談を通じて把握した，組織的・全社的な課題や傾向とその対応策をとりまとめた全体報告書を作成し，経営層に対して提案するためです。実際には以下のような手順になります。

①人材育成計画の策定
- ・人材構成の将来像（期待する人材像）の検討
  経営理念・経営ビジョンから経営計画の策定まで
  「期待する人材像」を明確にする効果
- ・人材構成の現状把握を把握する
  問題解決の手法／人材育成における課題
- ・人材育成計画を策定する
  企業における人材育成施策／人材育成の４つの視点
- ・人材育成施策を検証する人材育成の検証事例
- ・人材育成計画の PDCA
  PDCA サイクルの留意点
  研修の効果測定方法／アンケート作成の留意点

②セルフ・キャリアドック実施計画の策定
- ・目的と対象者／キャリア研修の企画・立案
- ・キャリアコンサルティング面談の実施
  面談前の準備
  目的と対象者／実施時期／面談の場所／面談時間
  面談の内容／面談後のフォローアップ
- ・必要なツールの整備
  キャリアコンサルティング面談シート
  全体報告書（実施結果報告書）／企業への提案例

3．人材育成計画の策定

(1) 人材構成の将来像（期待する人材像）の検討

①経営理念・経営ビジョンから経営計画の策定まで

経営理念とは，企業経営者が作る普遍的な「価値観」や「考え方」，「存在意義」を示している経営観です。経営理念は企業運営の軸であり，経営判断の基準となることもあれば，価値観が共有できるかといった採用基準になることもあります。組織として価値観を共有することで，経営理念が求心力を持ち，結束力の強い企業風土を産み出すことを期待できます。企業を取り巻く環境が大きく変化するなか，事業の再構築や企業統合などを機に，経営理念の再設定や見直しを行う企業が増えています。

経営理念は企業が従業員や顧客，社会に対して表明するものであり，経営理念に沿った活動を実行することで，社会的な信頼を得ることもできます。企業の明確な「存在意義」や「価値観」を打ち出すことが，企業価値や企業ブランドの向上につながります。

経営ビジョンは，経営理念をもとに具体的に企業としてのあるべき姿や目指すべき目標に落とし込むことで，目に見える形になります。経営理念に込めた「思い」を，どのように具体化していくかを経営ビジョンは示しているといえます。そして，経営理念や経営ビジョンをもとに，中長期の経営方針や事業戦略を考え，中長期の経営計画を設定したうえで，今年度の経営計画が策定されます。

②「期待する人材像」を明確にする効果

経営計画にもとづき，事業戦略を実行するのは従業員です。経営目標を達成するために，必要となる人材構成の将来像を明確にします。企業が求めている従業員像や従業員としてのあるべき姿を定義します。企業が従業員に求めている人材像を定義すると，下記のような効果が期待できます。

▶キャリアパスが明確になる。
▶経営戦略に沿った人材マネジメントができる。
▶採用，リテンションにおいて優位に立つことができる。
▶人材育成の目的が明確になる。
　サクセションプラン（後継者育成計画）・タレントマネジメントなど
▶経営戦略実現の近道になる。

　また，企業の力量は第一線の現場管理者の力量に依存するともいわれますが，マネジメント層の役割や事業の付加価値と専門性，３～５年後のビジネス環境の変化などについても検討し，想定しておくことが必要となります。期待する人材像を明確にするにあたっては，次の３つの視点も持つとよいでしょう。

A)　マネジメントの役割

　計画立案，実行，人事評価，組織マネジメントなどを行う現場管理者の役割を検討し，どのような役割と行動が求められているのか。

B)　事業の付加価値と専門性

　事業における利益の源泉（製造 or サービス or 仲介等）は何か，その源泉を生み出すには，どのような役割・スキル等が必要となるのか。

C)　３～５年度のビジネス環境の変化

　将来にわたる環境変化を予測する視点は不可欠であり，SWOT 分析等を行い，会社の「強み」「弱み」「機会」「脅威」という外的および内的要因を整理する。そのうえで，どのような対策を考えて対応しなければならないのか。

⑵　人材構成の現状を把握する

①問題解決の手法

　私たちは，仕事における問題を発見して，解決するために目標を設定し，その解決策を検討します。若手社員を対象とする研修では，問題解決の手法を理解してもらうため，下記のような説明をしています。

「私たちが日々，行っている仕事とは何でしょうか」
「仕事とは問題を解決するため行っているのであり，問題のないところに仕事はありません」
「それでは，問題をどのようにして見つけるのでしょうか」
「問題を解決できたときやその仕事をやり遂げたときに，実現できる状態やあるべき姿を具体的にイメージします。その後，現在の状況を正しく把握するためにできていること，できていないことなど，可能な限り多くの情報を収集します」
「その仕事で実現したいことやあるべき姿が目標であり，把握した現状とのギャップが問題です」
「目標と現状のギャップである問題はとても多くあります。そのなかで，自分の努力や上司の支援を得て解決できるものが課題です。そして，その課題を解決するための具体的な方策を考えます」

②人材育成における課題解決

人材育成に関する問題を発見して検討するとき，上記の問題解決の手法を活用します。企業理念や企業ビジョンをもとに策定した，経営計画を実現するため「人材構成の将来像」を描き，その実現に必要となる「期待する人材像」を明確にします。また，現状の従業員個々人の知識・スキル・技術・業務経験などを調査して，「人材構成の現状」を把握することにより，問題＝ギャップが特定できます。問題解決の手法どおり，現状をどう認識するか，将来はどうしたいのかを考え，そのギャップを明確にすると人材育成のための戦略や解決策を具体的に考えることができます。

⑶　人材育成計画の策定

人材育成戦略・人材育成ビジョンをもとに，人材育成のあるべき姿や目指すべきところを明確にし，その実現のためにどのような取り組みを行うかを，人材育成方針と人材育成計画で具体的にします。第２章５で人材育成ビジョン・方針の策定について記載していますので，参照してください。

①企業における人材育成施策

企業における人材育成は，単に教育研修体系を整備するだけではありません。新卒採用や通年採用による人材の確保と配置，等級制度や評価制度を始め，自己申告や社内公募制度といったキャリア選択制度などの人事諸制度を整備する必要があります。現場で実際に仕事を進めながら，上司や先輩が必要な知識やスキルを計画的・体系的に部下に教え，身につけさせる「職場内訓練」といわれるOJT（On The Job Training），職場を離れて社内の人材育成等部署が考案したメニューによる研修や外部の研修機関が作成したプログラムを受講し，必要な知識やスキルの習得を図る「職場外研修」，社員自らが自発的に行う自己啓発も含めたOff-JT（Off The Job Training）などの幅広い取組みが必要となります。人材育成計画を作成するまでのフローを示します（図表３－２）。

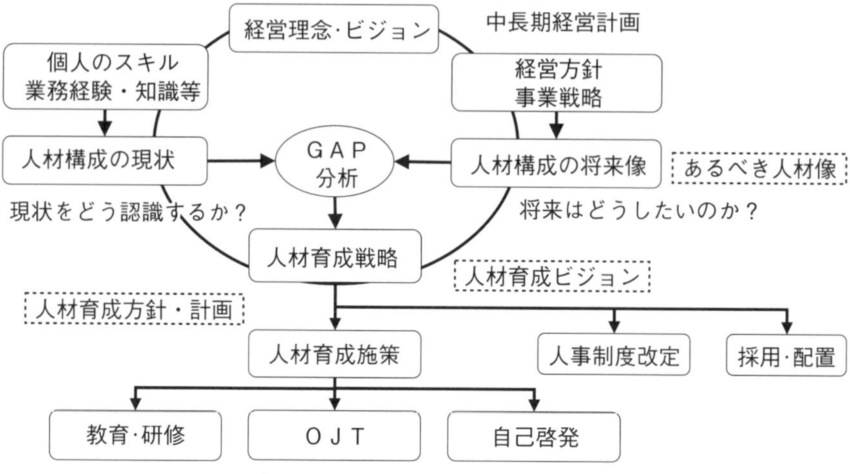

図表３－２　人材育成計画の作成フロー

厚生労働省（2018）

COLUMN

職業能力開発促進法の改定

2016年４月の職業能力開発促進法改正で，企業における教育・訓練が，これまでの企業目的の達成のために必要な従業員の能力の向上に責任を持つことから，従業員は自らの職業生活の設計の目標を立て，企業は経営目標の達成に必要な能力の開発に責任を持ち，従業員を支援する機会を提供することが義務化されました。罰則のない努力義務ですが，従業員の能力開発支援が「配慮」から「行うこと」になり，従業員個々人の支援が強化されました。

2018年７月の職業能力開発促進法施行規則等の改正（2019年４月１日施行）で，従業員の職業能力開発を計画的に企画・実行する「職業能力開発推進者」は，「キャリアコンサルタント等の職業能力開発推進者の業務を担当するための必要な能力を有する者」から選任することになりました。キャリア形成を支援し，個々の職業能力を存分に発揮してもらうことは，企業の発展に不可欠です。従業員の職業能力開発を計画的に企画・実行する，キーパーソンが職業能力開発推進者です。

【職業能力開発推進者の役割】

⑴事業所単位の職業能力開発計画の作成・実施

⑵企業内外の職業訓練を受け，又職業能力検定を受ける労働者に対する相談・指導

⑶雇用型訓練を受ける労働者に対する相談・指導

⑷労働者へのキャリアコンサルティング

⑸労働者が職業能力開発を受けるための労務管理上の配慮に係る相談・指導

職業能力開発促進法の第11・12条で，事業主に雇用する労働者の職業能力の開発・向上が段階的かつ体系的に行うことを促進するため，事業所内職業能力開発計画を作成するとともに，その実施に関する業務を行う職業能力開発推進者を人事・教育訓練等の担当部署の部長や課長などから選任

するよう努めると規定されています。また，人材開発支援助成金の利用にあたっては，職業能力開発推進者を選定することが要件となっています。

キャリアコンサルタントは，キャリア形成や職業能力開発などに関する相談・助言を行う専門家であり，職業能力開発推進者の業務に関する知識・技能を備えていることが法律で規定されたのです。今後，企業における人材育成・人材開発分野で，キャリアコンサルタントが活躍する機会が増加していくことを期待します。

※参照：厚生労働省 HP　人材開発統括官　あしたを拓く人を創る

②人材育成の４つの視点

人材育成は，「企業人の基本を創る階層別研修」，「人事方針」，「現場で行われる OJT」，「職場を離れて行われる Off-JT」の４つの視点（図表３－３）で捉えると，人材育成に関する施策の全体像を把握することが容易になります。

A)　企業人の基本を創る階層別研修

新入社員研修を始めとして，リーダー層や管理職に昇格する前後に対象者を集めた集合研修を実施します。会社が求める役割を理解し，その役割を発揮するために，必要な知識やスキルを習得します。

B)　人事方針

新しい仕事に就くことや，新しい職場で働くことが人材を育成します。そのため，定期的な人事異動や配置転換の機会に，育成視点での計画的な人事ローテーションを行います。また，人事異動がない場合にも業務分担の見直しを行い，より難易度の高い仕事にチャレンジしてもらいます。

C)　職場で行われる OJT

OJT で大きな役割を担うのが現場管理職です。現場管理職のマネジメント力が企業の力量ともいわれています。現場管理職の部下育成のマインドとマネジメントスキルの向上を目的とした，管理職研修（考課者研修）を実施します。また，計画的に部下育成を行うために，現場管理職は部下一人ひとりのOJT計画を作成する必要があります。優秀な現場管理職にインタビューすると，その部下を育成するために，どんな仕事を与えるか，どんな研修を受講させるかなどOJT計画が明確になっています。現場管理職にOJT計画シートを作成してもらうことで，部下育成力を明確に測定することができます。現場管理職は，目標設定や評価の面談時にOJT計画の進捗を確認しながら，部下と成長について話し合います。また，上司以外による育成では，メンター制度やシスター・ブラザー制度といった，先輩社員が後輩の指導をきめ細かく行う育成方法を利用します。メンター制度のメリットは，メンティーである後輩社員だけでなく，メンターとして指導する先輩社員の成長も促進できることです。

D）　職場を離れて行うOff-JT

Off-JTでは，専門知識・スキルのブラッシュアップや資格取得を目的とする社外講習の受講があります。社外の専門講師による最新の知識・技術などを効率よく学ぶことができます。上司や人事部が選抜して受講する

人事方針（人事）	ＯＪＴ（現場）	Off-ＪＴ（組織）
仕事・環境が育てる ●育成ローテーション ●異動・配置転換 ●業務分担の見直し	**人が育てる** ●マネジメント研修 ●ＯＪＴ計画の作成 ●メンター制度	**自分で育つ** ●自己啓発の支援 ●応募型（手挙げ方式）研修 ●キャリア研修・キャリア相談
企業人の基本を創る ●新入社員研修　●リーダー研修　●新任管理職研修　●新任部長研修など		

図表３-３　人材育成の４つの視点

厚生労働省（2018）

場合と学ぶ意欲の高い希望者を募る（手挙げ方式）があります。また，英語やロジカルシンキングなど，幅広い分野の学習ができる通信教育も多くの企業で導入しています。自己啓発を促進するために，受講料の一部を（50～70%）を会社が補助したり，雇用保険の教育訓練給付金を活用を奨励するなどの取組みが行われています。

キャリア研修やキャリアコンサルティング面談は，職場を離れて実施し，従業員個々人が職業人生を振り返る機会を提供するので，Off-JT に区分されます。

教育研修プログラムを従業員に周知するため，教育研修の体系図を作成します（図表３－４）。教育研修体系図を見ると，どのような時期に研修が実施されているのか，人事部門が全社横断的に開催する研修と部門ごとで実施される研修にはどのような研修があるかなど，従業員は企業が行う教育研修の全体像を容易に理解できます。

研修	エントリー	中堅	リーダー	管理職
階層別	新入社員研修 ３年次研修	中堅社員研修	リーダー研修	新任課長研修 新任部長研修 考課者研修
選抜			管理職候補者研修	幹部育成研修
部門別	各部門が実施する業務スキル研修			
部門横断	メンタルヘルス研修・コンプライアンス研修			
キャリア支援	節目研修	節目研修	節目研修	節目研修
自己啓発	通信教育、資格講座，ビジネス書籍による学習			

図表３－４　教育研修体系例

厚生労働省（2018）

⑷　人材育成施策の検証

現在，実施している人材育成に関連する施策を検証することは，とても有益です。しかし，個別の研修の優劣をつけるのは難しいことです。どの分野に対しての取り組みができているのか，逆にどの分野に対しての取組みが不足しているのかを理解することが大切です。

検証する方法の１例を紹介します（図表３-５）。縦軸に組織視点でのアプローチと個人視点でのアプローチ，横軸に職場で上司によるOJTとして行われるものと職場を離れてOff-JTとして行われるものに４区分して，現在，実施している人材育成施策を分類してみます。

組織視点で職場を離れて行うOff-JTは，教育研修の中核的な役割を担い，多くの企業で実施されています。また，個人視点のアプローチであ

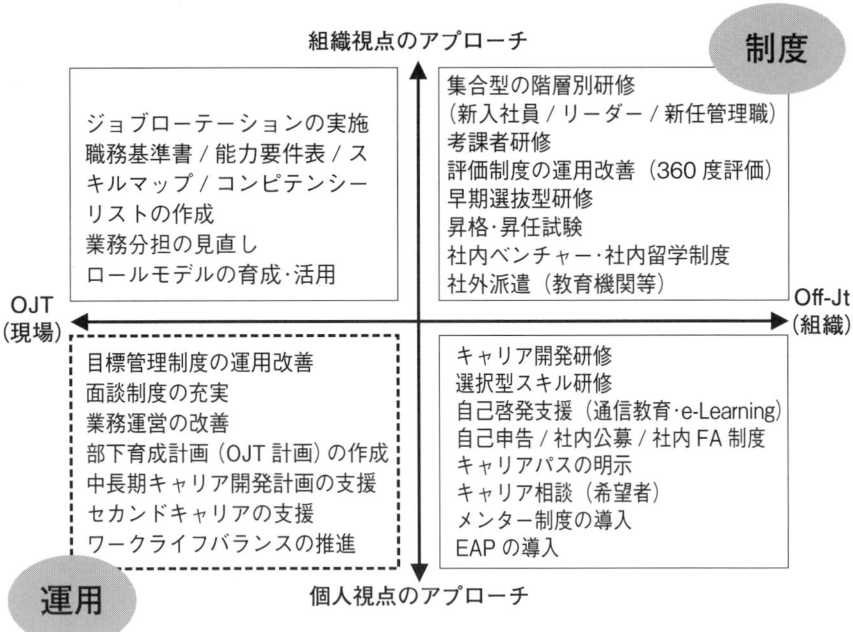

図表３-５　人事施策の検証例

厚生労働省（2018）

り，OJT（職場）で行われるものは，主に現場の上司に運用が任されています。現場管理職の運用レベルを向上させたり，管理職ごとのバラツキを是正させる取り組みは，それほど多くは実施されていません。

また，組織視点で行われる人材育成施策に比べて，個人視点でアプローチを行う施策が整備されていない企業が多いのが現状です。それらの点からも，個人視点でのアプローチであり，職場を離れて行うセルフ・キャリアドック（キャリア研修とキャリアコンサルティング面談）の実施は，必要性が高いものといえます。

⑸　人材育成計画の PDCA

人材育成計画の検証を行い，より効果的な人材育成を行うためには，PDCA サイクルを回していく必要があります。人材育成計画の PDCA サイクルを廻す５つのステップは，下記のとおりです（図表３-６）。

① PDCA サイクルの留意点

A）　ステップ１（目標の設定）

人材育成が円滑に行われる組織風土づくり，環境づくりを担うことが，人材育成担当者に求められます。そのため，経営理念から人材開発方針，教育方針まで一貫した考えを持ち，人事制度との関連を明らかにします。

従業員のあるべき姿やビジョンと現状のギャップを再確認し，今年度中に達成したいレベルを明確にします。研修の際に取得したアンケートの自由記述欄にある受講者の意見や部門の教育担当者へのインタビューによって把握したことから，受講生の理解度や日常の業務への活用，研修に対する要望などの情報を収集します。

B）　ステップ２（現状の確認）

今年度中に達成したいレベルと現状とのギャップ（問題）を多面的に検証します。研修のなかで見えてくるものだけでなく，職場を訪問して現場管理職や一般社員をインタビューすることで，仕事に対する意識や態度などを把握することに努めます。

C）　ステップ3（人材育成計画の作成）

ステップ1で設定した目標とステップ2で確認した現状とのギャップを解消することが課題であり，課題を解決するために必要な知識やスキルを洗い出します。限られた研修予算のなかで実施するため，研修の目的と効果を検証して，廃止する研修と新しく実施する研修を決定します。

人材育成担当者は，研修のプログラムや施策の企画や立案を行いますが，プログラムを作成するとき，受講生を「どのレベルにまで引き上げるか」という目標を整理し，到達させたいレベルを前提とした「研修のねらい」を明確にしておく必要があります。また，受講生にとって「分かりやすいプログラムにする」ことや「この研修は何のために行うか」を明確に伝えることが研修の効果を高めます。

D）　ステップ4（人材育成施策の実施）

研修やセミナーを年間計画に沿って開催します。各プログラムの内容の説明や受講生の選抜など，研修事務局は関係部署と相談，連携して，事前

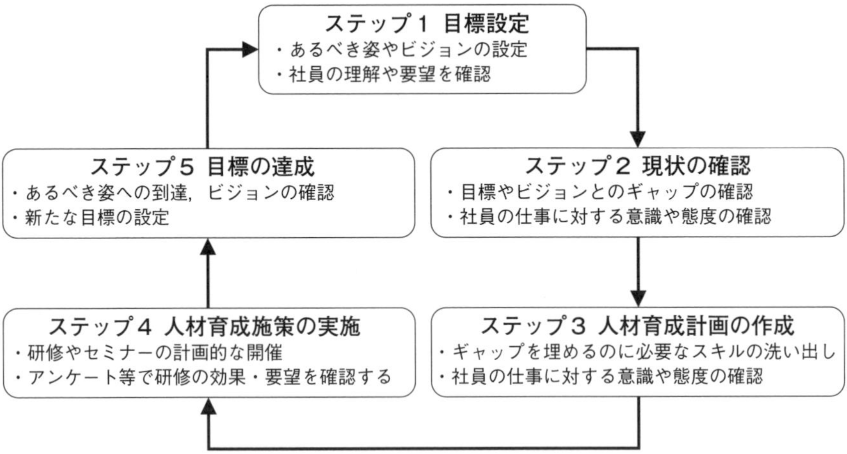

図表3-6　人材育成のPDCAサイクル

厚生労働省（2018）

準備を行います。できる限り早く従業員とその上司に研修の案内（事前課題などを含む）を通知することが大切です。事前に研修資料を受講生に配布することや，事前課題を出す場合には，「事前課題をやってこない場合には，どのような不都合があるのか」を案内に明記しておくことも大切です。また，上司が研修の内容を把握することは，参加のための配慮や指導を促すことにつながり，研修参加前の動機づけが図られて，受講生の受講姿勢に大きな影響を与えます。

Ｅ）　ステップ５（目標の達成）

研修の終了後には，受講生を「どのレベルにまで引き上げるか」という目標に対しての到達度を確認し，不足している点や改善すべき点を明確にします。

人材育成に関する施策の効果を検証している企業は，27.5％と，前年度よりも約８％減少しています。また，業績別では市況より業績がよい企業ほど育成の検証を行っている傾向があります（日本の人事部編集部2018）。

②研修効果の測定方法アンケート・調査・ヒアリング・ＫＰＩの設定

研修の効果を確認する方法としては，多くの企業で受講後にアンケートの取得を行っていますが，他にも以下のような様々な方法があります。

・受講者や上司にアンケート（研修後や年１回のフォローアンケート）
・受講者や上司への能力開発状況の確認
・360度アセスメント，行動評価
・人材育成の効果を測定する KPI 設定，パフォーマンスのデータ解析
・従業員満足度調査

Ａ）　試験・テスト

・習熟度確認テストの実施
・定期的な力量評価の実施
・受講後の効果測定による活用状況の確認

Ｂ）　自己・周囲・上司の評価

・受講者の上司からのフィードバック

・目標設定に対しての評価と面談

C)　プレゼンテーション・成果発表

・受講した研修内容を自部署のメンバーに発表する機会の設定

・研修後の行動計画作成と3ヵ月後の活動報告

③アンケート作成の留意点

アンケートを作成するとき，「どこまで聞くか」，「何を把握したいのか」，「教育研修をどうしたいのか」を明確にします。正しいアンケート用紙の作成方法を知り、分析方法を熟知しておくことが大切です。

【研修後のアンケート作成の留意点】

□質問には，２つの意味を含まないようにする。

□言葉遣いは，研修受講者の下位レベルに合わせたものとする。

□価値判断を含むような言葉は使用しない。

□明らかに「YES」「NO」が分かる（答えなければならない）ような質問を出来る限りしない。

□研修の流れや技法や手段に沿って，答えられるような質問にする。

□回答には数値化できるように尺度を設ける（４または５段階評価等）。

□アンケート用紙は，事前に事務局で記入しやすいかを確認する。

□研修の改善点や，今後，実施して欲しい研修等を記入する自由記述欄を設ける。

研修に対する満足度と研修の効果は，必ずしも一致しません。研修後事務局に提出するアンケートに，受講生は概して悪い評価をつけないからです。むしろ，自由記述欄に記載された要望などから，改善が必要な点を見出すことでプログラムの改善につなげます。新設した研修では，初回研修の実施後のアンケートを踏まえてプログラムを改良します。２回目の研修実施後には，受講生へのアンケートに加えて，上司へのヒアリングも行って改良するなど，３回目には期待レベルに到達できるようにするぐらいの地道な努力が必要です。

4．セルフ・キャリアドック実施計画の策定

(1)　目的と対象者

セルフ・キャリアドックを行う目的を明確にすることが重要です。人材育成施策として，どのように位置付けていくか，人事制度や実施している教育・研修プログラムとどのように連携させていくかは，企業が抱える人材育成上の課題により設定します。また，実施に必要な研修費用も考慮して，課題解決の優先順位の高い階層を対象とします。

セルフ・キャリアドックを初めて導入する企業の場合には，優先順位の高い課題および年齢層から先行して導入し，その他の課題や対象とする年齢層に時間をかけて拡大していくことが望ましいといえます。キャリア研修を継続して開催していくと，受講した社員が職場に戻り，「研修を通じてこれまでの職業人生を振り返ることができた」，「これからの人生を考える機会になった」，「同年代の仲間と話し合うことが，とても楽しかった」などを職場の後輩たちにフィードバックしてくれます。キャリア研修の目的や内容が徐々に周知されることになり，社員のキャリア研修に対する理解が進み，通常の研修とは違う「自分自身の事を考える機会」であると認識され，研修に臨む姿勢の変化が見られます。継続して実施することで，キャリア研修の効果は高めることができるのです。

(2)　キャリア研修の企画・立案

キャリア研修は，集合型の研修です。集合型研修は日常業務から離れて，体系的に知識やスキル等を学ぶには適した研修です。各階層・部門・年代に共通して必要な事項や最新の知識・技術などを専門の講師から学ぶことができます。キャリア研修では，異なる部門や部署から受講生が参加し，自分とは違う仕事への取組みやキャリア形成についての考えを聞くこ

とができます。受講生が意見交換をすることで思考方法の幅を拡げ，多面的な見方を習得できるなどの相互学習を期待できます。同じようなキャリア形成上の課題を有し，同じ立場にある者や同年代の仲間だからこそ，今後のキャリアを考えるうえでの様々な気づきや刺激を受けることができる機会となります。

キャリア研修では，自身のキャリア開発に関するビジョンや目標の設定と，その実現のためのアクションプランの作成を支援します。これまでの職業経験を振り返ることで，仕事に対するこだわりや価値観（大事にしたいこと，譲れないこと）を探ります。そして，これまで培ってきた知識，スキル，技術など能力の棚卸しを行い，自分の「強み」と「弱み」を把握します。また，キャリア形成上の課題に対する気づきを促すことも大切です。

キャリア研修は，メリットの大きい集合型研修ではありますが，弱点があります。それは，研修で学んだことや気づいたことが時間の経過とともに薄れ，個人ごとのキャリアプランの作成まで至らないことが多いことです。最近では，研修の効果を高めるため，研修後に個人面談をセットで行うなど，フォロー研修を実施する企業が増えています。集合型研修の良さを活かし，弱点を補うためのキャリアコンサルティング面談を実施することで，具体的なキャリアプランを作成することまで支援することができます。キャリア研修とキャリアコンサルティング面談を組合せた，セルフ・キャリアドックの実施計画を策定すると，キャリア研修単体で行うよりも効果的なキャリア形成を支援することが可能になります。キャリア開発を目的とするキャリア研修の詳細については，第５章を参照してください。

⑶　キャリアコンサルティング面談の実施

キャリアコンサルティング面談の概要について解説します。企業内で必要となる様々なインフラについては第４章，キャリアコンサルティング面談の実施については第６章，全体報告書については第７章を参照してください。

①面談前の準備（ガイダンスセミナーの実施）

キャリアコンサルティング面談を実施する際に，事前に準備しておかなければならないことは，キャリアコンサルティング面談を「なぜ，実施するのか」，「なぜ，あなたが対象者なのか」，「なにが対象者にとって有益なのか」などについて理解してもらうことであり，大切なポイントです。他の研修とは違い，実施組織からの通知文書だけでは，受講者や面談者が研修の目的や面談の内容について理解することが難しいことが想定されます。キャリア研修やキャリアコンサルティング面談の前にガイダンスセミナーを開催して，目的や実施スケジュールだけでなく，キャリアコンサルティング面談シートの記入例を示して，箇条書きでもよいことや書ける範囲で構わないことなどを伝えます。面談を担当するキャリアコンサルタントも同席して，自己紹介を行い，面談内容がキャリアコンサルタント以外に伝わることがないなど守秘義務についても説明することで，面談が相談者にとって安心で安全なものであることが理解できます。従業員が面談に不安を抱いている状況や疑心暗鬼な心情で面談に臨むことになると，面談の効果は期待できなくなってしまうため注意が必要です。ガイダンスセミナーの事例を第５章に記載しますので，参照してください。

対象者が役職者から一般従業員まで，あるいは，中高年から若手までと幅広くなると，面談人数も多くなりますので，対応が可能なキャリアコンサルタントを確保しておくことが必要となります。また，社外のキャリアコンサルタントを活用する場合は，会社に関する様々な情報を面談前に理解してもらうため，事前に説明会を開催することなども検討します。

②目的と対象者

対象となる従業員の属性とキャリア形成上の課題に応じて，個人面談を実施します。キャリアコンサルティング面談では，上司には話せない悩みを聴き，キャリア形成に主体的に取り組むことの大切さに気づいてもらうことなどが目的となります。

経営環境の変化が組織や部門に所属する従業員全員のキャリアに影響を及ぼす可能性がある場合などには，組織に内在する課題や従業員の意識を調査することを目的として，組織全体あるいは部門全体を対象としたキャリアコンサルティング面談を実施します。たとえば，ストレスチェックが義務化されていますが，組織診断の結果で高ストレス職場と判定されたのだけども，なにが原因なのか分からない場合などにも職場メンバー全員の面談を行い，ストレスの原因を探ることにより，ストレスの原因を除去する効果的な方策を検討することができます。

③実施時期

人事部や他部門が実施する会議や研修等の年間スケジュールを事前に確認します。期初の目標設定や期末の評価面談を行う時期や階層別研修が開催される時期をできる限りはずして，開催日程を選定します。

新入社員であれば，入社時の研修に組み込んで実施することができます。全国に事業所を展開する会社であれば，集合研修が終了する翌日に遠方の事業所に勤務する従業員の面談を行うことで，従業員の負担もキャリアコンサルタントの負担も軽減できます。業務への支障を少なくするための配慮も必要であり，面談日や面談時間を選択できるように，事前に面談スケジュールをイントラネット等に掲載することで，従業員が都合のよい日時を選択できるようにすることもできます。

上司によるキャリアコンサルティング面談を実施している場合には，目標管理の面談と併せて行うと，今期の目標や評価など業務を中心とする内容になりがちです。そのことが，中長期的な視点でキャリア形成について話し合うことを難しくします。よって，キャリアコンサルティング面談の日時は，目標管理の面談とは別に設定して行うことが望ましいといえます。部下には，事前にキャリアコンサルティング面談の目的を明確に伝え，上司はキャリア形成の観点で面談することを自覚して臨むことが大切です。そのためには，現場管理職のキャリアコンサルティングに対する理解が必要であり，現場管理職を対象とした目標管理における面談と，キャリアコンサルティング面談との違いやそれぞれの活用方法を考えることをテーマとする研修を行うことが効果的です。

④面談の場所

会議室や応接室といった個室で，外部に音が漏れなくて，落ち着いた環境での面談を実施するよう設定します。執務室内のパーテーションで仕切られたスペースでは，同室の社員に聞かれることを心配するなど，安心して話すことが出来なくなります。そのような場所を社内で設定できない場合には，費用は発生しますが，社外の会議室の利用なども検討します。セルフ・キャリアドックの今後の展開を考えると，社内に面談専用のスペースを確保することも検討します。

⑤面談時間

１回の面談時間は概ね50～60分程度に設定します。あまり面談時間を短くすると，面談対象者との関係性を構築できていないなかでの面談になることや，相談者が十分に話せなかったといった印象を持つことになります。逆に，面談時間が長くなりすぎことで，面談の効果を低減させてしまうことや面談対象者の業務に支障が出てしまう恐れがあります。また，面談と次の面談の間には15分程度のインターバルを設け，キャリアコンサルタントが面談記録の作成を行い，気持ちの切り替えを行なえるよう配慮します。

⑥面談の内容

対象者のキャリア形成上の課題を踏まえた内容の他，上司や人事部には相談できないプライベートな事項もあります。キャリアコンサルタントがすべての課題についての相談を受けることや直接，解決のための支援ができない事項も多く含まれます。そのような場合には，社内で相談できる部署や支援できる専門家等を知っておくことが大切です。対象者のキャリア形成上の課題だけでなく，解決したいと考えている問題をしっかり受け止めて，社内外のリソースを活用できることを相談者に伝えます。

キャリア研修を受講した後に，キャリアコンサルティング面談を実施する場合は，キャリア研修で学んだこと，気づいたことを踏まえて，自身のキャリア開発に関するビジョンや目標を設定することを支援します。研修で学んだことや気づいたことを自分事として，キャリアビジョンやキャリアプランにまで落としこむことは，相談者にとって難しいことです。キャリアコンサルタントがビジョン・目標の実現に向けてのロードマップ（アクションプラン）づくりを支援して，その実行を促していくことが期待されます。

⑦面談のフォローアップ

面談後に行うフォローアップには，個人ごとに実施するフォローアップと，同じ属性とキャリア形成上の課題を持つ対象者全体に対するフォローアップがあります。

個人別のフォローアップでは，面談を実施後，6ヵ月または1年後にフォロー面談を実施することが効果的です。面談後の進捗を確認して，「できていること」，「できていないこと」を整理して，今後どのように行動していくかを話してもらいます。フォロー面談の実施が難しい場合には，アンケート調査や上司へのヒアリングで進捗を確認することを検討します。

同じ属性とキャリア形成上の課題を持つ対象者全体のキャリアコンサルティング面談後のフォローアップでは，相談者に共通する課題の解決がどの程度できているか，また，何ができていないのかを確認して，組織の活性化などに繋がっているかを把握します。対象者を限定した追加の面談を行ったり，職場を訪問して上司や同僚にインタビューを行ったりして進捗を確認することなども検討します。

⑷　必要なツールの整備

①キャリアコンサルティング面談シート

キャリアコンサルティング面談を実施するとき，相談者に事前に記入してもらうシートを準備します。これまでの職歴や現在の職務内容を記載してもらうと，キャリアコンサルタントが相談者の職務経験を容易に理解できるだけでなく，円滑に面談を始めるきっかけ作りにも活用できます。また，上司から期待されていることや興味関心を持っていること，得意なことや苦手なこと，今後取り組みたいことや仕事を通して実現したいことなども記入してもらいます。

このシートは，本書の巻末資料にある厚生労働省『「セルフ・キャリアドック」導入の方針と展開』から入手できます。資料内の「セルフ・キャリアドック導入支援事業モデル企業における具体的事例」に掲載されている「キャリアコンサルティング面談（記録準備）シートの例」を参照してください。また，ジョブカード制度総合サイト（https://jobcard.mhlw.go.jp/）から「キャリア・プランシート（様式１－１）」や「職務経歴シート（様式２）」をダウンロードして使用するのもよいでしょう。

しかしながら，面談シートの記入は相談者にとっては，かなり難易度が高いものであることを承知しておく必要があります。これまでの職業人生を振り返る機会がなかった相談者や将来のことを余り考えて来なかった相談者もいます。また，会社内でのキャリア・パスで行き詰っている相談者や家庭内での環境変化や介護等の他律的な理由でキャリアチェンジを余儀なくされている相談者など，キャリアコンサルティング面談にネガティブな心情で臨む場合もあります。セルフ・キャリアドックを実施するにあたり，ガイダンスセミナーを実施する必要性は高いといえます。

⑸　全体報告書（実施結果報告書）

①報告書を作成する目的

キャリアコンサルティング面談の結果は，キャリアコンサルタントから経営層や実施組織（人事部や人材開発部など）に報告します。教育研修を実施するとき，研修の実施者は社内・社外を問わず全体報告書（実施結果報告書）を作成して実施組織に提出しています。キャリアコンサルタントは，面談が終了した時点で報告書を作成しますが，複数のキャリアコンサルタントが面談を行った場合には，作成する前に報告書検討会を開催して，各自が把握した情報や課題について共有します。

全体報告書を作成する目的は，面談によって把握された組織的・全社的な課題や傾向，本人の同意を得たうえで会社が知っておくことが望ましいことなどを実施組織に伝えることです。実施組織では，全体報告書に記載された組織的・全社的な課題や傾向を分析し，その解決に向けての具体策や次回に向けての改善点を検討します。

②報告書の記載内容

報告書では，キャリアコンサルティング面談において把握した相談傾向を伝えます。会社方針・企業ビジョンの浸透度や，人材育成ビジョン・人材育成方針，会社の施策や組織目標に対して，従業員がどのように認知し受け止めているか，従業員のキャリア形成に対する取り組みとその支援に向けての活動の進捗状況や障害となっている要因などです。同じ組織に在籍する従業員に共通する組織運営に対する意見や考え，組織を超えて共通するキャリア形成における課題や悩みなど，面談時に把握できたことも具体的に伝えることが大切です。これらはキャリアコンサルタントがキャリアコンサルティング面談を行うからこそ，収集できる情報です。なお，個別の相談内容を記載しませんので，キャリアコンサルタントとしての守秘義務を心配する必要はありません。なお，第７章６では，全体報告書の記入例も掲載していますので参照してください。

③報告書作成のコツ

面談を開始する前に実施組織と緊密に打ち合わせて，実施組織としての問題意識や課題を把握することや報告書の様式を決めておくと，面談結果を効率的に整理して報告書を作成することができます。面談実施後に行うアンケートを集計した結果も重要な情報です。

面談の傾向を踏まえて，キャリアコンサルタントとして組織の現状をどのように見立て，その課題を明確に提示して対応策を提案します。企業および実施組織にとっては，とても貴重な情報ですが，キャリアコンサルタントの力量が試される場面でもあります。特に，社外キャリアコンサルタントが担当する場合は，面談前に企業の様々な情報を入手するなどして，企業をよく知っておくことが必要です。また，面談中においても，不明な点や疑問に思うことを実施組織に問い合わせるなど，密接なコミュニケーションをとることもできます。このように企業の現状に対する理解を深めるために行動することが大切です。

④企業への提案例

報告書では，課題を解決するための具体的な対応策を提案します。把握できた課題を伝えることで，実施組織が改善策を検討できる場合もあります。しかし，キャリアコンサルタントが幅広く人材育成施策を捉え，様々な観点から改善策を提案することで，実施組織のみならず関連する他の部署も巻き込んで改善に向けての検討を行うことが可能となります。

提案内容の事例を，人事制度・教育プログラム・運用改善の３つに分類して提示します。改善提案を検討する際には，他の会社ではどのように運用されているかを調べて，提案する会社の実情に即した提案内容となるよう検討してください。

A）　人事制度関連

≪採用・異動・配置≫

継続した新卒採用の実施，平均勤続年数の延長の施策，若手社員の定着と女性正社員の比率増のための施策，職種別・コース別採用の実施，勤務地限定制度の導入

休職社員の早期復帰支援対策，育児休業制度の利用増のための施策，自己申告制度・社内公募制度・ポストチャレンジ制度・FA 制度の導入，社内ベンチャー制度・ジョブリクエスト制度・社内エージェント制度の導入，計画的ジョブローテーションの実施

≪給与・退職金≫

昇給管理の改善，ストックオプション制度の導入，自己選択型退職金制度や退職金の前払い制度等の導入，早期退職優遇制度の実施

≪キャリア形成≫

キャリア選択制度の導入，契約社員の正社員登用制度，選択定年制度・独立支援制度の導入，年齢層別キャリア研修（新入社員・若年層社員他）の実施，社内キャリアコンサルタントの養成，キャリア面談の実施，キャリア支援室の設置（相談窓口等の支援体制）

≪女性活躍≫

女性活躍推進施策の検証，年齢にかかわらない管理職への登用，女性管理職のサポート，育児・出産等の退職後における再雇用制度の導入

≪中高年社員の活用≫

退職後の再雇用者増のための施策，処遇・報酬制度の整備と見直し，定年延長の実施，職域開拓・確保，高齢者の就業ニーズ把握，職域と働き方のマッチング，高齢者の職場環境の整備，退職後の再就職支援

≪人事考課≫

目標管理制度の運用改善，人事考課基準の公開，考課結果への反論・修正の機会，考課結果の第三者による検証，継続した人事考課者研修の実施，管理者の面談（評価結果のフィードバック），360度評価や多面評価の実施，ES 調査の実施

≪職務分析≫

職業能力開発基準の活用，職書別・等級別のスキルマップの作成

B）教育プログラム関連

≪研修≫

階層別・選択型研修の継続実施，社内ビジネススクール・WEB による研修受講体制の整備，コンプライアンス教育の実施，外部研修時の勤務取り扱いの改善

≪ OJT ≫

管理職の計画的なOJT計画・育成計画の立案，メンター制度の導入，職場改善提案制度の導入

≪能力開発≫

資格取得補助制度の導入，キャリア開発援助制度の導入，技術伝承・ナレッジを共有する仕組みの導入

≪自己啓発・資格取得支援≫

社内の自主勉強会の支援，通信教育の利用増のための広報活動の実施，QCの実施，費用の補助，自己啓発休暇・休職制度の導入，費用の補助，手当の支給

C)　運用改善

≪労働時間≫

実労働時間の適正化（労働時間の把握などの管理体制）のための施策，自由な勤務体系制度（勤務時間選択制度）の導入，所定外労働時間の削減のための施策，裁量労働・フレックスタイム制度の改善

≪勤務形態・休暇≫

在宅勤務・テレワークの導入，年次有給休暇の取得増のため施策，半休・時間休のとりやすさ改善，リフレッシュ休暇制度の利用改善，特別有給の充実

≪休業≫

育児・介護休業制度の利用者増のための施策，育児・介護休職からの復職者増のための施策，育児・介護による休業・休職者へのキャリアコンサルティング面談の実施

≪安全管理・健康管理≫

産業衛生管理体制の改善，職場の安全教育実施，喫煙問題の取り組み，作業環境の改善，保健・医療面の補助，メンタルヘルス相談体制の整備，管理職へのラインケア教育の実施，余暇活動の支援（クラブ活動・同好会活動等）

≪福利厚生≫

保育施設の利用促進，カフェテリアプラン・ポイント制共済会の導入，ボランティア休暇の取得支援，表彰・報奨制度の改善

≪その他≫

苦情処理体制の整備，労働組合との連携強化

5．まとめ

本章では，セルフ・キャリアドック実施計画の策定について解説をしました。本章で述べた内容について，ガイドラインのセルフ・キャリアドックの標準的プロセスSTEP 2のポイントを列挙します。

①経営理念・経営ビジョンをもとに，経営計画を策定する。

②経営計画を達成するために，会社が必要とする人材構成（あるべき姿）を明確にする。

③現状の社員の能力・スキル・技術・業務経験を把握して，あるべき姿とのギャップを明確にする。

④あるべき姿と現状のギャップを解消するため，人材育成方針・人材育成計画を策定する。

⑤人材育成に関する施策の全体像を把握・検証して，セルフ・キャリアドックを実施する必要性と目的を明確にする。

⑥セルフ・キャリアドック実施計画を策定するとき，実施対象者の選定，キャリア研修の企画・立案，キャリアコンサルティング面談の実施・運営などの事前準備を行う。

⑦キャリア研修・キャリアコンサルティング面談を実施した後に，組織的・全社的な課題や傾向を分析して，課題とその解決に向けての具体策を全体報告書としてとりまとめ，経営層や関係部署に提案する。

CHAPTER 4
第4章

企業内インフラの整備
――インフラの5分類と有形・無形インフラ――

高橋　浩

セルフ・キャリアドックのSTEP3は「企業内インフラの整備」です(図表4－1)。実際にはSTEP2「セルフ・キャリアドックの実施計画の策定」と同時並行で進めます。本章は，他章の構成とやや趣を変えて「手順」を伝えるのではなく，セルフ・キャリアドックを実施するうえで必要となるインフラの「重要ポイント」について解説します。インフラとは活動の下支えとなるあらゆるものを指します。まず，セルフ・キャリアドックに必要なインフラの5つの観点と有形インフラと無形インフラについて解説し，必要なインフラの確認方法について紹介します。次に，セルフ・キャリアドックにおいて重要なインフラとなる実施組織とその人員，キャ

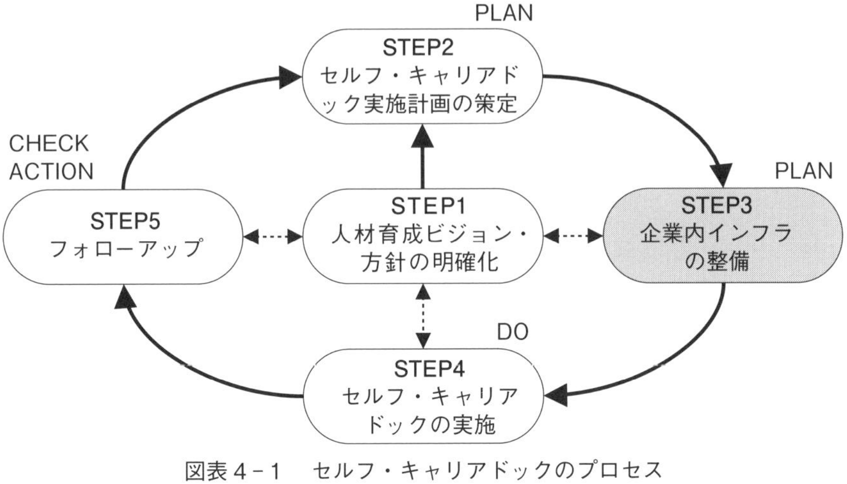

図表4－1　セルフ・キャリアドックのプロセス

リアコンサルタントに求められる能力・スキル，連携体制の構築，社内規定（特に守秘義務と情報共有），意識醸成と共通言語化について解説します。

1．基本的な考え方

(1) インフラとは

インフラとは，インフラストラクチャー（infrastructure）の略であり，一般的には何かを実現するうえで必要となる基盤や設備など「下支えするもの」という意味があります。インフラは何らかの目標達成の障害となるものを取り去り，その行程を円滑にする環境といえます。たとえば，どんなに強い意志と行動力があろうとも，歩む道が悪路であれば難航し疲弊し挫折するかもしれません。しかし，道が舗装され，途中に食事や休憩，治療ができる施設があれば，ゴールに到達することが容易になります。インフラの整備とはまさに舗装や施設・環境を整えることを指します。

では，セルフ・キャリアドックでは，何のためのインフラ整備であり，何を整備しなければならないのでしょうか。第1章で示したように，セルフ・キャリアドックは「組織の人材育成ビジョン・方針に沿った，従業員の主体的なキャリア形成の促進・支援」を目的とします。キャリア形成の主役はあくまでも従業員本人ですが，自己責任という言葉で全責任を個人に帰するのは酷な話ですし，これによって従業員が疲弊しドロップアウトしたのでは組織にとってもマイナスです。したがって，従業員自身が主体的にキャリア形成することをバックアップする環境整備や，有効なリソース（資源）を用意しておく必要があります。

⑵　セルフ・キャリアドックにおけるインフラ

一般的に，組織経営で必要なリソースとして「ヒト，モノ，カネ，情報」が挙げられます。またガイドラインで挙げているセルフ・キャリアドック推進の責任者やキャリアコンサルタントといった組織的なものや人的なもの，規定類の整備といったものもリソースであり，インフラとなり得るものです。そこで，本章ではインフラの種類を組織的，人的，情報的，物理的，経済的の５つに分類しました（図表４－２）。

①組織的インフラ

組織的インフラは，実施体制と社内規定・制度であり，セルフ・キャリアドック活動の枠組みになるものです。実施体制の中心はセルフ・キャリアドックを推進する実施組織ですが，他の関係部門との連携体制も必要です。社内規定・制度は，各種の人事制度や社内規定であり，特にセルフ・キャリアドックや主体的なキャリア形成を後押しするものを指します。

②人的インフラ

人的インフラは，実施体制において必要となる人員で，実施組織と連携部門に分けられます。実施組織の人員はその役割に相応しい知識・スキルを保有していることが前提です。連携部門は，どの部門にどのような人がいて，何ができるのか，どういう場合に連携すべきかを把握し，連携できる関係構築をしておく必要があります。

③情報的インフラ

情報的インフラは，意識醸成と共通言語化に分かれます。意識醸成のねらいは，セルフ・キャリアドックの目的と，諸支援施策，社内規定・制度への理解を深め，誤解や抵抗感を払拭し，主体的なキャリア形成への意欲やその支援の意識を向上することです。具体的には，全従業員に向けて経営者のメッセージを示し，説明会を開催し，キャンペーン活動などをします。共通言語化は，意識醸成をする前提として全従業員が共有すべき知

図表４−２　セルフ・キャリアドックにおけるインフラ

組織的	実施体制	・**実施組織**（セルフ・キャリアドックの推進部門） ・連携体制（経営層，人事部門，現場管理職など連携体制）
	社内規定・制度	・支援制度（キャリア面談制度，社内公募制度，育児休暇制度など） ・社内規定（セルフ・キャリアドック実施，**守秘義務**，**情報共有**など）
人的	**実施組織**	・**責任者** ・**キャリアコンサルタント**
	連携部門	・経営者，人事部門，人材開発部門，現場管理職 ・産業医・保健師，労働組合，など
情報的	**意識醸成**	・目的：セルフ・キャリアドックの目的，諸支援施策，ルール・制度の理解，誤解・抵抗感の払拭 ・対象：現場管理職，対象従業員 ・手段：経営者メッセージ，事前説明会，実施時の説明，キャンペーン
	共通言語化	・経営理念 ・人材育成ビジョン・方針 ・**キャリア，キャリア自律** ・キャリアコンサルティング，などの説明や学習
物理的	上記で必要となる物資，設備，時間，場所，資料，ツールなど	
経済的	上記にかかる費用（工数，日数，手間，購入費用など）	

※　表内の太字部分は『「セルフ・キャリアドック」導入の方針と展開』第４章に記載の項目

識・情報，考え方のことです。「経営理念」や「人材育成ビジョン・方針」，「キャリア」，「キャリア自律」，「キャリアコンサルティング」などを解説し，全従業員に学習してもらいます。

④物理的インフラ

物理的インフラは，セルフ・キャリアドック活動を実施するにあたり必要となる物資や設備，時間，場所，資料，ツールなどです。活動する空間と活動に必要なものを調達します。

⑤経済的インフラ

経済的インフラは，①〜④を整備するうえでかかる工数や費用などです。見積って予算を確保しておきます。

⑶　有形インフラと無形インフラ

中村（2015）は，組織の側面として「ハードな側面」と「ソフトな側面」があるとしています。ハードな側面とは，形があるものや明文化されたもののことで，組織の部門や部署，制度や規則，マニュアルなどです。ソフトな側面とは，人の意識やモチベーション，思い込み，コミュニケーションの仕方，従業員同士の関係性などです。そして，組織の変革に取り組む際に働きかけるのはソフトな側面だとしています。これを参考にすると，図表４-２のうち，組織的，人的，物理的インフラは形があるハードな側面だといえます。一方，情報的インフラ，特に従業員の意識や，共通言語化・共有知識の捉え方は形がないソフトな側面だといえます。つまり，これらは有形インフラと無形インフラであると捉えることができます。一般的に，私たちは有形インフラに注目しがちですが，実は無形インフラも人の心理や行動に対して多大な影響を与えています。したがって，無形インフラ（情報的インフラ）をいかに定着させ充実させていくかがセルフ・キャリアドックにおいて重要だということがいえます。

セルフ・キャリアドックを実施した後に，整備したインフラがどの従業員層に対して，どのような心理的影響や行動を生じさせるかということに，キャリアコンサルタントは敏感である必要があります。セルフ・キャリアドックのSTEP５「フォローアップ」における組織的な改善措置の１つとして，これをチェックしてより主体的なキャリア形成を促進するインフラの再整備が重要になります。新たなインフラの整備や，人事制度の変更，あるいは制度はそのままにして運用を変える，職場管理職のマネジメントの仕方を変えるなど，様々な方法で改善措置をとることができるはずです。

なお，下村（2015）は，企業内キャリアコンサルティングを調査してその体制と運用を図表４-３のようにまとめていますので，参照してください。

図表４－３　企業内キャリア・コンサルティングの体制と運用

（下村，2015）

	要点１	要点２
①人事部門との連携	現在でも，守秘義務の問題をめぐって人事部門からは完全に独立した存在であるべきとの議論はある。	ただし，現状では企業内で有効に機能するためには，人事部門の中にあって独立性を保つのが望ましいとされる。
②様々な従業員支援部門との連携	企業内には様々な従業員支援部門があるが，現状で最も密な連携をとっているのは産業医などの健康管理部門であり，看護師・保健師・臨床心理士・カウンセラーなど様々な専門家と連携をとる。	そのため，企業内の様々な関連部署との連携・コーディネーションのスキルも重要となる。
③アウトプレースメント機能との連携	アウトプレースメント的な機能との厳密な切り分けは強く意識されているが，連携をとる必要がある場合には，本人の意思確認，社内活用の可能性の検討などいくつかのステップを踏む。	アウトプレースメントと連携するキャリア・コンサルティングは概して難しく相当の技量を要する。
④上司に対する支援	取り扱う相談内容によってはクライエントの了解を得て上司に連絡をとって支援を行う。その過程で上司そのものに支援を提供する必要が生じる場合がある。	この延長線上に職場全体を支援する組織介入・組織開発の取り組みがある。個人を取り巻く環境への介入についてのスキルも求められる。
⑤キャリア研修との連携	宿泊型のキャリア研修の夜の時間帯に相談を行うのが一般的であるが，後日，一定期間を経た後に行うこともある。	年代別のキャリア研修の要所に相談が組み込まれる形が１つの形となっている。
⑥その他のキャリア形成支援施策との関わり	社内公募制度・FA 制度・目標管理制度などの様々なキャリア形成支援施策との関連が指摘されるが，これら社内の様々な制度の説明も相談場面ではよく行われる。	こうした諸制度を前提として企業内キャリア・コンサルティングは成立している面がある。

⑦企業内キャリア・コンサルティングの普及に向けて	普及に向けて，ライン長，マネージャー，チームリーダー層に体験してもらうのが重要であるが，何より経営層の理解が必須となる。	相談に対する一般の理解が進まないなか，公的な表彰制度などは意味がある。

２．手順（重要ポイント）

企業内インフラの整備については，手順ではなく，重要な部分に焦点を当てて解説します。セルフ・キャリアドックを効果的かつ効率的に進めるために，必要なインフラを特定し費用対効果を考慮して整備します。

①必要なインフラの確認とインフラ整備計画
- インフラのチェック
- インフラ整備計画の立案と調達

②実施組織とその人員
- 実施組織の位置づけ
- 実施組織の責任者の決定
- 実施組織のメンバーの確保

③キャリアコンサルタントに求められる能力・スキル
- 面談に求められること
- 面談スキルの向上
- 面談以外で求められる能力・スキル
- キャリアコンサルタントの質向上

④連携体制の構築

⑤社内規定について
- セルフ・キャリアドックの実施を明文化する
- 守秘義務について

・情報共有化のルール
⑥意識醸成と共通言語化
・社内の意識醸成
・共通言語化

3．必要なインフラの確認とインフラ整備計画

⑴ インフラのチェック

まずは，セルフ・キャリアドック実施計画を参考にしながら，既にあるインフラ，調達すべきインフラを洗い出します。参考までにセルフ・キャリアドックのインフラ・チェックリストを提示しますので，これをもとにカスタマイズして使用してください（図表４－４）。このチェックリストは，組織的・情報的インフラと，人的・物理的インフラを縦横に取ったマトリクスになっています。組織的・情報的インフラに関連する実施者・対象従業員と必要となる物理的インフラを確認してください。既にあるインフラと不足しているインフラと識別できるように印や色などで書き分けるとよいでしょう。

⑵ インフラ整備計画の立案と調達

上記で洗い出した調達すべきインフラを誰が，いつまでに，どのような方法で整備するかを明確にします。適時，調達の進捗状況を確認して，計画通り整備できるようにします。進捗状況を把握できる管理表を作成するとよいでしょう。

また，各種支援施策を実施した後は（STEP５「フォローアップ」），「不十分なインフラはなかったか」，「修正・改善すべきインフラはなかったか」などを確認して，次期に向けてインフラを再整備するようにしま

図表４－４　セルフ・キャリアドックのインフラ・チェックリスト

<table>
<tr><th colspan="3">人的・物理的
組織的・情報的</th><th colspan="2">人的</th><th>物理的</th></tr>
<tr><td rowspan="4">組織的</td><td>実施組織</td><td></td><td rowspan="2">実施者</td><td></td><td></td></tr>
<tr><td>連携体制</td><td></td><td></td><td></td></tr>
<tr><td>社内規定</td><td></td><td rowspan="2">対象従業員</td><td></td><td></td></tr>
<tr><td>支援制度</td><td></td><td></td><td></td></tr>
<tr><td rowspan="2">情報的</td><td>意識醸成</td><td></td><td rowspan="2">対象従業員</td><td></td><td></td></tr>
<tr><td>共通言語</td><td></td><td></td><td></td></tr>
</table>

しょう。

４．実施組織とその人員

⑴　実施組織の位置づけ（人事部門の内か外か）

実施組織とは，セルフ・キャリアドックを推進していく部門のことです。実施組織の役割は，PDCA サイクルを廻しながらセルフ・キャリアドックのプロセスを推進して，「従業員の主体的なキャリア形成の促進・支援をする」ことです。これを適切に行うためには，組織における人事や人材の問題を捉えて適切なキャリアコンサルティングを実施するとともに，関係部署との連携や従業員の意識醸成を図り，経営層や人事部門に具申したり提案したりする必要があります。このような役割があることを踏まえて，導入企業にとって従業員から理解されやすい位置づけと必要な権限を検討しないといけません。

その１つの論点として，「実施組織を人事部門の内に設置するか，外に設置するか」を挙げることができます。実際に導入している企業ではどちらの場合も見受けられるのですが，いずれの場合も一長一短があり，各企業の事情を踏まえて決定しているようです。実施組織が人事部門内に設置される場合，人事情報の共有や配置転換などの連携が容易に行えるというメリットがあるものの，従業員からすると面談内容が人事に筒抜けになるのではないかという懸念を持たれて面談が敬遠されるというデメリットがあります（図表４－５）。一方，人事部門外に設置される場合，面談にいくハードルが下がり本音を話せるというメリットがあるものの，配置転換などの人事的な対応が取りづらいというデメリットがあります。

重要なことは，セルフ・キャリアドックが，従業員にとって有益で信頼をおける存在であることです。実例として，実施組織が発足当初は人事部門外に設置して，従業員の信頼を獲得した後に人事部門内に移したという企業が存在します。これもまた１つの方法だと思います。導入企業の風土や慣習，導入目的や実施の容易さなどを考慮して検討してください。

図表４－５　実施組織の位置づけのメリット・デメリット

	人事部門内に設置	人事部門外に設置
メリット	人事情報の共有や配置転換などの連携が円滑に行える	従業員が来談しやすい。本音を話しやすい
デメリット	従業員が来談しにくい。面談で本音を話せない	人事情報の共有や配置転換などの連携が取りにくい

⑵　実施組織の責任者の決定

セルフ・キャリアドックを推進するためには，実施組織の責任者を選定しなければなりません。そのために，求められる役割が何であるかを明確にしておく必要があります。ガイドラインには以下のように示されています。

> *責任者は，セルフ・キャリアドックに関わるキャリアコンサルタントを統括するという位置づけを持つと同時に，人材育成に関して社内に影響力を有することが重要であるため，人事部門に限らず幅広いポストの中から適任者を選定することも検討してください。*
>
> 『「セルフ・キャリアドック」導入の方針と展開』P13より

このことも含めて，責任者を選定する際に考慮すべき点を列挙したいと思います。

①キャリアコンサルタントを統括できる人

実施組織のメンバーであるキャリアコンサルタントを選定し，その活動をマネジメントすることになりますから，当然，キャリアコンサルタントの役割やキャリアコンサルティングに通じていなければなりません。ですから責任者自身がキャリアコンサルタントであることが望まれます。

なお，職業能力開発促進法第十二条では「従業員の職業能力開発及び向上に関する企画や訓練の実施に関する権限を有する者」を職業能力開発推進者としており，また平成31年４月１日からは，「キャリアコンサルタント等の職業能力開発推進者の業務を担当するための能力を有する者」から職業能力開発推進者を選任するとしています（下線筆者)。この職業能力開発推進者が実施組織の責任者に相当しますが，その説明に「キャリアコンサルタント」という国家資格名が明示されました。

②セルフ・キャリアドック推進をマネジメントできる人

セルフ・キャリアドックの全活動を俯瞰して把握し，適切なマネジメントを行う能力が求められます。全社的な改善活動を経験した人が望ましいでしょう。合理的・効率的に進めていく行動力だけでなく，個人と組織の両方のニーズに対する高い感受性も必要です。別の言い方をすると，組織の「ハードな側面」だけでなく「ソフトな側面」についても鋭敏に捉えて対応する力を持っている人が適していると思われます。

③関係部署と連携関係を構築できる人

多様な人材の多様なキャリアの課題に対応するためには，個別面談の技能だけでは不十分であり，組織に介入できる能力・スキルが必要です。責任者は，支援活動に適切な関係部署・担当者を選定し，協力を取り付けて連携関係（支援チーム，支援ネットワーク）を構築し，関係者がチームとして円滑に従業員を支援できるようにマネジメントする力が求められます。これをコーディネーションといいます（詳細は第7章5を参照)。

④人材育成のキーパーソン（影響力を持つ人）

これまでの経歴や組織における立場から，人材育成において社内に影響力を持つ人がキーパーソンとして望ましいといえます。組織的な改善措置を行うことがありますから，経営層に対して発言力があることは重要です。ただし，影響力とは，単に権限や発言力があるだけでなく，頼りにされる，信頼されている，人望が厚いといった側面もあります。能力だけでなく人間性も考慮します。

上記をヒントに，より適切な適任者を選定してください。ただ，すべてについて完璧な人物はなかなかいないかもしれません。その場合は，責任者の弱みを補佐できるメンバーをそろえるとよいでしょう。メンバーと上手く役割分担できるように検討をしてください。

⑶　実施組織のメンバー（キャリアコンサルタント）の確保

実施組織のメンバーは，セルフ・キャリアドックの直接的な実施者になります。実施組織のメンバーとして適切と思われる条件を列挙します。

①キャリアコンサルタントの有資格者

対象従業員が安心してキャリアコンサルティング面談やキャリア研修を受けられるようにするうえでも，キャリアコンサルタント国家資格，キャリアコンサルティング技能検定１級・２級を有する者が望ましいです。ガイドライン（P14）ではこのいずれかを保有していることを要件としています。また，実施組織のメンバー同士においても，キャリアに関する知識・スキルを共有していることは，情報共有や意識合わせが容易になり，円滑な運営を可能にします。

なお，ガイドライン（P14）では，「この要件を満たさない方であっても，人事部門等での勤務経験が長く，従業員との相談経験も豊富な方であって，従業員からの信頼が厚い方」についてこの役割を果たすことができるとしています。しかしそうであっても，なるべく資格取得を目指してもらい，実務上必要な研修や訓練を受けてもらうことが肝要です。

②必要な人数

決まった人数というのはありませんが，筆者が2009年に企業内キャリアカウンセリングを導入している首都圏の大手企業４社を調査した結果，キャリアコンサルタント１名当たりの従業員数は550名～3000名／人（平均値は1240名／人）でした。大規模な企業ほどキャリアコンサルタント１人当たりの従業員数は大きい傾向にありました。また，任意来談を主としている場合ほどキャリアコンサルタントの人数は少ない傾向にありました。セルフ・キャリアドックの場合，定期的に多数の従業員を面談する可能性がありますから，年間の面談数を所定の期間でこなせるキャリアコンサルタント数を算出して見積るとよいでしょう。

③メンバー構成（年齢・性別など）

メンバーの年齢は年配である方が無難です。反対に，対象従業員よりキャリアコンサルタントの方が若い場合には信頼関係が構築されにくいことが考えられます。性別については男女両方いることが望ましいといえます。同姓でなければ話せない内容もあるからです。また，社内キャリアコンサルタントの場合，ライン部門の経験がある方が，キャリアコンサルタントと対象従業員ともに共感しやすくなります。最小構成としてはライン部門経験がある年配の男女がそろっていることになります。もちろん，年配者ばかりですと，次世代が不安になりますので，適宜，若手メンバーを加えておきます。

可能であるならば，外部のキャリアコンサルタント，あるいは産業カウンセラーに定期的に手伝ってもらうことが望ましいといえます。なぜなら，従業員の抱える問題によっては，社内の人には話せないことや，キャリアコンサルタントでは対応が難しい心理的問題を内包している場合があるからです。また，キャリアコンサルタントの質向上や難しいケースへの対応という点から，スーパーバイザーに来てもらうことも検討してください。スーパーバイザーやスーパービジョンについては後述します。

④兼任か専任か？

筆者がこれまで導入済みの企業を見てきた経験では「兼任」が多いようです。当然のことですが，キャリアコンサルタントとしての業務量が大きい場合は「専任」ということになります。キャリアコンサルティング業務のボリュームから専任／兼任を検討してください。兼任のメリットは，業務を通じて日常的に従業員と接することによって，組織内の雰囲気などを肌で感じ取ることができ，キャリアに関する問題を察知しやすいことです。もっとも，専任者でも意識的に職場を回ることでこれは可能となります。兼任のデメリットは，別業務が多忙になるとキャリアコンサルティングにしわ寄せがきてしまうことや，面談での多重関係を避ける管理が必要になることです。専任のメリットはキャリアコンサルティングに十分な時間が確保できるので，支社への出張，多様な支援施策の実施など，量・質ともに充実させることができることです。デメリットは，専任であるがゆえに，組織内の状況を俯瞰できず，従業員の背景を把握しづらい点です。

⑤キャリアコンサルタントの素質

米国の大学教育では，次の10指標をもってカウンセラーの素質を判断しています（Garner, Freeman, & Lee, 2016）。①誠実性（conscientiousness），②対処能力と自己管理（coping and self-care），③開かれた態度（openness），④協調性（cooperativeness），⑤倫理的思考（moral reasoning），⑥対人スキル（interpersonal kills），⑦多・異文化への配慮（cultural sensitivity），⑧自己認識（self-awareness），⑨情緒面での安定性（emotional stability），⑩倫理的行動（ethical behavior）です。

日本のある企業では，たとえば，①誠実で寛容，②人や教育に対して興味がある，③口が堅い（守秘義務を遵守できる），④修羅場経験（困難を乗り越えて一皮むけた経験）がある，⑤広い視野を持つ，といったことを挙げています。

米国基準や日本の例を参考に，導入企業ごとに相応しい素質の基準を検討してみてください。

⑥社外キャリアコンサルタントについて

社外キャリアコンサルタントについては，ガイドラインのP15の通りです。調達の際は，「キャリコンサーチ」〈https://careerconsultant.mhlw.go.jp/search/Matching/CareerSearchPage〉で検索が可能です。可能ならば，知人から紹介してもらう方がより人選がしやすいでしょう。

5．キャリアコンサルタントに求められる能力・スキル

(1)　企業内のキャリアコンサルティング面談に求められること

企業内には20代～60代まで幅広い年齢層が存在します。また，性別だけでなく，様々な立場や事情を抱えています。したがって，従業員のキャリア形成やその背景も多様であり，これに対して適切な見立てを行って対応することが求められます。

高橋（2016）は，年齢層などによってキャリア上で遭遇する困難とその要因について整理・分類をして（図表４－６），この要因に対応した６つの

図表４-６　就労者がキャリア上で遭遇する困難

（高橋，2016）

困難の要因	若年者		ミドル層	高齢者	女性	障害者	メンタルヘルス不調者
	学生	就労者					
	学校から仕事への移行	早期離職 職場不適応	キャリアプラトー 低業績	環境不適応 安定雇用の未確保	育児と仕事の両立 キャリア形成の中断 昇進の難しさ	就職 継続雇用	退職，休職，復帰，再発
職業準備性	職業準備性の低さ	―	―	健康・体力からくる低下	―	障害からくる低下	メンタルヘルス不調からくる低下
知識・技能	自己表現力の低さ	未熟なまま離職	業績低下，低評価	新しい知識・技能の習得は難しい	―	制限された知識・技能	生産性低下
自己概念	自己理解の不足	就労意欲の低下	就労意欲の低下，評価への不満	存在意義の喪失	就労意欲，昇進意欲の低下	二次障害（自信・意欲の低下，うつ状態）	ストレス過多，意欲低下，自己卑下，頑張りすぎ
仕事環境	―	自己と組織との葛藤	組織との関係が不明確	遠ざかる責任	男女格差のある風土，上司からの低評価	職務遂行の評価のズレ	人間関係，労働条件，業績評価などがストレッサー
仕事外の環境	―	―	―	家庭や地域との関係が増える	育児と仕事の両立 労働時間の制約	―	家族，医者の支援が必要
ハンディキャップ	病気・けがによる就職の中断	―	―	体力・健康の低下	出産によるキャリアの中断	機能障害	メンタルヘルス不調

図表４－７　キャリアコンサルティングにおける６つの機能的役割

（高橋，2016）

	機能的役割	必要なスキル
1　トレーニング	職業準備性および知識・技能の向上のために行う指導・訓練	指導・訓練のプログラムの開発，その運営・実施のスキル
2　アドバイス	自己概念の実現，および知識・技能の発揮をするための情報提供や方略の提示	効果的な方略の策定能力や最新情報の収集力
3　カウンセリング	自己概念（興味・関心，信念，価値観，働く意味，自己効力感など）の理解を通じて，環境との適合性を高める心理的支援	心理的葛藤を解決するためのカウンセリング技法
4　コーチング	問題解決やキャリア開発のための目標設定と，個人の特性を発揮させ行動を促進するかかわり	クライエント本人に目標や計画を自己決定させ実行させるスキル
5　リファー等	多様な問題に対処するために他者と協力体制を作る．コラボレーション，コンサルテーション，コーディネーション	協力者や協力機関とのネットワークづくりのスキル
6　環境への介入	環境と個人の相互作用を調整する	環境と個人の関係をアセスメントして適切な介入ができるコミュニティ・アプローチのスキル

※　機能的役割の名称は，機能を象徴させるために便宜的に命名したものである

機能的役割を挙げています（図表４－７）。これに基づいて，必要なカウンセリング技法を習得する必要があります。

また，厚生労働省（2018，2019a）は『労働者等のキャリア形成における課題に応じたキャリアコンサルティング技法の開発に関する調査・研究事業』において，若者，女性，中高年，罹患者，就職氷河期世代の労働者に対する有効なキャリアコンサルティング技法およびツールを開発しています。今後もキャリアコンサルティングの対象者層を増やして開発が進むと思われます。これも参考にしてください。

⑵　面談スキルの向上

面談スキルを向上させる方法として，國分（1979）は以下の６種を挙げています。カッコ内は筆者による補足です。

①技術に関する基礎的諸概念の学習（カウンセリング技術に関する知識の学習）
②オブザーベーション（テープ分析，事例研究，面談場面の見学など第三者的な観察）
③ロールプレイとスーパービジョン（ロールプレイによる面談と観察者からのフィードバック）
④面談の実際体験と個人スーパービジョン（面談体験に対して個別の指導を受ける）
⑤面談の実際体験と集団スーパービジョン（１人の面談体験に対して１人のスーパーバイザーと複数のカウンセラーから指導やフィードバックを受ける）
⑥教育分析（自分の性格の偏りに気づくことと面談技法の体験学習）

近年，キャリアコンサルタントの質向上のためにスーパービジョンが注目され始めています。厚生労働省（2019b）は，「キャリアコンサルタントの継続的な学びの促進に関する報告書」のなかで，キャリア支援におけるスーパービジョン概念の明確化に取り組んでいます。この報告書のなかでは，事例指導，事例検討会との比較からキャリアコンサルティングにおけるスーパービジョンの概念の明確化を試みていますが，まだ検討段階のようです。今後，この概念が明確に定義されてキャリア支援におけるスーパーバイザーの育成およびスーパービジョンの実施が進んでいくものと思われます。

スーパービジョンでは，スーパーバイザーは，スーパーバイジー（指導を受けるカウンセラーまたはキャリアコンサルタント）の成長と，スーパーバイジーの相談者（クライエント）の問題解決に責任を持ちます。そのためスーパーバイザーは，スーパーバイジーの①面談スキル，②ケースの概念化，③専門的役割，④情緒的気づき，⑤自己評価に対して，a）面談のモニター・評価，b）指導と助言，c）モデリング，d）相談，e）支持と分かち合いを行います（平木，2017）。残念ながら，スーパーバイザーの有資格者は現時点で十分な人数がいるわけではありません。もちろん，資格がないと実施できないわけではありませんが，単に面談経験が豊富ということでなく，せめてスーパービジョンを受けた経験，スーパーバイザー養成講座の受講経験がある方からのスーパービジョンを受けるのがよいと思います。スーパービジョンを正しく理解していない方が行うと，単なるダメ出しや，自分ならこうする，こうすべきだといった指示に終始してしまう恐れがあります。よいスーパーバイザーが見つからない場合は，前述した國分（1979）の①～③の方法で学習をしていくことになります。

なお，日本キャリア開発協会の立野了嗣会長は，現在，キャリアカウンセリングにおけるスーパービジョンについて執筆中であり，2019年度中にその著書が発行される予定です。その内容が注目されるところです。

⑶　面談以外で求められる能力・スキル

企業内でキャリア形成支援を行う場合，個別面談だけで対応することには限界があります。なぜなら，従業員は組織という環境のなかで相互作用をしながらキャリアを形成しているので，従業員を組織から切り離して支援することはできません。したがって，組織という環境と関わる能力・スキルが必要になります。前述の高橋（2016）図表４－７においても「環境への介入」が示されていますし，また，渡辺・ハー（2001）も組織内のカウンセリングに必要な６つの活動のうち５つは面談以外の活動を挙げています（図表４－８）。

図表４－８を，少し違う角度で分類すると下記の４つが考えられます。

図表４－８　企業内キャリアコンサルティングに必要な活動

渡辺・ハー（2001）をもとに高橋（2017）が要約

キャリア・カウンセラーの活動	活動内容
個別またはグループカウンセリング	何らかのキャリア問題を持つ個人に直接的に関与，介入し，その問題を解決できるように援助するプロセス。
コンサルテーション	カウンセラーとしての専門知識を他の専門家に提供することによって，他の専門家の活動を支援すること。
プログラム開発・運営	キャリア発達促進のため，対象者別に体系的な教育プログラムを開発し，それを運営すること。
調査・研究	自分の専門性を高め，ヒューマンサービスの改善をはかるため，活動の効果性を客観的に評価・検討する研究を行うこと。
他の専門家などとの連携・組織づくり	より効果的に働くため，またより有意義なプログラム開発・運営をするため，さらに変化を創り出すためにも，他の専門家および専門機関（行政機関，企業，教育機関）と連携をとり，協力体制を発展させること。
測定・評価・診断	クライエントの自己理解や職業理解を深めるための測定や，カウンセラーの援助方針やプログラムの効果を評価するために心理テストを実施し，診断すること。

①ヘッドワーク

情報を収集・分析して組織を見立てて，必要な介入を検討する思考力（システム思考，コミュニティ・アプローチの知識，詳細は第２章２～５を参照）や効果測定をする分析力。加えて，経営層や関連部門に必要な改善提案をできるスキル（改善案の企画，プレゼン・スキル）。

②フットワーク

必要な関連部門・関係者と接触して情報収集をしたり連携関係を作る行動力。また，職場など従業員がいる場に積極的に出ていって接触機会を増やし，アウトリーチをすること。

③ネットワーク

必要な人的資源を調達して支援ネットワーク（支援チーム）を構築し，そのネットワークが効果的に協働できるようにするマネジメント・スキル，すなわちコラボレーションやコーディネーションする力。

④グループワーク

組織を活性化するためのグループ・キャリア・カウンセリングや対話型組織開発のワークの知識とファシリテーション・スキル。また，グループ・ワークのプログラムの企画・開発をする能力。

①〜③はコミュニティ・アプローチでいわれている３つの重要な活動に倣っています。これらに加えて，集団に対して働きかける要素であるグループ・ワークもキャリアコンサルタントに求められる能力・スキルとなります。

⑷　キャリアコンサルタントの質向上（面談以外のスキル）

面談以外のスキルとして，性格論・コミュニケーションに関するものと，集団や組織にかかわるスキルについて紹介します。

よりよい支援のためには，相談者の性格を理解し，適切なコミュニケーションをとっていくことも重要なスキルです。MBTI，DiSC，交流分析などは性格や行動特性を知るうえで有効です。MBTI は性格を16タイプに分けて捉えます。心理テストだけでなくワークを通じてタイプを確認するため納得度の高いものです。DiSC は行動特性を４タイプに分けています。MBTI よりも手軽で，どのタイプ間ではどのようなコミュニケーションをとると円滑にものごとが進められるかが分かります。交流分析は，CP，NP，A，FC，AC の自我状態を調べるエゴグラムによって性格を把握し，相手と自分の自我間のやり取りを考慮したコミュニケーションを検討することができます。また，適切な主張をするスキルとして，アサーション訓練やソーシャル・スキル・トレーニングがあります。日常業務のうえでも活用できますし，またこれを教えることが相談者の役に立つ支援になる場合もあります。

組織や集団にかかわる技法については，メディエーション，グループ・キャリア・カウンセリング，システム思考，コミュニティ・アプローチ

（システムズ・アプローチ），ネットワーク形成力，対話型組織開発の手法（プロセス・コンサルテーション，フューチャーサーチ，ワールド・カフェ，アプリシエイティブ・インクワイアリーなど）などが挙げられます。メディエーションは，二者間の対立を仲裁する手法で職場の人間関係における問題解決に有効です。グループ・キャリア・カウンセリングはキャリア研修のプログラム開発と実施に役立ちます。グループ・キャリア・カウンセリングの詳細については，『グループ・キャリア・カウンセリング』（渡部・高橋・新目・三好・松尾，2018）金子書房を参照してください。システム思考，コミュニティ・アプローチ，ネットワーク形成力は，職場や組織の問題を俯瞰的に捉えて対策を検討する際に役立ちます。対話型組織開発の各種手法は，職場集団が主体的に変化・成長し価値創造するのを支援するファシリテーション技法です。詳述は割愛しますが，企業内のキャリアコンサルタントは，このような手法にも徐々に慣れ親しんでおくことが必要だと思われます。

以上，セルフ・キャリアドックにおける能力・スキルとして，面談スキルと面談以外のスキルの向上が必要になります。ただし，一人で一気にすべての能力を向上させようとするのは非現実的ですので，それぞれ得意領域を持ったメンバーで実施組織を編成するとよいでしょう。

最後に，キャリアコンサルタントの質向上には，倫理観の醸成も不可欠です。この点についてはコラム「倫理問題を検討する７ステップ」を参照してください。

6．連携体制の構築

セルフ・キャリアドックにおけるキャリアコンサルタントは，実施組織だけで活動するわけではありません。第１章の図表１−４で示したように，実施組織あるいはキャリアコンサルタントは，経営層，人事部門との連携体制を構築しておく必要があります。セルフ・キャリアドックの最後のSTEP５「フォローアップ」では，個々の対象従業員の問題解決にあたって人事部門や産業医・保健師，現場管理職，労働組合などと連携して対応することが求められます。そのため，あらかじめ連携体制を構築しておく必要があるでしょう。

ある程度，対応方法が検討できる場合は，関係部署・関係者と相談をして，対応の大まかな方針と，役割分担，連絡の方法を決めておきます。たとえば，メンタルヘルス不調者への対応として，キャリアコンサルタントがその兆候を感じ取った場合には，人事部門に連絡をして産業医につなげ，その後は，産業医が診断して対応を人事部門と検討する。キャリア支援を並行して行える場合は，キャリアコンサルタントもこれに加わり，産業医・主治医の指示に従ってキャリア支援を継続する，といった具合です。

また，臨時で対応すべきケースについては，随時，連携体制を構築する必要があります。これについては，第７章５を参照してください。

７．社内規定について

(1)　セルフ・キャリアドックの実施を明文化する

職業能力開発促進法の第十条の三では，事業主が「キャリアコンサルティングの機会の確保その他の援助を行うこと」を規定しています。セルフ・キャリアドックの人材育成ビジョン・方針を就業規則や社内通達に明示することが，職業能力開発促進法に準拠することをガイドラインでは推奨しています（P13）。ガイドラインのP30には，就業規則での記載例が示されています。セルフ・キャリアドックの実施を就業規則に明文化することが最も望ましい形であり，人材開発支援助成金制度においても優遇される条件となっています（付録６を参照）。しかし，就業規則の変更は企業にとって大変手間のかかることでもあります。そこで，社内通達という方法も許容しています。

> *就業規則や社内通達といった方法によらず直接従業員に伝えることが可能な場合には，規定の整備という形式にこだわることなく，柔軟な方法を取ることも考えられます。*
>
> 『「セルフ・キャリアドック」導入の方針と展開』P13より

つまり，重要なことは，セルフ・キャリアドックの人材育成ビジョン・方針や実施内容などが組織内でオーソライズされること，そして社内に周知・徹底されることです。そして，従業員はいつでもセルフ・キャリアドックの人材育成ビジョン・方針，実施内容について確認できる状態を確保することが必要です。この周知については第２章を参照してください。

⑵　守秘義務について

キャリアコンサルタントは，キャリアコンサルティング協議会に登録しており，この協議会が制定した「倫理綱領」に謳われている守秘義務を遵守しなくてはなりません。また，職業能力開発促進法の第三十条の二十七の２でもキャリアコンサルタントの秘密保持の義務が謳われています。

> *（守秘義務）*
>
> *第５条 キャリアコンサルタントは，キャリアコンサルティングを通じて，職務上知り得た事実，資料，情報について守秘義務を負う。但し，身体・生命の危険が察知される場合，又は法律に定めのある場合等は，この限りではない。*
>
> *２　キャリアコンサルタントは，キャリアコンサルティングの事例や研究の公表に際して，プライバシー保護に最大限留意し，相談者や関係者が特定されるなどの不利益が生じることがないように適切な措置をとらなければならない。*
>
> 「キャリアコンサルタント倫理綱領」より

> 第三十条の二十七
> *２　キャリアコンサルタントは，その業務に関して知り得た秘密を漏らし，又は盗用してはならない。キャリアコンサルタントでなくなった後においても，同様とする。*
>
> 「職業能力開発促進法」より

キャリアコンサルタントは，その業務上知り得たことに守秘義務を負うわけですから，キャリアコンサルティング面談だけでなく，セルフ・キャリアドック業務のすべてに守秘義務を負うことになります。

守秘義務は，キャリアコンサルタント以外にも医師や弁護士などにあり，その専門家が所属する専門職集団（医師なら医師会，弁護士なら弁護士会など）で定められた職業倫理のなかで謳われていたり，法的に規定されていたりします。このような守秘義務を負う専門家同士の間では，同一の相談者を支援するために「チームで守秘義務を負う」ことが可能です（集団守秘義務）。もちろん，事前に本人の了解を得ることが望まれます。キャリアコンサルタント同士のケースカンファレンスや，スーパービジョンでも集団守秘義務を負うことになります。

ただし，多職種連携での支援チームのなかには，守秘義務を負わない人が含まれることがあります。たとえば，人事担当者や職場管理職です。これらの人が支援チームに加わる場合は，守秘についての誓約書を作るか，集団守秘義務を負うことを内規として明示する必要があるように思われます。ガイドライン（P14）には，「キャリアコンサルタント以外の方々でも，講師や参加者としてキャリア研修に関与された方々も含めて社内規定に基づく守秘義務が課せられていることは言うまでもありません」（下線筆者）と書かれていますが，一般的に社内規定における守秘は社外秘として規定されているのであって，社内で話すことを妨げるものではありません。集団守秘で求められることは，相談者の秘密のうちのどの範囲を誰にまで共有してよいのか，そのセキュリティ・レベルを見極めたうえで共有することです。支援チーム外に秘密を漏らすことはもってのほかですが，同じ支援チーム内だからといって全員が同じレベルで情報を共有する必要はありません。それぞれ役割に応じて必要最小限の情報を共有すればよいことになります。守秘義務に限らず，支援における倫理問題について検討する場合は，是非，コラム「倫理問題を検討する７ステップ」を参考にしてください。

⑶ 情報共有化のルール

前項では支援チームで守秘義務を負うことを述べました。しかし，セルフ・キャリアドックでは支援チーム以外で情報共有をする場合があります。セルフ・キャリアドック面談前に対象従業員が作成するキャリアコンサルティング面談シート（＝面談（記録準備）シート）やセルフ・キャリアドック全体の実施結果を示す全体報告書などで共有されます。これらは，人材育成ビジョンの達成や個人の主体的キャリア形成のために，職場管理職や人事部門，経営層にも共有され得るものです。たとえば，キャリアコンサルティング面談シートであれば，このシート内の特定箇所は職場管理職と人事部門に共有されることがあります。全体報告書であれば対象従業員の傾向を知るために個人が特定されない形で集計されて人事部門と経営者に報告される場合があります。これらのことを，対象従業員本人に事前に説明して了解を得ておく必要があります。本人が望まない場合は共有されないようにしなければなりません。もちろん，これはキャリア形成支援という善意のための共有である，ということが大前提です。これが破られると従業員の信頼を大きく損ない，セルフ・キャリアドックが機能しなくなる恐れがあります。

キャリアコンサルティングの説明会で従業員全員に対して説明し，記入時や面談時においても改めて説明して同意を得るという丁寧さが必要です。また共有した情報が，従業員のために用いられていることを示すことも重要です。これらの活動の積み重ねが，従業員との信頼関係を構築することにつながります。以上のような情報共有について社内規定として明文化しておくことが望まれます。

COLUMN

倫理問題を検討する７ステップ

守秘義務も含めて，セルフ・キャリアドックを推進していくなかで，倫理上の問題に遭遇することがあると思われます。倫理の問題は，何らかの行為を禁止するだけで対応しきれるものとは限りません。なぜなら，守るべき５つの道徳原理に矛盾や衝突が起きているからです。５つの道徳原理とは，①「自律自尊の原理（autonomy）」（自己決定を尊重すること），②「無危害原理（non-maleficence）」（相談者に危害を加えないこと），③「仁恵原理（beneficence）」（相談者の利益になること），④「正義原理（justice）」（誰に対しても平等・公正であること），⑤「忠誠原理（fidelity）」（相談者の味方であること）です。なお，近年の米国では６つ目に⑥「正直さ・正確さ（veracity）」が加えられています（American Counseling Association, 2014）。たとえば，守秘義務と情報共有との間には矛盾が生じやすいものです。守秘義務は忠誠原理ですが，情報共有しないと支援できないのであれば仁恵原理に反することになります。このような矛盾に対して，水野（2018）は７段階の「倫理問題解決のプロセス」を紹介しています（図表４－９）。

第１段階では，事実と想像を分離して，複数の観点から情報収集します。最も注意すべきことは，次の段階に行く前に「これはこうすれば（しなければ）よい」と短絡的に判断することです。これを避けるために，第２段階では倫理綱領に沿って考えます。第３段階では，５つの道徳原理の視点からどのようなジレンマが生じているのか，何を優先すべきかを検討します。第４段階では，可能で創造的な解決策を検討します。第５段階では解決策を実施した場合にどのような事態が生じるかを予測します。もし，問題が起きそうであれば，それが起きないような別の解決策を検討する必要があります。第６段階では，公平か，報道されてもよいか，他のカウンセラーに勧められるかという３つの視点で望ましい解決策を選びます。第７段階では，選択した解決策を実施し，結果が望ましいかを確認します。

図表４−９　倫理問題解決のプロセス

水野（2018）をもとに筆者が要約

第１段階：状況に関する情報を集める	事実と想像を分離。複数の観点から考察。単一解の模索を避ける
第２段階：倫理綱領に沿って考える	倫理ジレンマを経験する
第３段階：５つの道徳原理のうち，どれが衝突し，どれが優先されるか	①自律尊重の原理（自己決定），②無危害原理，③仁恵原理（利益供与），④正義原理（平等・公正），⑤（クライエントへの）忠誠原理
第４段階：可能な解決策を練る	創造的な解決策（第三の道）。同僚の援助を得る
第５段階：解決策実行の結末を予測	誰（カウンセラー，クライエント，第三者）にどのような影響があるか
第６段階：望ましい解決策を選ぶ	①公平か，②報道されても良いか，③他のカウンセラーに勧められるか
第７段階：選択した解決策を実践する	望む結果が得られたか

8．意識醸成と共通言語化

(1)　社内の意識醸成

社内の意識醸成は，既述の「ソフトな側面」であり「無形のインフラ」にあたります。社内の意識醸成を図ることは，セルフ・キャリアドックを円滑に推進するうえで不可欠ですが，同時に難しいことでもあります。そのためどのようにして意識醸成を図るかがテーマとなります。そこでここでは，意識醸成の形態や方法ではなく，理解を促す原理・原則について述べたいと思います。

たとえば，セルフ・キャリアドック導入の説明会を開催した際に，従業員が必要性を理解できなかったり，何か裏があるのではと疑ったり，不安や恐れを抱いたり，怒りを表出したりするかもしれません。これらは防衛反応と考えられます。つまり，組織あるいは制度に対する信頼がなく，何か自分たちに不利益がもたらされるのではないかと反応しているわけです。もちろん，セルフ・キャリアドックが安全・安心であることを伝えるわけですが，前提となる信頼が得られていなければ話を受け取ってくれません。この対応として，古代ギリシア哲学者アリストテレスが考案した「説得の３要素」であるエトス（信頼），パトス（情熱），ロゴス（論理）の３つの視点が役立つと思います。

①エトス（信頼）

防衛反応が起きるということは，エトス（信頼）が低い状態にあるといえます。これは，これまでの個人と組織で作り上げてきた結果だともいえます。これまで実施してきた制度やルールに対して，個人が不利益をこうむり，だまされたという感覚を抱いたり，あるいは役に立たないと感じた経験があったりすると，セルフ・キャリアドックに対しても同様の反応を示すことになります。ですから信頼の回復から始めないといけません。まず，従業員がセルフ・キャリアドックに対して何をイメージして，どんな感情が湧いたのか，つまり「認知と反応」について受容・共感し，理解しないといけません。さらには，反応の根底にある従業員ニーズを汲み取り，これを何らかの方法で満たしてあげることも必要です。幸い，キャリアコンサルタントはこのような対応に長けているはずです。

たとえば，必須面談を予定していた場合，従業員は退職勧奨というイメージを描き，辞めさせられることに恐れを感じているかもしれません。「どのようなことから，どのようなことを感じた，考えたのか」，「本当はどうなってほしいのか」について，対象従業員と対話していくことが必要です。説明会を開き，そこで対象従業員を説き伏せようとするのではなく，相手を理解し，自身に気づいてもらうことを真のねらいとして対話します。そして，今まさに説明会で示している受容・共感の態度こそがキャリアコンサルティング面談などにおけるキャリアコンサルタントの態度なのだ，ということを体験してもらう場にしていきます。加えて，キャリアコンサルタントの有資格者とは，どのような知識を習得し，どのようなトレーニングを受けてきて，何ができる人なのかについても説明します。公的な資格は信頼感を上げることになります。また，説明会にキャリアコンサルタントが参加し，どんな人物かを知ってもらうことによって，従業員の抵抗感を下げることができます。

それでも，対象従業員の理解が得られない場合は，必須面談を任意面談に変更するくらいの柔軟性を持ちたいものです。無理をするよりは，少人数で構わないのでセルフ・キャリアドックを体験してもらい，従業員の信頼を地道に積み上げていく方がよいと思います。

②パトス（情熱）

また，説明者のパトス（情熱）も重要です。筆者は，キャリア研修の講師をしていますが，その冒頭で人事部門から研修のねらいなどが話されることがあります。この時の話者の情熱が強いほど研修効果が高いように感じます。情熱があると，人事の本気や意気込みが伝わってきて，受講者の受講態度が真摯で積極的になるのだと思います。パトス（情熱）は人を巻き込んでいく力だといえます。このためには，説明者が自分なりのセルフ・キャリアドックの意味・意義，思いを言語化しておく必要があります。

③ロゴス（論理）

ロゴスは物事を論理的に，筋が通るように説明することです。制度に対する「認知と反応」のうち，「反応」に対しロゴスを活かすことができます。個人が組織に対して不信感を持った原因がこれまでの個人と組織の関係性にあるならば，個人が不信に思うのは制度ではなく組織に対してです。したがって，組織の（あるいは経営層の）考え方が以前とは変わったということを説明しなければなりません。なぜ，どのように変化したのか，なぜセルフ・キャリアドックなのかについて論理的に根拠をもって，そして熱意を込めて，説明します。この論理と根拠については，第２章の人材育成ビジョン・方針の策定の経緯を伝えることで対応できるはずです。ただし，従業員に問題があるかのような説明をしないよう気を付けてください。

また，「認知」に焦点を当ててロゴスを活かすこともできます。従業員が誤った理解や偏った理解をしている場合です。たとえば「キャリア」という言葉を「昇進・昇格」と捉えている場合，これに価値を置いていない人はセルフ・キャリアドックを必要と思いません。このような誤解を解消するためには，セルフ・キャリアドックに関連する言葉の意味を従業員全員に正しく理解してもらう機会を作る必要があります。つまり，共通言語化をしていくわけです。

以上エトス，パトス，ロゴスの３つに留意して，説明者が，隠された意図を持たず，正直に，誠実に説明し，従業員に無理強いをしないこと，業績評価に連動しないこと，途中で研修や面談をやめてもよいこと，一方でどのような効果が期待されるか，どのように従業員のニーズに応えられるかについて伝えていきます。つまり，インフォームド・コンセントを行うということになります。そのうえで，不明点や感じたこと考えたことなどについての対話をし，説明会の参加者全員で「検討する場」にしてもよいかもしれません。

⑵　共通言語化

前述の通り，セルフ・キャリアドックの導入において，言葉についての理解の違いは壁になることが考えられます。特に，キャリアコンサルタントが理解している「用語」は，一般の人々が理解している概念とは大きく違っている場合があります。第1章で説明したように，旧来のパラダイムで捉えていたり，人によって捉え方に幅があったりするからです。用語について導入企業内で概念をそろえていく必要があります。そうしなければ，単なる用語の誤解だけでなく，セルフ・キャリアドックやキャリアコンサルティングに対する誤解や拒絶を生じさせる恐れがあります。

そこで，共有言語化を行っていきます。必ずしもキャリアコンサルタントが学習してきた概念に合わせる必要はありません。導入した組織内で共通に理解できる概念に変えていってよいのです。たとえば「キャリア」については，多くの企業が自社の経営理念や組織風土になじみやすい言葉や定義に直しています。当社におけるキャリアとは「自己にとっての価値を社会の価値に変換できるように成長すること」であるとか，なかには「キャリア」という言葉は一切使わず「働きがいの創造」といった別の言葉に置き換える企業もあります。その他，共通言語化を図っておくべき用語としては，「キャリア自律」あるいは「自律的キャリア」，「キャリアコンサルティング」，「キャリア形成」など「キャリア」が含まれた言葉や，「働き方改革」，「ダイバーシティ」，「女性活躍支援」など近年注目されている労働に関連する用語が考えられます。

9．まとめ

本章では，セルフ・キャリアドックの下支えとなるSTEP 3「企業内インフラ整備」について解説しました。以下に，STEP 3のポイントを列挙します。

> ①企業内インフラには，組織的，人的，情報的，物理的，経済的インフラがあり，特に情報的インフラは無形インフラであり，組織の変革において重要である。

②人材育成ビジョン・方針や実施計画を参考に，５つのインフラの観点から必要なインフラを洗い出して準備する。
③実施組織の責任者は，キャリアコンサルタントを統括すると同時に，職業能力開発促進法における「職業能力開発促進者」に相当するので，人材育成に影響力を持つ人材を選出する。
④実施組織のメンバーであるキャリアコンサルタントは，面談スキルだけでなく個を超えた支援ができる人材が含まれることが望まれる。
⑤対象従業員の主体的キャリア形成のために，チームで守秘義務を負うことと，どこまで，誰に，どんな情報を共有するかについてインフォームド・コンセントを行うこと，これをルールとして規定しておくことが重要である。
⑥社内の意識醸成では，実施組織と従業員の間で信頼（エトス）を獲得していくことと，情熱（パトス）と論理性（ロゴス）をもって説明やインフォームド・コンセントを行うことが大切である。

CHAPTER 5

第5章

セルフ・キャリアドックの実施1
――キャリア研修の企画・立案・運営と研修プログラム――

増井　一

セルフ・キャリアドックの標準プロセスは，STEP 4「セルフ・キャリアドックの実施」です。本章では，キャリア研修について解説します（図表5-1）。企業を取り巻く環境変化の不確実性と複雑性が高まるなかで，求める人材像が大きく変化してきています。その結果，これまで実施してきた人材育成施策だけでは対応が難しくなっています。そこで，従業員個々人が自ら育つ意識を持ち，行動することが人材育成の重要なポイントになっています。能力開発のすべてを企業に依存するのではなく，自分の能力開発は自ら考え，行動できる自律型人材に移行していくことが，企業

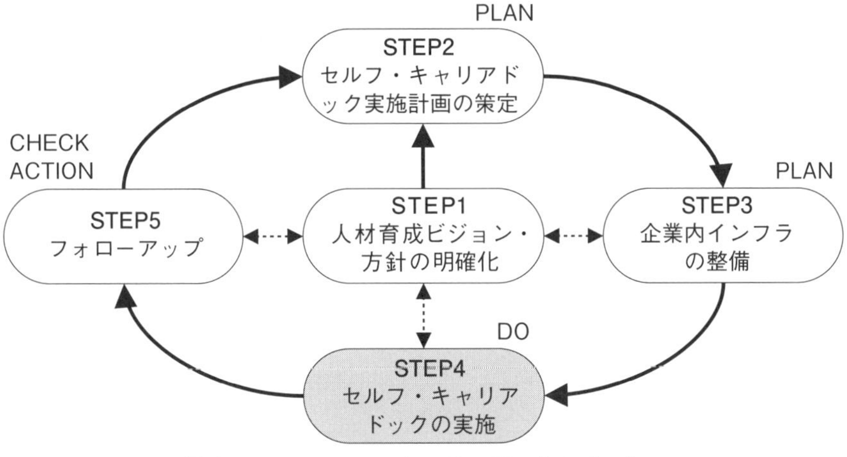

図表5-1　セルフ・キャリアドックのプロセス

と従業員の双方の共通目標となります。

1．基本的な考え方

キャリア研修では，受講生のキャリアに対する意識を高め，実現に向けての行動を起こすことができるよう，ライフデザイン・キャリアデザインを行います。ライフデザインとは，自分の価値観に基づいてライフキャリア（人生のなかで，その人が積み重ねてきた経験で人生や生き方そのもの）を振り返り，ライフ（人生）・キャリア（仕事）・ファイナンス（お金）を総合的に考えて構想・設計することです。また，キャリアデザインはワークキャリア（職業上の経歴）を振り返り，自分の職業人生を主体的に構想・設計することです。現場管理職が実施するキャリアコンサルティング面談では，ワークキャリアについて話し合うことが多くなります。しかし，ライフキャリアとワークキャリアは，相互に影響しあっていますので，人生と仕事の両輪の視点で主体的に考えてデザインしていくことが大切です。これまで，振り返る機会の少なかった職務経験を棚卸しし，自分の強みや価値観を活かせるものは何かを考えます。そして，今後のキャリアの方向性を定めてキャリア目標を設定することで，能動的なビジネススタイルが身につくことを支援します。

2．手順

キャリア研修を企画・立案するために，まずは企業における標準的なキャリア形成を理解しておくことが必要です。次にキャリア研修の目的を明確にしてプログラムの検討を行います。そして，キャリア研修を運営するにあたっての留意点を理解し，研修後のフォロー面談の実施を検討します。実際には，以下の手順となります。

①企業におけるキャリア形成
　ファーストキャリア／キャリア形成前期／キャリア形成後期／
　キャリア再構築期
②キャリア研修の目的と開催時期
③キャリア研修のプログラム
　プログラムの構成／人材育成における課題とプログラムの選定
④キャリア開発研修の運営
　研修の案内／研修の技法／ファシリテーションの流れ
⑤キャリア研修後のフォロー面談
⑥キャリア研修の内容と研修プログラム
　ガイダンスセミナー（事前研修）
　受講対象者別の研修の構成／研修プログラム

３．企業におけるキャリア形成

学校を卒業し，社会人として仕事を始めることで，職業人生におけるキャリア形成がスタートします。業界や企業に，あるいは個人ごとに，キャリア形成のプロセスやスピードは様々ですが，企業における標準的なキャリア形成のプロセスとそれぞれの年代でキャリア形成に取り組むときに大切となる考え方があります（図表５－２）。

(1)　ファーストキャリア

入社直後から20歳代におけるファーストキャリアは，仕事をするうえでの基礎的な知識やスキルを習得する時期です。ファーストキャリアは，企業人として生きていくために，着実に実力を身に着けていくストレッチの期間です。仕事をするにあたり，「自分に与えられた仕事や置かれた状況は，すべて自分の糧になると信じて前向きに取り組む」，「事業や仕事への愛着を持ち，目標の達成に執着心を持つ」，「新しい仕事ができる機会を得たときに確実にモノにする準備をする」ことなどが大切です。

⑵　キャリア形成前期

社会人として仕事の経験が10年を経過する，30歳代のキャリア形成前期は，自分の専門領域を見極めながら，今後のキャリア形成の方向性を模索する時期です。与えられる仕事も多岐に渡るようになり，その責任も大きくなっていきます。仕事が面白くなってくる時期であり，自分の夢を実現するために現在と将来を考えて，キャリアの転換期に対する準備をする時期でもあります。仕事をするにあたり，「キャリア形成の主体が自分自身である」ことを強く認識して，「自己分析を行いながら適性や専門性を模索する」ことなどが大切です。

⑶　キャリア形成後期

企業におけるベテラン社員として活躍する，40歳代のキャリア形成後期は，キャリア形成前期において見つけた自分の専門領域を深掘りしていき，専門性をさらに高めていく時期です。この時期に専門性を身に着けることができなかった従業員は，50歳代でのキャリア選択に迷うケースが多く見られます。仕事のプロフェッショナルとして，社外でも通用する知識やスキルを習得する時期になります。仕事をするにあたり，自分の強みや弱み，今までに培ったスキルなど，これまでの仕事経験を振り返りながら，「自分の将来像をイメージして，それに向かうためにどんな行動を起こすかを考える」，「職場で求められている役割や自分を取り巻く環境を考えながら，将来のキャリア選択に関する情報を収集する」ことが必要です。重要な仕事を担いながら，「企業と自分の双方にプラスとなる，キャリア目標とその課題を自分の頭で考える」ことなどが大切です。

⑷　キャリア再構築期

定年や再雇用満了が視野に入ってくる，50歳代のキャリア再構築期は，キャリア形成後期において身に着けた専門性を活用しながら，組織のなかで重要な役割を発揮する時期です。従業員の高齢化をむかえている企業が多く，50歳代の従業員の比率は年々上昇しています。役職定年制を導入する企業が多くなっている背景として，企業サイドには管理職層の若返りを図り，組織を活性化したいという思いがあります。しかし，役職定年をむかえる従業員にとっては，課長職の定年が55歳の場合には，職場管理職のポジションを離れて，スタッフ職として年下の上司からの指示・命令によって働くことになります。組織における役割は大きく変わってきますし，役職手当が不支給となることで処遇はダウンします。そのため当然のことながら，役職を離脱した従業員のモチベーションは大きく低下します。また，定年で退職するか，あるいは再雇用で65歳まで働き続けるかという，キャリア選択も求められます。再雇用を選択しても，給与が定年前と比較して約50～70％になるなど，モチベーションを低下させる様々な要因があります。そして，現行の高年齢者雇用安定法では65歳になると退職することになり，65歳以降の人生がスタートします。いずれにしても，キャリア選択の準備を急がなければならない時期といえます。仕事をするにあたり，人生100年時代を前提にして，「立場や役割が変わっても働き続けることの大切さを自覚し，これまでの経験と保有するスキルをブラッシュアップしてこれからのキャリア・生きがいを考える」ことなどが大切です。

※育児休職からの復職者や管理職を目指す女性

生産年齢人口の減少のなか，企業は女性が継続して働き続けることができるよう，人事制度や職場環境の整備に積極的に取り組んでいます。一方，仕事と子育てを両立していきたいと考える女性も年々増加しています。ワーキングマザーとして，「自身の抱える課題を受け入れ，主体的に

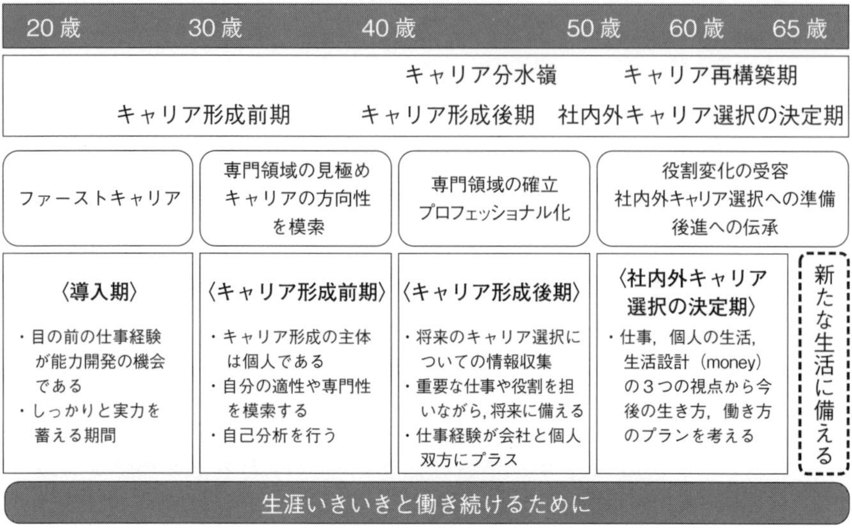
20歳
30歳
40歳
50歳
60歳
65歳
キャリア分水嶺
キャリア再構築期
キャリア形成前期
キャリア形成後期
社内外キャリア選択の決定期
ファーストキャリア
専門領域の見極め
キャリアの方向性
を模索
専門領域の確立
プロフェッショナル化
役割変化の受容
社内外キャリア選択への準備
後進への伝承
〈導入期〉
・目の前の仕事経験が能力開発の機会である
・しっかりと実力を蓄える期間
〈キャリア形成前期〉
・キャリア形成の主体は個人である
・自分の適性や専門性を模索する
・自己分析を行う
〈キャリア形成後期〉
・将来のキャリア選択についての情報収集
・重要な仕事や役割を担いながら，将来に備える
・仕事経験が会社と個人双方にプラス
〈社内外キャリア選択の決定期〉
・仕事，個人の生活，生活設計（money）の３つの視点から今後の生き方，働き方のプランを考える
新たな生活に備える
生涯いきいきと働き続けるために

図表５−２　企業における標準的なキャリア形成

キャリアを考える」ことが大切となります。また，女性活躍推進という国の施策を踏まえて，女性の職場管理職の比率を高めることにも，企業は積極的に取り組んでいます。職場管理職として，「キャリアを積むことの意義を自分なりに見出すことで，自分に求められる役割や周囲を取り巻く環境を理解する」ことなどが大切です。

4．キャリア開発研修の目的と開催時期

キャリア開発研修の目的は，個性と能力を活かして主体的に行動し，成果を出せる従業員になることや，現状の不安や不満に負けることなく自分らしく働く意識を高め，中期（３～５年後）あるいは長期（10年後）の目標とそれを実現するための行動計画を設定できるよう支援することです。

キャリア開発研修を開催する時期は，入社時，入社後一定年数経過時（５年・10年等），一定年齢に到達した時（35歳・45歳・55歳等）など，ラ

イフキャリア上での課題や次の節目への準備等が必要な時期にある従業員を対象に行うことが効果的です。近年，新入社員研修のなかでキャリア研修を実施する企業が増えています。大学においてもキャリア教育が実施されていますが，配属後のリアリティーショックに戸惑う新入社員が多いことを踏まえて，企業でのキャリア形成について理解してもらうことを目的としています。キャリア選択が必要となる入社10年以内の若手社員，育児・介護休業からの復職者，係長（リーダークラス）や管理職への昇任者，これまでとは異なる業務に異動した者，役職定年を迎える職場管理職など，特定の条件にある社員を対象にして実施する場合もあります。キャリア研修では，同じキャリア形成上の課題を有する受講生を対象にして，課題を解決するために効果的な研修プログラムを実施することが大切です。

COLUMN

動機づけのエンジン

これまでの研修では，組織や仕事の役割認識を深めることで動機づけを行ってきました。しかし，研修のなかで役割を認識，理解しても，多くの場合，日常業務に忙殺されて時間がないという口実で現状から逃避してしまうことがあります。

キャリア研修では，組織の視点からではなく，個の視点で仕事を考えて，自分らしさが発揮できる将来目標を設定し，主体的に取り組めるように動機づけを行います。社員を動機づけて，実現に向けての「やる気スイッチ」を入れる３つのエンジンがあります。

①インセンティブ（お金やモノ）・エンジン

目標の達成度を測定して評価を決定し，昇給や賞与および昇格などの処遇に反映させます。よい評価を得たときには，昇給があり，賞与が増額となります。また，よい評価を継続すると等級の昇格にも連動します。したがって，インセンティブ・エンジンが動くと，従業員のモチベーションは高まります。しかし，インセンティブ・エンジンの持続する時間は，とても短いものです。半年後になっても，昇給したのだから頑張ろうと考えている人は，ほとんどいないのではないでしょうか。

②コミットメント・エンジン

組織目標の達成に貢献することで，上司だけでなく，先輩や同僚から認められるとモチベーションが高まります。組織との一体感を感じることができ，マズローの承認の欲求が満たされるからです。しかし，組織で行われている会議を見ると，「失敗した事例」や「うまくいかない事例」ばかりを取り上げ，問題解決の検討ばかりをしています。「成功した事例」から成功の要因を抽出することはほとんど行われていません。もっと，成功した事例からベストプラクティスを学べば，成功した事例を発表した社員の承認欲求を満足させることもでき，コミットメント・エンジンが活用される機会を増やすことができます。

③キャリア・エンジン

コミットメント・エンジンより，さらにモチベーションを高め，長く持続させるのが，キャリア・エンジンです。課題を解決することで目標を達成するなかで，自分の成長を実感することができます。そして，自分のありたい姿や将来，実現したいキャリア目標に向けて，着実に近づいていることを実感すると，キャリア・エンジンが始動します。このキャリア・エンジンを上司がマネジメントに活用すると，組織のパフォーマンスを極大化させることができ，同時に部下の成長を促すことができます。

キャリア開発研修では，キャリア目標を受講生が自ら考えて設定します。自分のありたい姿や実現したいことを明確にできた社員が，キャリア・エンジンを始動させ，その実現に向けて行動を継続していきます。

５．キャリア開発研修のプログラム

(1)　プログラムの構成

キャリア研修のプログラムは，対象となる年代層の現状を把握して，受講者が自己理解と環境理解を深めながら，キャリアデザインを行い，その実現に向けての行動計画を作成するものにします。具体的に実施することは，下記の事項です。

①実現したいことやなりたい姿を確認する。
　（キャリアビジョン，ライフイベント，ライフスタイルの確認）
②現状を分析する。
　（これまでの職業経験で培った知識・技術・スキル・経験の棚卸し）
③自分の強みと弱みを把握する。
　（仕事に対する価値観，改善を必要なことの確認）
④自分を取り巻く環境を把握する。
　（社会・経済，業界・自社，仕事・職場，個人・家族の変化）
⑤キャリア目標と実現するための課題を設定する。
　（キャリアデザイン，実現に向けての行動計画の作成）

自己理解を深めるためには，自分が何をやりたいのか（will），自分は何ができるのか（can），自分は何をしなければならないのか（must）を明確にします。そして，働く意味（長期的に考えた働く目的と手段），存在意義を高められる能力・スキル・経験，役割や使命（受身でなく，能動的に働きかける）を考えます。

環境理解を深めるためには，「現状で起きている変化」を見つけ，「今後，予想される変化」を想定します。「世の中がどのように変わっていくか」，「業界や自社がどのように変わっていくか」，「仕事や職場がどのように変わっていくか」，「自分自身と家族がどのように変わっていくか」という４つの視点で捉えます。社員がキャリアデザインを行う際に，知っておく必要がある，公的な制度，施策や法律改正，企業の制度や規則などの情報提供を行うことも，環境変化を考えるときに必要です。

⑵　人材育成における課題とテーマの選定

企業の人材育成における課題からも，キャリア研修のプログラムを検討することが大切です。人材育成における課題について，どのようなテーマの選定が効果的であるか例示します。

①若年従業員の離職率の低下

多くの企業で，入社３年目までの従業員の早期離職や元気に活躍していた若手従業員の突然の退職を減少させることが課題となっています。退職理由が判然としない場合が多いため，有効な対策を打つこともできません。若年従業員の離職率を低下させるという課題に対しては，若手従業員が「目の前の仕事経験が能力開発の機会であり，今はしっかりとした実力を蓄える時期である」ことを理解するテーマを選定します。

②育児休職から復職する従業員の不安を解消

育児休職中の従業員とコミュニケーションを密接に取り，復職前に面談を行うなどの対策を講じている企業が多くあります。しかし，育児休職者が復職後の育児と仕事の両立について，面談だけでは拭いきれない様々な不安を抱えているといった問題があります。育児休職から復職する従業員の不安を解消するという課題に対して，復職者が育児休職から復職した経験のある先輩従業員の経験談を聞く機会を設け，どのように育児と仕事のバンランスを考えていくことが必要なのかを考えるテーマを選定します。

③中高年の従業員のモチベーションを維持し高める

多くの企業で，定年退職する従業員の約80％が再雇用による雇用延長を希望します。その結果，継続雇用を含めた中高年社員の比率が上昇し，モチベーションの低下した社員が増加していることが課題になっています。

中高年の従業員のモチベーションを維持し高めるという課題に対しては，中高年の従業員が組織における役割の変化を受容し，求められている役割を認識して，今後はどのように組織に貢献していくか，どのように社内外でのキャリア選択をしていくかを考えるテーマを選定します。

6．キャリア開発研修の運営

キャリア研修を運営するとき，下記の点に留意します。

(1)　キャリア研修の案内

受講生にとって分かりやすいキャリア研修の案内を作成することが大切です。受講者の目線で「研修の目的・対象者・何を行うのか」が容易に理解できる内容にします。受講生に「この研修は何のために行うのか」を明確に伝え，事前に準備してもらう課題がある場合には，受講生がその作成する時間を十分に取れるように配慮し，研修の開催日の２～３ヵ月前までには通知します。また，「事前課題をやってこなかった場合には，どのような不都合があるのか」ということも明記しておくことも必要です。

対象者の上司に対しても，受講生に通知する研修案内と同じものを送付します。上司がキャリア研修の目的や意義を理解して，受講生がキャリア研修に参加できるよう配慮したり，参加にあたってアドバイスをすることで，受講生のキャリア研修に対する動機づけを行うことができます。研修に臨む受講生の意識や姿勢は，研修の効果に大きな影響を与えますので，きめ細かな準備が必要です。

(2)　研修の技法

研修効果を高める方法としては，学習の定着率を検証したラーニングピラミッドがよく知られています（図表５-３）。情報をインプットする講義時間は最小限にして，グループごとで意見交換を行うワークショップなど

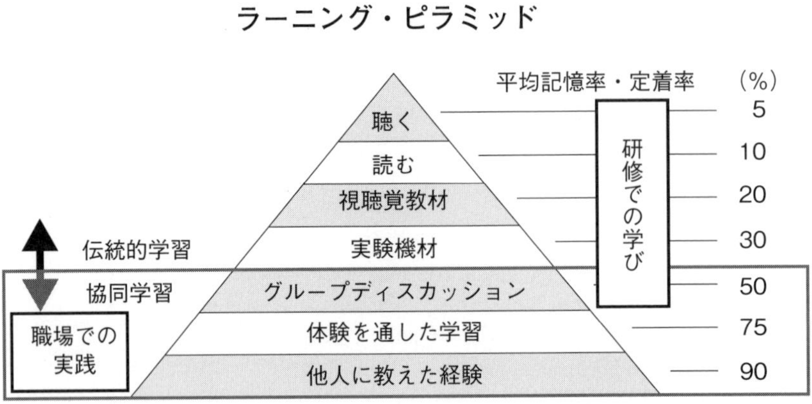

研修効果（記憶率・定着率）は，ラーニングピラミッド（アメリカ：国立訓練研究所）の考えに基づき，グループディスカッションを行うことで高めることができる。

図５－３　研修効果を高める方法

を多く実施します。研修講師は，グループごとの意見交換をファシリテートしますが，グループの編成は，１グループが４～５名とします。６名以上になるとあまり発言できない人やメンバー間のコミュニケーションが十分取れない状況が生じます。また，グループ編成はできる限り部門・職種や勤務地が異なり，日頃の業務ではコミュニケーションがあまり取れない受講生が混在するようにします。中高年の受講生の場合は，管理職層と一般職層の従業員が同じグループになることで，管理職層の受講生にとって多くの気づきを得られることがあります。

⑶　ファシリテーションの留意点

ファシリテーションとは，複数人数での問題解決やアイディアの創出などの活動が容易にできるように支援し，うまくいくようにかじ取りをすることです。研修講師としてファシリテーションを行う場合，ファシリテーションの４つのステップである「準備→導入→整理→合意」の流れで進めます（図表５－４）。

①準備（場づくり・アイスブレイク）

受講生のベクトルを合わせるため，話し合いの目的・目標・進め方・ルール・役割分担を明確にします。最初にはっきりさせることで円滑に話し合いが行える場の雰囲気を作ります。また，硬い雰囲気のままでは活発な意見は出てきません。適度にリラックスした状態をつくり，意見を出しやすい環境を作ることが大切です。グループでの意見交換に参加する場合には，座る位置についても配慮します。人間は顔を向けた方にエネルギーを発します。座席配置が心理状態に大きな影響を与えますので，受講生とは対面とならないように座ることなどで，活発な討議ができる雰囲気づくりができます。

②導入（対話促進）

発言が多く出る活発な話し合いにするために，ファシリテーターは傾聴に努め，受講生の話を受け止め，安心して話ができるようにします。また，受講生をよく観察し，手は挙がらないが話をしたそうな人に話をするよう促したりします。また，ファシリテーターが適切な質問をすることで，適切な答えが返ってきます。ファシリテーターは，オープンクエスチョンとクローズドクエスチョンを使い分け，話を掘り下げたり，絞り込んだりします。また，話し合いの方向付けをするため，ファシリテーターから呼び水を投げかけることも必要です。指示や命令は出来ないので，柔らかく自分を主張することが必要です。

③整理（構造化）

意見を整理し，視える化するため，ホワイトボードなどを活用します。ファシリテーターは発言のなかで筋道が明確でない場合には，受講生にそれを気づかせたりします。また，図に表すことで物事の関連性や位置関係がひと目で分かる場合があります。受講生の意見を引き出すときにも，図があることで発想を広げることができます。

④合意（合意形成）

合意形成には様々な方法があり，意見の整理で終えてよい場合もありま

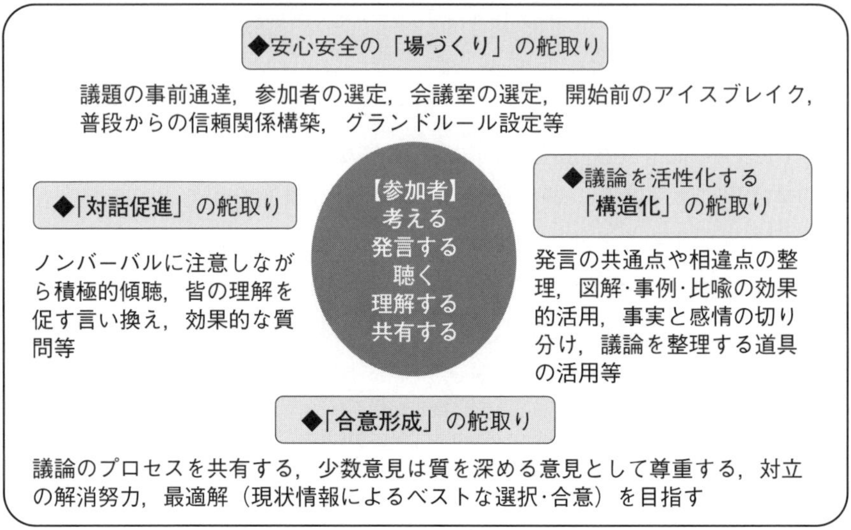
◆安心安全の「場づくり」の舵取り
議題の事前通達，参加者の選定，会議室の選定，開始前のアイスブレイク，普段からの信頼関係構築，グランドルール設定等
◆「対話促進」の舵取り
ノンバーバルに注意しながら積極的傾聴，皆の理解を促す言い換え，効果的な質問等
【参加者】
考える
発言する
聴く
理解する
共有する
◆議論を活性化する「構造化」の舵取り
発言の共通点や相違点の整理，図解･事例･比喩の効果的活用，事実と感情の切り分け，議論を整理する道具の活用等
◆「合意形成」の舵取り
議論のプロセスを共有する，少数意見は質を深める意見として尊重する，対立の解消努力，最適解（現状情報によるベストな選択･合意）を目指す

図表５-４　ファシリテーションの進め方

す。受講生がより納得の行く合意とするためには，納得するまで受講生同士が協力し合うように促すことが大切です。

7．キャリア研修後のフォロー面談

研修後のフォロー面談を実施する企業が増えています。集合型研修は，体系的に知識やスキル等を，専門の講師から効率よく学べるメリットがあります。しかし，研修で学んだことが職場で実践されないと，図５-３にあるように，学んだことの平均定着率・記憶率は５％程度です。そのデメリットを補うため，研修のなかで行動計画を作成して職場で実践する。その後，フォロー研修を実施して「できたこと」,「できなかったこと」を確認して，行動計画のブラッシュアップを行います。

キャリア研修を実施した場合，３～６ヵ月後に個人別のキャリアコンサルティング面談を実施することも効果的です。研修の終了後，受講生は研修のなかで得た様々な気づきから，キャリアプランやライフプランを考え始めています。しかし，日常の仕事に追われて，多くの受講生は目標の具体化や行動計画の作成まではできていません。キャリアコンサルタントがその作成を支援することで，プランを作り上げることと実現に向けた行動を起こすことが可能になります。

部下育成の一環として，上司によるキャリア面談を実施している企業も多くあります。目標設定や評価時の面談と一緒に行う場合や別に面談の時間を設けて行う場合があります。しかし，職場管理職が実施組織の期待するレベルの面談ができないという課題を持つ企業も多いのが現状です。そのような場合には，職場管理職に対するキャリア研修やキャリアコンサルティング面談を実施することで，部下とのキャリア面談を効果的に活用して，部下の育成・キャリア形成の支援ができるようになることを学ぶことができます。

新入社員研修は，ほぼすべての企業で実施されています。新入社員の研修プログラムに，企業におけるキャリア形成についての講義を導入して，個別のキャリアコンサルティング面談を実施する企業もあります。新入社員にキャリアコンサルティング面談を体験してもらい，今後，キャリア選択が必要となるとき，キャリアコンサルタントへの相談をしやすくする目的もあります。

８．キャリア開発研修の内容と事例

(1)　ガイダンスセミナー（事前研修）

キャリア研修やキャリアコンサルティング面談を実施するとき，対象となる従業員に対して，ガイダンスセミナー（セルフ・キャリアドック説明会）を実施することが望ましいといえます。これまでの組織視点での研修では，開催するにあたって，対象となる従業員を事前に集めて，研修の目的や内容の説明を行うことはほとんどありません。しかし，セルフ・キャリアドックを実施する場合には，セルフ・キャリアドックの概要や目的を理解して，参加してもらうことが大切となります。キャリア研修やキャリアコンサルティング面談の目的と内容を具体的に説明して，事前に作成する提出物や面談スケジュールの確保などを参加者が準備できるよう，分かりやすく伝えます。そして，従来の組織の視点で行う研修とは違い，キャリア研修は個人の視点から一人ひとりのキャリア形成を支援することが目的であり，キャリアコンサルティング面談で知り得た情報は面談者の了解を得ることなく，人事など第三者に話されることはないという守秘義務が厳格に守られることを伝えます。受講生に，キャリアコンサルティング面談が安心で安全な場であることを理解してもらわなければなりません。また，これまでの職務経歴を振り返る機会がなかった従業員には，キャリアコンサルティング面談に臨む準備をしてもらいます。

以下に，ガイダンスセミナーの構成を示しますが，この研修時間は全体で２時間程度が必要です。

①セルフ・キャリアドックの概要

・セルフ・キャリアドックの目的を説明する。

・キャリアの定義とキャリアコンサルティング面談について説明する。

②ライフラインチャート（人生曲線）の作成

・これまでの職業経験を振り返る。

　必要に応じて，事前に職務経歴を書き出しておく。

・ライフラインチャートの作成方法を説明する。

③グループワーク

・５分程度で自身のライフラインチャートを説明する。

・説明に対して，メンバーから質問する。

④キャリアコンサルティング面談の準備

・キャリアコンサルティング面談シートの記入について説明する。

・担当するキャリアコンサルタントが自己紹介を行う。

・面談スケジュールと守秘義務に関する同意書などについて説明する。

⑵　対象者別キャリア研修の構成とプログラム

年代別，課題別に行うキャリア研修の構成や具体的なプログラムを紹介しますので，キャリア研修を企画する際に活用してください。

①20歳代の従業員を対象とするキャリア研修の構成例（1日コース）

社会人歴が10年に満たない若手の従業員を対象に，主体的にキャリア形成に取り組むことの重要性を知ってもらい，与えられた仕事環境で意欲的にスキルアップをめざすことの大切さを，同年代の受講者とのグループワークにおける意見交換を通じて理解します。

A）　オリエンテーション

・研修のねらいや進め方を説明する。

・グループ内で自己紹介をする。

・キャリアの定義やキャリア形成の考え方を説明する。

B）　自身のキャリアを考える

・キャリアデザインとはなにかを説明する。

・自身の must → can → will を考える。

（must：期待される姿に自分を近づける）

・計画的な仕事の進め方を考える。

・社会・経済，業界・会社，職場・仕事，家族・自分の4つの視点で自分を取り巻く環境を考える。

・自分に求められる役割を考える。（現在・3年後や5年後）

（can：計画的に必要なスキルを身に付ける）

・これまでの職務経験で習得した知識・技術・スキルを確認する。

・影響を受けた人や仕事上での経験を振り返る。

・今後，習得したいスキルを考える。

（will：自分がやりたいことを見つける）

・何をしているときや考えている時に喜びを感じるかを考える。

・今後，実現したいことやなりたい姿を考え，その実現のために今からすべきことを考える。

C） まとめ

・今後のキャリアをイメージする。

・今後のキャリアを実現するため，取り組むことを具体的に決める。（3つぐらい）

・アンケートの記入

※必要に応じて，時間配分を考慮しながらグループワークを行います。

②30歳代の従業員を対象とするキャリア研修の構成例（2日コース）

これからの時代は，自ら自分の人生をマネジメントしなければいけないと意識を変えることで，受け身の姿勢で組織に埋没することがなく，自律的にキャリア形成を考えることができるようになります。

【1日目】

A） オリエンテーション

・研修のねらいや進め方を説明する。

・グループ内で自己紹介をする。

B） 自分を取り巻く環境の変化

・キャリアの定義やキャリア形成の考え方を説明する。

・自分を取り巻く社内，社外の環境がどのように変化するか考える。

・環境の変化が自分に及ぼす影響を分析する。

C） 職務経歴の棚卸し

・ライフラインチャートを作成して，これまでの職務経歴を振り返る。

・自分が大事していること，価値観を見つける。

・自分の強みや持ち味，弱みや改善が必要なところを確認する。

・これまでの職務経験で培った知識・技術・スキルを確認する。

※翌日までの課題，振り返り，まとめ，質疑応答／1日目の研修終了

【2日目】

D）　前日の振り返り

E）　事業戦略の確認

・各部門の役割と求められる人材やスキルを考える。

・求められる人材やスキルと，各部門の戦略との整合性を考える。

F）　プランド・ハプンスタンスの考え方

・偶然からキャリアを作った経験などを語る。

G）　自分のキャリアビジョン

・３年後と10年後には実現したい自分の姿をイメージする。

・キャリアビジョンを考え，実現するためにやるべきことを整理する。

H）　まとめ

・振り返り，質疑応答，アンケートの記入

※必要に応じて，時間配分を考慮しながらグループワークを行います。

③50歳代の従業員を対象とするキャリア研修の構成例（２日コース）

人生100年時代を迎えて，今後のマネープランを設計し，これからのキャリア・生き方を考えます。立場や役割が変わっても，働き続けることの大切さを理解し，他社でも活用できるスキルや経験を認識します。

【１日目】

A）　オリエンテーション

・研修のねらい，進め方を説明する。
　50歳からのキャリアを考え，自分の人生は自分で充実させる。

・グループ内で自己紹介をする。

B）　職業経験の振り返り

・今までに成し遂げたこと，誇りに思うことを書き出す。

・組織または家族から期待されていること，求められることを考える。

・これまで培った人脈の洗い出しを行う。

C）　アセスメントの実施

・自分が気づいていない自分を理解するため，自己理解検査を行う。

・検査結果を見ながら自分の強みや特徴，改善が必要な点を確認する。

【2日目】

D)　ライフデザイン・キャリアデザインに必要となる情報の提供

・年金制度の仕組みや利用できる公的な制度などを説明する。

・会社の再雇用制度などの支援制度を説明する。

E)　人生後半戦のマネープランを設計する

・我が家の家計収支を算出する。
　退職金や年金だけでは十分でないことを理解する。

・今後のライフイベントを想定し，必要となる金額を洗い出す。

・今後，稼ぐ（稼がなければならない）お金を計算する。
　定年後・継続雇用終了後も，働き続けることの大切さを理解する。

F)　人生後半戦の生きがいを考える

・今後，想定される環境変化に立ち向かい勇気を持って，一歩踏み出す。

・明日から取り組むことや準備することを書き出す。

※必要に応じて，時間配分を考慮しながらグループワークを行います。

④管理職候補の従業員を対象とするキャリア研修の構成例（１日コース）

A)　オリエンテーション

・研修のねらい，進め方を説明する。

・グループ内で自己紹介をする。

・キャリアの定義や充実した人生，働くことの意味，主体的に取り組む工夫と努力の大切さを説明する。

B)　女性管理職に求められる立場と役割

・私が部下（後輩）だったら，自分に何をして欲しいかを考える。

・私が上司だったら，自分に何をして欲しいかを考える。

C)　自己理解と環境変化

・今までの仕事や人間関係を振り返る。

・社会，会社・職場，家族の視点で，自分を取り巻く環境を考える。

・他の受講生の考えを参考にして，多面的に自己を理解していく。

D)　これからを考える

・自分の２年先と10年先を考える。
（仕事，スキル，人間関係，家族など）

・充実した人生をおくるために，自分の未来像を考える。

E)　まとめ

・３ヵ月後に達成したい目標を１つ設定する。

・その目標を達成するための詳細なアクションプランを作成する。

・グループ内で意見交換を行う。

・アンケートの記入。

※必要に応じて，時間配分を考慮しながらグループワークを行います。

⑤キャリア研修のプログラム例

１日または２日コースで開催するキャリア研修のプログラム例を紹介します。プログラムの構成やセッションごとに必要な時間は，受講生の状況や研修の感想や意見を参考にして，毎回見直していきます。

A)　若手社員（入社２～３年）のキャリア研修

キャリア研修のプログラム例を示します（図表５-５）。使用するシートは，厚生労働省（2018）「労働者等のキャリア形成における課題に応じたキャリアコンサルティング技法の開発に関する調査・研究事業」で作成されたものです。下記のURLからダウンロードして使用してください。

https://www.mhlw.go.jp/stf/seisakunitsuite/bunya/koyou_roudou/jinzaikaihatsu/career_consulting_gihou.html

B)　子育て中の女性社員のためのキャリア研修

キャリア研修のプログラム例を示します（図表５-６）。使用するシートは，A）と同様に上記のURLからダウンロードして使用してください。

（ア）　50歳代の中高年社員のキャリア研修

キャリア研修のプログラム例を示します（図表５-７）。使用するシートは，A）と同様に上記のURLからダウンロードして使用してください。

若手社員（入社２～３年）のキャリア研修：１日コース

目的　１．組織への定着，職場への適応
　　　２．さらなる能力アップの自覚と計画

時間	内容
9:00	開催にあたって（事務局より）
9:15	１．オリエンテーション ・講師紹介 ・本研修の目的，スケジュール
9:40	２．チェックイン ・目的：仕事についての正直な気持ちの共有 ・参加者同士の自己紹介およびこれまでの仕事に対する思いを全員で大いに語る
10:00	３．入社から現在を振り返る ・目的：仕事の満足・不満足について気づく ・「雇用環境チェックシート」の記入 ・グループ・シェア，全体シェア ⇒自分の良くやってきた点，課題のまとめ
10:50	休憩
11:00	４．自分の強み・弱み ・目的：職場適応に必要な能力を自覚する ・「エンプロイアビリティ・チェックシート」記入 ・グループ・シェア，全体シェア ⇒自分の強み・弱みのまとめ
12:00	昼食休憩

時間	内容
13:00	５．職場での適切なコミュニケーション１ ・目的：職場での言動に気づく ・「職場のあなたの再現シート」の記入 ・グループ・シェア ⇒よりよい言動のまとめ
13:50	６．職場での適切なコミュニケーション２ ・目的：コミュニケーション・スキルの習得 ・アサーション訓練など ・グループ・シェア
15:10	休憩
15:20	７．仕事を面白くするために ・目的：仕事に求めることに気づく ・「仕事と楽しく付き合うためのキャリアコンサルティングシート」の記入 ・ペアでインタビュー ⇒より適切な仕事との付き合い方のまとめ
16:20	休憩
16:30	８．まとめ：今後の働き方についての計画 ・目的：職場適応と能力向上のための行動計画を立てる ・計画シートに記入
17:00	終了

図５‐５　若手社員のキャリア研修プログラム

子育て中の女性社員のためのキャリア研修：１日コース

目的　1．仕事と子育ての両立についての理解の深化
　　　2．両立に向けた意欲向上と今後の見通しを明らかにする

時間	内容
9:00	開催にあたって（事務局より）
9:15	1．オリエンテーション ・講師紹介 ・本研修の目的，スケジュール
9:25	2．チェックイン ・目的：同じ境遇者同士の悩み・課題の共有 ・参加者同士の自己紹介および子育てと仕事の両立について思うことを全員で大いに語る ・出てきた話題の整理（模造紙に書出し）
10:15	3．これまでの自分を振り返る ・目的：仕事とそれ以外の自分を知る ・個人ワーク「自分棚卸しシート」の記入 ・三人組のなかで発表，シェア，全体シェア ⇒自分の思い，努力した点，課題などをまとめる
11:15	休憩
11:25	4．女性の働き方の事例紹介 ・目的：働く女性にとって働く意味を理解する ・映像教材で３名の子育て女性の事例を示す ・グループ・シェア，全体シェア ⇒働き方についての感想・気づきをまとめ
12:00	昼食休憩

時間	内容
13:00	5．両立の否定的側面と肯定的側面 ・目的：両立の肯定的側面に目を向ける ・「キャリア＆子育て分析シート」の記入 ・三人組のなかで発表，シェア，全体シェア ⇒働き方についての気づき・発見をまとめる
14:50	休憩
15:00	6．両立に関する様々な思いの共有 ・目的：ここまでのワークを通じて変化した思いや働き方について全員で大いに語る
15:40	休憩
15:50	7．今後の生活について ・目的：今後の生活をイメージし，必要な準備・支援を明確にする ・「私のキャリアと子供の成長シート」の記入 ・三人組のなかで発表，シェア，全体シェア ・今後必要な準備と支援についてグループ検討 ⇒必要な準備と支援のまとめ
16:40	8．チェックアウト ・目的：今日の気づき・学び・今後について一言ずつ語る
17:00	終了

図5-6　子育て中の女性社員のためのキャリア研修プログラム

50歳代の中高年社員のキャリア研修：２日コース

目的	１日目：徹底的に自分に向き合い自己理解を深め，自分らしさ（強み・持ち味）に気づく ２日目：我が家のマネープランを作成できるようになり，今後のキャリアビジョンを考える

時間	１日目の内容
9:00	開催にあたって（事務局より）
9:15	１．オリエンテーション ・講師紹介 ・本研修の目的，スケジュール
10:00	２．チェックイン ・参加者同士の自己紹介および最近，気になることを紹介 ・「気づきのチェックシート」を使い，仕事や他者に対してどのように関わってきたかを確認する
11:00	３．シニア社員に求められるものを探る ・「自己理解～行動・特徴シート」を使い，求められるシニア社員像を考え，自分に置き換えてみる ・グループで討議，全体でシェア
12:00	昼食
13:00	４．これまでの職業人生を振り返る ・「人生後半戦のライフキャリアシート」を使い，ライフラインチャートを作成する ・グループ内で説明し，メンバーからの質問に答える
15:00	４．働くうえで大事にしたい価値観や自分の強み・弱みを探る ・「人生後半戦のライフキャリアシート」を使い，自分が大切にしていること，こだわりを再確認する ・グループで発表，全体でシェア ⇨自分の強みや持ち味についての気づきをまとめる
17:00	本日のまとめ：ひとこと感想（気づき）

時間	２日目の内容
9:00	５．マネープランを考える ・「環境理解促進シート」を説明する ・ケーススタディを行い，マネープランの作成方法を理解する ⇒我が家のマネープラン作成のポイントをつかむ
11:00	６．会社の制度説明 ・継続雇用制度における仕事・報酬他
11:40	７．自分を取り巻く環境の変化を考える ・「環境変化を考えるシート」を使い，社会/経済，自社/業界，仕事/職場，家庭/自分の４つの視点から環境変化を予測する ・グループで討議，全体でシェア
12:30	昼食
13:30	８．今後の仕事や働き方を考える ・「人生後半戦のライフキャリアシート」を使い，自分が周囲から期待されていることを考える ・今後の仕事や獲得したいスキル，これから取り組みたいことを考える ・キャリア・インタビューの実施（２人１組） ⇒これからの職場生活をイメージする
15:30	８．キャリアプランの作成 ・キャリアプランシートに、今後の目標・行動計画を記入する
16:00	９．チェックアウト ・ひとこと感想（キャリアビジョン）
16:30	終了

図５−７　50歳代の中高年社員のキャリア研修プログラム

9．まとめ

本章では，キャリア開発研修の企画・立案および運営と研修プログラムの事例について解説をいたしました。本章で述べた内容のポイントを列挙します。

①企業における標準的なキャリア形成のプロセスを理解する。
②キャリア開発研修の目的や開催時期を設定する。
③キャリア形成上の課題に沿ったプログラムを考える。
④キャリア研修の運営にあたってのポイントを理解する。
⑤キャリア研修後をフォローするキャリアコンサルティング面談を企画して実施する。
⑥キャリア研修やキャリアコンサルティング面談を実施する前に，ガイダンスセミナーを企画して実施する。
⑦キャリア研修の構成を検討し，具体的なプログラムを設定する。

CHAPTER 6
第6章

セルフ・キャリアドックの実施２
――キャリアコンサルティング面談における点検（見立て）と対応――

高橋　浩

セルフ・キャリアドックにおける支援施策は，キャリア研修とキャリアコンサルティング面談などを組合せて実施します。本章は，前章のSTEP４の続きとして「キャリアコンサルティング面談」について解説します（図表６－１）。キャリアコンサルティング面談は，キャリア研修と違い，個々の対象従業員の思いや事情に応じながら，時として心理的な自己洞察を促しながら，主体的キャリア形成を支援する非常にパーソナルな支援です。キャリア研修がレディーメードの支援だとすると，キャリアコンサルティング面談はオーダーメードの支援といえます。もちろん，面談もセル

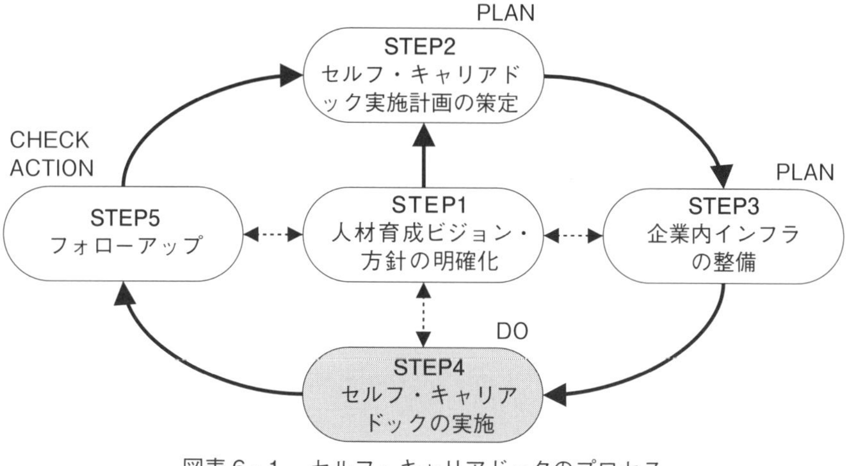

図表６－１　セルフ・キャリアドックのプロセス

フ・キャリアドックの一環として実施されるものであって，人材育成ビジョン・方針と整合性を持って実施されなければなりません。本章では，これを踏まえて，面談の準備と，面談の実施，面談後の活動について解説します。特に，面談の実施では，「キャリア形成プロセスのチェック項目」を用いて対象従業員のキャリア形成の状況を点検して（見立てて），対応する方法について重点的に解説します。

なお，キャリアコンサルティング面談とは，キャリアコンサルタントが行う面談であり，上司等が行うキャリア面談と区別するためにこのような名称にしています。

1．基本的な考え方

(1) キャリアコンサルティング面談の位置づけと目的

キャリアコンサルティング面談は，対象従業員の一人ひとりに対して，その思いや状況に応じて主体的なキャリア形成を支援する方法です。面談は，セルフ・キャリアドックにおける主体的なキャリア形成を促進する支援施策の１つに過ぎず，面談がセルフ・キャリアドックのすべてというわけではありません。組織内でキャリアコンサルティングをしている方から「面談だけでは組織が変わらない」と相談を受けることがありますが，お話を伺うと，面談と組織的活動との関連がないまま，個人のお悩み相談に終始している場合が多いようです。面談の主たるねらいは人材育成ビジョン・方針にある「期待する人材像」に寄与するものでなければなりませんし，また，キャリア研修など他の施策や組織的な改善措置につなげる活動と合わせて実行すべきです。

たとえば，会社として若手の職場定着が問題視されているのであれば，面談では，仕事理解や内発的動機づけを行う働きかけが重要となるでしょう。さらに面談後には，仕事に対する興味や意欲が向上していることをアンケートや現場管理職からのヒアリングによって確認することが必要となります。また，複数の面談を通じて浮かび上がってきた組織的な問題を人事部門や経営層にフィードバックする必要性もあります。

⑵　面談の種類

セルフ・キャリアドックにおける面談には，「情報収集としての面談」と「支援としての面談」があります（図表６−２）。「情報収集としての面談」の例としては，第２章で示した「組織を見立てる」際に，あまりにも情報が少ない場合に実施する面談が考えられます。なお，情報収集としての面談であっても，インタビューを行うことによって対象従業員の気持ちや考えが整理されることがあり，副次的に支援の要素を持つこともあります。反対に，支援としての面談のなかであっても，意図的に情報収集をしたり，あるいは結果的に重要な情報が得られたりすることもあります。複数の面談を通じて得られた情報によって，既に立てた人材や組織の問題について「仮説を検証」したり，新たに「仮説を立案」したりすることができます。

一方，「支援としての面談」は，文字通り，対象従業員の主体的なキャ

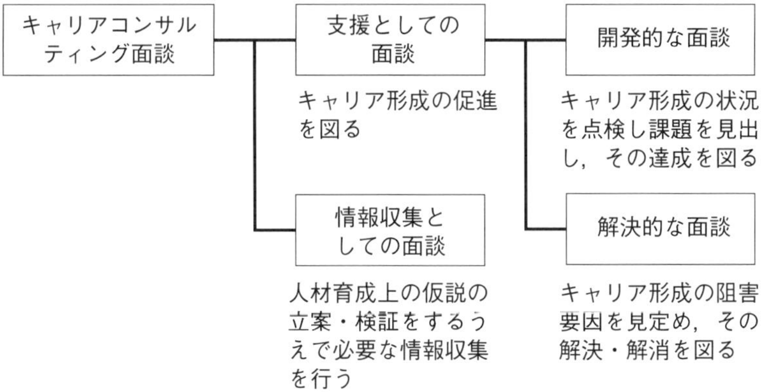

図表６−２　セルフ・キャリアドックにおける面談の種類

リア形成を支援するための面談であり，これには「解決的な面談」と「開発的な面談」があります（あくまでも本書での分類です）。「解決的な面談」はキャリア形成プロセスの阻害要因を特定し除去するものです。阻害要因によってキャリアに問題を抱えた人は，主訴を持って自発的に来談することが考えられます。キャリアコンサルティングの学習では，この「解決的な面談」を前提としているといえます。一方，「開発的な面談」は，主体的なキャリア形成を前進させるために，キャリア形成プロセスの点検を行い，課題を明確化し，その課題達成を目指すものです。対象従業員は明確な主訴を持たないため自発的に来談することはありません（図表6－3）。

セルフ・キャリアドックでは，キャリアコンサルティング面談を支援施策として定期的に実施していくので，非自発的来談を主たる対象者とする開発的な面談を行うことになります。

ただし，開発的な面談において，対象従業員の抱えるキャリア形成の阻害要因が明らかになった場合は，解決的な面談に切り替える，あるいは別途その時間を用意する，といった柔軟な対応をとる必要があるでしょう。

(3)　キャリア形成プロセスの点検項目

キャリアコンサルティングにおいて解決的な面談が重要であることに変わりはありませんが，その詳細については他の書籍に譲り，本書では開発的な面談に焦点を当てたいと思います。

開発的な面談におけるキャリア形成プロセスの点検項目は，①自己理解・仕事理解，②キャリアビジョン，③キャリアプラン，④アクション，

図表6－3　来談の自発性と面談の種類

	自発的来談	非自発的来談	実施時期
開発的な面談	少ない	多い	定期的
解決的な面談	多い	少ない	随時

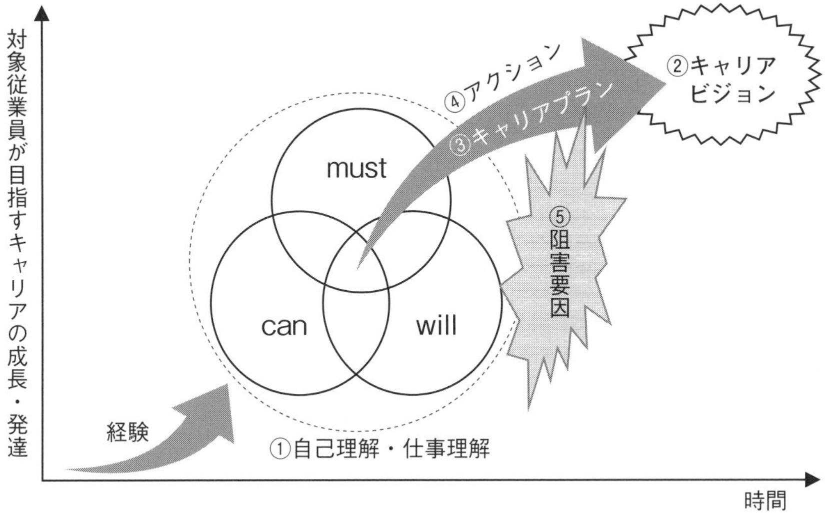

図表６－４　キャリア形成プロセス

厚生労働省（2018）をもとに筆者が加筆・修正（第１章　図表１－９をさらに加筆）

⑤阻害要因の５つがあり，キャリア形成プロセスの要素に相当します（図表６－４）。

①自己理解・仕事理解：キャリア自己概念の３要素を自覚することです。キャリア自己概念は，Schein（1978 二村・三善訳 1991）が示したように，すべきこと（must），したいこと（will），できること（can）で構成されます。キャリア自己概念は「自分らしさ」であり，キャリア形成上最も重要な部分です。しかしながら，多くの方はこれを自覚していないため，キャリア選択に悩んだり，仕事の意欲低下を招いたりしています。キャリア自己概念の自覚は，仕事だけでなく様々な過去の経験を振り返ることによって可能になります。これが自己理解です。特に，must の自己理解と周囲からの期待のずれを理解をすることが仕事理解になります。

②キャリアビジョン：must － will － can の重複部分が拡大した「理想の働く自己像」であり，描いたキャリアビジョンを読んでみて達成したい

と感じられることが大切です。

③キャリアプラン：キャリアビジョンの実現に向けて立てる実行計画のことです。何を，いつまでに，どの程度達成するのかが具体的であり，少し挑戦的なやや高めの目標が系統的に設定されていることが重要です。

④アクション：キャリアプランに沿って本人が実行できているかを確認します。キャリアプラン通りに実行できていない時は，その阻害要因を確認したうえで，励ましやアドバイス，あるいはキャリアプランやキャリアビジョンの見直しが必要です。

⑤阻害要因：キャリア形成の進行を阻害するもの（＝阻害要因）がないか確認します。たとえば，職場で人間関係の問題やハラスメントがあるとか，私生活での悩みがある，子育てに苦労している，病気や障害があるなどです。非自発的来談では阻害要因が表現されない場合がありますから，職場の人間関係や家庭・プライベートなどに潜む阻害要因にも目を向けて確認することを忘れないようにしましょう。

⑷　対象従業員と組織の適合を重視

一般に，カウンセリングでは相談者のニーズを最優先することが求められます。セルフ・キャリアドックではどうでしょうか。もし，自分のしたい仕事だけを行い職務を遂行しない従業員が来談した場合，相談者のニーズを優先したら，職場に余計な負担をかけることになります。さらには，職場の不満が募って，その怒りがこの相談者に向けられるようになれば，職場内の関係性は悪化し，全体としてパフォーマンスが落ち，当の相談者も居心地が悪くなるという悪循環が生じかねません。相談者のニーズのみを最優先してしまうと，職場や組織においてマイナスの影響を与え，まわりまわって相談者本人の不利益に繋がってしまう恐れがあるわけです。だからといって，相談者のニーズを無視するわけにはいきません。そこで，個人と組織の両方のニーズを満たす支援を目指す必要が出てきます。

たとえば，転職希望の従業員に対して企業内のキャリアコンサルタントはどう対応すべきでしょうか。もし，転職支援をしたとしたら，キャリアコンサルタントは人材流出を手伝ったことになります。かといって，目の前の従業員の相談に乗らないわけにもいきません。この場合，対象従業員の根源的なニーズを明らかにしなければなりません。まずは，対象従業員が転職を求める理由（＝ニーズ）をつかむ必要があります。転職はニーズを満たす１つの手段に過ぎません。転職によって「苦境から逃避したい」のかもしれませんし，「希望の仕事ができない不満の解決策」として転職を選んだのかもしれません。さらにこの理由を深めていくと，「もっと人間関係を良くしていきたい」とか，「もっと実力を発揮したい」というニーズが見えてくるかもしれません。さらに深めていくと，「信頼し合える関係」であったり，「創造性の発揮」であったりと，根源的なニーズが見えてきたりします。

根源的なニーズが明らかになったら対処方法が見えてきます。そのニーズをこれまでとは違う方法で満たすことを検討するのです。たとえば，「創造性を発揮」する瞬間を現在の業務の中で増やすような工夫ができれば，転職は不要になります。その工夫を一緒に考えていけばよいわけです。ニーズがより根源的で抽象的に表現されるほど，違う方法がみつかりやすくなり，自己のニーズ（will）と期待される仕事や役割（must）と折り合いをつける余地が生まれます。こうして，個人と組織の両方のニーズを満たしていくわけです。

社会のなかで人が生きる限り，キャリア形成は，決して一人で実現できるものではありません。個人と社会，あるいは個人と組織の相互作用によって形成されるものです。よりよいキャリア形成のためには，個人と組織が共に Win － Win の関係になるよう両者のニーズをうまくすり合わせていくことが重要であり，これを個別に支援できることがキャリアコンサルティング面談の強みといえます。

COLUMN

キャリアコンサルティング面談の体験談

昨年，わが社にもセルフ・キャリアドックが導入され，私はキャリアコンサルティング面談を受けました。キャリアコンサルタントの問いかけに答えていると，様々な経験が蘇り，その時の心模様を思い出しては語り，語ってはまた思い出すという時間を体験しました。

この面談で，キャリアコンサルタントから次のことをいわれました。「〇〇さん，とてもエネルギッシュですね。そのエネルギー，どこからくるんでしょうね？」。私は思わず「えーっ！」とのけぞってしまいました。というのも，私はめんどくさがりで行動力がなく，「エネルギッシュ」という言葉がしっくりこなかったからです。実は，キャリアコンサルタントは，私が語った２つの経験をとらえて，その言葉を言ったのでした。

１つは，入社５年目で人事課に異動した時のこと。最初の仕事で，新入社員研修の企画書を提出すると，一読した先輩から「あんた，４年間，何やってたの !?」とあきれ顔でいわれたのです。自分の仕事をこれほどはっきり否定されたのは初めてのことだったので，瞬時に悔しさがこみあげてきました。これを機に，私は初めて真剣に仕事に向き合うようになりました。基本である企画書の書き方から学習するとともに「新入社員に何を学んでもらうか」をちゃんと考え始めたのです。

もう１つは，２社目に転職したての時のこと。上司からの専門的な質問にしどろもどろで答えていると，「あなた本当に人事やってきたの？」とがっかりされたのです。６年間の人事職歴で採用されたのに，このいわれよう。恥ずかしさと不甲斐なさでいっぱいになりました。思えば確かに，人事といっても社員教育しかやってこなかった私。採用，給料，労務など，人事の仕事の幅広さに初めて気づいた出来事でした。それから私は，知識の習得に没頭していきました。

「ダメ出しに突き動かされ，とことん学んでいく〇〇さんって，『エネルギッシュ』じゃないですか？」とキャリアコンサルタントは言ったのです。その言葉は，違和感がありながら決して不快ではなく，自分を見つめ直すきっかけになりました。いわれてみれば，「分からない，できない」ことが嫌で，「分かりたい，できるようになりたい！」と一心に学び始める。学べばその面白さで夢中になる。これが私の原動力。私のこれまでの様々な経験の根源にあるものだと腑に落ちました。そして，地に足の着いたような安心感と，これからも今の延長線上にちゃんと自分の道を切り拓いていけるという不思議な自信がこみ上げてきたのです。このような感覚を味わえることがキャリアコンサルティングの効果であり，自律的なキャリア形成や，内面的な成長をもたらすのだと思います。（話題提供者：S.W.）

2．手順

ガイドラインではキャリアコンサルティング面談の基本的プロセスとして，a. 守秘義務に関する約束，b. キャリアコンサルティング面談の目的の共有，c. 自己理解，d. 仕事理解，e. 意見・要望事項等の聴取，f. キャリアビジョンの策定，g. キャリア形成上の課題とその対策の明確化，h. 面談後のフォロー，i. 個別のキャリアコンサルティング面談の効果把握の9項目を挙げています。これらはもちろん重要なポイントなのですが，他にも重要なことがあります。また，これらが断片的に示されているため位置づけや関係性が不明確です。そこで，ここでは，キャリア形成プロセスに沿ってより網羅的・体系的にキャリアコンサルティング面談のプロセスを整理しました。

A．キャリアコンサルティング面談の準備
①面談の目的等の共有（インフォームド・コンセント）
・対象従業員，あるいは職場や上司に対して
②面談計画の立案
・面談の日程と場所の確保，対象従業員への事前案内，キャリ

ア コンサルタントと対象従業員の組合せ（多重関係を避ける）

③備品・ツールの用意

・実施上必要な各種備品やツールの準備

B. キャリアコンサルティング面談の実施

①面談プロセスの確認

②関係構築

・ラポール形成

・場面設定（面談の目的，所要時間，守秘義務，実施内容，メモ等の許可などを説明）

・面談実施の合意

・対象従業員の観察

③キャリア形成プロセスの点検と対応

・自己理解・仕事理解の点検

・キャリアビジョンの点検

・キャリアプランの点検

・アクションの点検

・阻害要因の点検（意見・要望事項等の聴取）

④課題への対応

・課題の明確化と対応

C. キャリアコンサルティング面談後の活動

①面談後のフォロー

②面談の効果把握

3．キャリアコンサルティング面談の準備

(1)　面談の目的等の共有（インフォームド・コンセント）

面談の冒頭では，本題に入る前に面談の目的，時間，守秘義務，情報共有のルール，内容・方法，期待される効果，面談記録・録音等の許可とその取り扱いなどについて説明して，本人の合意を得なくてはなりません。これを「インフォームド・コンセント」といいます。これは説明することが目的ではなく，対象従業員が面談の意味を理解し，納得してもらうことが重要です。したがって，対象従業員からの質問を受ける時間を設けて，十分納得できるような回答をする必要があります。この点を確実に行うことによってトラブルの発生を防ぎます。書面をもって説明するのが望ましいので，その例を図表６－５に示します。適宜，カスタマイズして使用してください。

説明のタイミングは，少なくとも面談についての事前案内の時と，面談時の冒頭の２回行います。事前案内によって，対象従業員が面談についてしっかり確認する余裕ができますし，事前に質問を問い合わせることもできます。しかし，事前案内だけでは確認しきれない場合や理解できていない場合もありますので，面談の冒頭でも改めてインフォームド・コンセントを実施します。もちろん，対象従業員の求めに応じて適宜実施します。

多くの人は合意してくれると思いますが，万が一，合意がとれない場合はどのように対応したらよいでしょうか。その原因として考えられることは，説明が不十分で疑問・不安が払しょくされていないことです。どのようなところに疑問や不安があるのか，その気持ちはどこから来るのかなどを確認して，疑問・不安の解消に務めましょう。さらに，どのような条件があれば（なければ）面談を受け入れられるかについて話し合ってみるとよいと思います。それでも合意が得られない場合は，今回の面談は中止，

キャリアコンサルティング面談について

1．面談の目的と概要

・当社は，個々の従業員が生き生きと働き，組織が活性化することを目指してセルフ・キャリアドックを導入しており，その一環としてキャリアコンサルティング面談を実施しています。

・この面談は，従業員一人ひとりの事情を考慮しながら，主体的なキャリア形成を促進していくことを目的としています。

2．面談の時間と場所

・時間は約50分です。

・指定の時間，指定の会議室までお越しください。

・事前に「キャリアコンサルティング面談シート」に必要事項を記入し，当日お持ちください。

・面談に遅れる場合，都合がつかなくなった場合は，末尾の部門にご連絡をお願いします。

3．面談で行うこと

・○○部門のキャリアコンサルタント１名との面談になります。
（キャリアコンサルタントは国家資格であり，キャリアコンサルティング面談の知識と技術を有した専門家です。）

・面談シートに基づいて，仕事やキャリア形成の状況を確認します。

・状況に応じて，自己理解・仕事理解の促進や，キャリア形成に役立つ情報提供をしたり，行動計画を検討したりします。

・キャリア形成に影響する個人的事情がある場合はその相談に応じます。

4．プライバシー保護と情報共有について

・個人の面談内容は機密として取り扱います。本人の了解なしに，所属長や人事部門に開示することはありません。

・ただし，面談シートの<u>○○欄</u>については，よりよいキャリア支援のために上司および人事部門と共有します。面談時に内容と開示範囲について本人の意思確認をします。

・また，面談内容および面談シートの内容は，全体の傾向を把握するために<u>個人が特定されない形で集計</u>し，組織の改善のために経営層および人事部門と共有します。

その他ご不明の点がある場合は○○部門の○○までお問い合わせください。
E-mail：○○○@○○，Tel：○○○○

図表６－５　キャリアコンサルティング面談の説明文（例）

あるいは延期をせざるを得ません。これも，本人が熟考して決断したことであれば，主体的なキャリア形成の一端だといえます。

また，キャリアコンサルティング面談の目的や内容，方法については，対象従業員だけでなく職場の上司や同僚に対しても行い，面談が正しく理解されるようにします。キャリアコンサルティング面談が解雇のためであるとか，転職を助長するものであるとかなど，誤った理解が広まると面談が敬遠されてしまいます。正しい理解を普及し，セルフ・キャリアドックが促進されやすい状態を作り出しましょう。

⑵　面談計画の立案

面談計画の立案では，対象従業員に対する事前案内のタイミング，キャリアコンサルティング面談シートの案内と確認，面談の日程調整，面談場所の確保，担当キャリアコンサルタントの確保と日程調整，対象従業員とキャリアコンサルタントの組合せの調整を行います。

①事前案内や面談の日程：対象従業員にとって面談は優先順位が低くなっていることが考えられますから，早めに行いましょう。

②面談場所の確保：遮音性が高く，周囲から中が丸見えにならず，かといって閉鎖的でない部屋が理想的です。たとえば，廊下とはすりガラスで隔てられ，外の景色が見える窓がある部屋です。できれば，観葉植物があり，お茶などがあると緊張感を緩和できます。

③対象従業員とキャリアコンサルタントの組合せ：面談目的，対象従業員の希望，多重関係の回避に留意して組合せを調整します。たとえば，女性活躍の面談であれば，対象従業員と同姓のキャリアコンサルタントの方が本音を話しやすいでしょう。また，シニア層に対しては，若手のキャリアコンサルタントでは共感が生まれにくいかもしれません。対象従業員から特に年齢・性別の指定がある場合は可能な限り応えてあげるとよいと思います。ただし，多重関係にならないように気をつけましょう。多重関係

とは，面談以外にも何らかの利害関係があることを意味します。現在あるいは過去において，上司－部下の関係であったり，犬猿の仲であったりする場合は，別の組合せにします。

④キャリアコンサルティング面談シートの確認：可能であれば，対象従業員の「キャリアコンサルティング面談シート」を事前に提示してもらい，目を通しておきます。面談目的に応じて，その従業員のおおよその経歴や特徴をつかみ，どの部分に焦点を当てて，どのような流れで進めていくかの見当をつけておきます。こうすることによって，当日の面談の時間を節約できます。ただし，これによって，対象従業員を決めつけたりしないように気をつけましょう。面談当日の対象従業員の気持ちや意思を確認しつつ，目的や目標に沿って柔軟に進めていきます。

仕事理解のためには，キャリアコンサルティング面談シートに上司の期待や職務要件の記入欄，担当業務に必要なスキルの一覧とその自己評価欄などを設けておくとよいでしょう。

⑤セルフ・キャリアドック実施後アンケート：面談終了後のアンケートは，その面談の適切さや効果を知る手がかりとなります。汎用的なものとしては，ガイドラインのP29に添付されているアンケートでよいのですが，面談の目的に応じて必要な調査項目を追加しておくべきでしょう。たとえば，目的が，若手の離職防止ならば「現在の仕事を続けていきたいか」とか，ミドル層のモチベーション・アップならば「仕事へのモチベーションは向上したか」などを追加するとよいでしょう。このようにすることで，面談が所望の効果を挙げているかどうかを知る手がかりを得ることができます。

⑶　備品・ツールの準備

備品やツールの準備は，前述の計画や面談内容とも関連します。基本的なものをリストアップしておきます（図表6－6）。適宜，カスタマイズして使ってください。

キャリアコンサルティング面談の備品・ツールのリスト

- □ 面談の案内文（対象従業員向け，職場管理職向け）
- □ キャリアコンサルティング面談の説明文（図表６-５参照）
- □ キャリアコンサルティング面談シート（ガイドライン P28），または ジョブ・カード
- □ セルフ・キャリアドック実施後アンケート（ガイドライン P29）
- □ 個別報告書（カルテ）（第７章 図表７-３）
- □ メモ用紙・筆記具
- □ ティッシュペーパー
- □ 時計またはタイマー
- □ 録音機器（必要に応じ）
- □ お茶とお菓子（必要に応じ）
- □ その他，必要なもの

図表６-６　キャリアコンサルティング面談の備品・ツールの例

なお，面談時に用いるキャリアコンサルティング面談シート（ガイドライン P28）の記入欄は，図表６-４キャリア形成プロセスに対応しています。「１．これまでの職歴と現在の職務の概要」は「経験」に，「２．上司から期待されていること」は「must」に，「３．興味関心があること」は「will」に，「４．得意なこと，苦手なこと」は「can」に，「５．今後取り組みたいこと」は「キャリアプラン」あるいは「アクション」に，「６．仕事を通じて達成したい目標」は「キャリアビジョン」に，「相談したい内容」は「阻害要因」に相当します。後述の「キャリア形成プロセスの点検」の際に各項目を確認しながら進めてください。

４．面談プロセスの確認

面談の流れのことを面談プロセスといいます。カウンセリングプロセスには，國分（1996）の３段階からなる「コーヒーカップ・モデル」といったシンプルなものから，木村（2016）が紹介しているシステマティック・アプローチといった複雑なものまであります。実践においては，分かりや

すく簡便なものの方が使い勝手がよいので，３～５段階で捉えるのがよいと思います。

解決的な面談，すなわち対象従業員が主訴をもって来談する場合では，キャリアコンサルタントはA）関係構築を図り，B）自己探索支援を行い，問題の核心がつかめたらその対応としてC）行動化支援を行います（図表６－７）。このことは，対象従業員から見ると，①自己開示，②自己探索，③自己直面化，④目標設定，⑤実行ということになります。

一方，開発的な面談では，対象従業員に主訴がない場合が多いため，キャリアコンサルタントはA）関係構築を図り，B）キャリア形成の点検を支援し，キャリア形成の課題がつかめたらその対応としてC）課題達成の行動化支援をするということになります。対象従業員から見ると，①自己開示，②自己のキャリアを探索，③キャリア形成課題の直面化，④目標設定，⑤実行ということになります。解決的あるいは開発的であってもおおむね同様のプロセスをたどることが分かります。異なる点は，開発的な面談では，キャリアコンサルタントがキャリアの点検を行い，キャリア形成の課題を明確化する点です。そして，点検を行うためには，キャリアコンサルタントは点検項目を把握しておく必要があります。点検項目につい

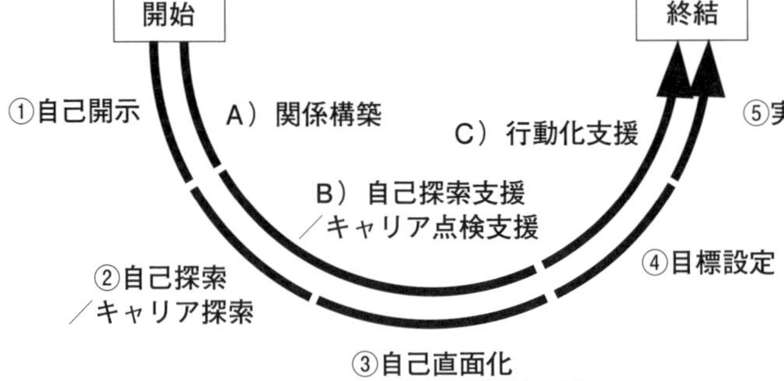

図表６－７　キャリアカウンセリングのプロセス

日本マンパワー（2013）をもとに筆者が加筆・修正

ては「６．キャリア形成プロセスの点検と対応」（図表６－８）で述べることにします。

本来，開始から終結までを１回の面談でやり遂げなければならないわけではありません。しかしながら，実際は１回の面談機会しか得られないのが実情です。したがって，対象従業員のキャリア形成はどこまで成されているかを把握して，どこを重点的に点検するかを絞り込んで実施していきます（図６－８，６-13を参照）。既にキャリアビジョンとキャリアプランが形成された対象従業員の場合は，アクションについてメンテナンスすることがメインになるでしょう。

面談プロセスを参考にしながら，実施する面談目的も考慮して，おおよその標準プロセスと標準的な時間を決めて，キャリアコンサルタント同士で共有をしておきます。このことによって統一性を持った面談を実施することができますし，もしそこから逸脱したとしてもどのプロセスでどの程度ずれたのかを把握する基準を持つことができます。

COLUMN

自己決定の尊重～援助ではなく支援～

キャリア形成の主体者はあくまでも従業員自身です。このことは，従業員自身の意思決定を尊重するということでもあります。自傷・他害，犯罪への関与，組織への多大な損害を与えるような行為を除いて，従業員の自己決定を尊重します。なぜなら，キャリアは本人のものだからです。したがって，セルフ・キャリアドック面談では，キャリア形成をする本人を「支援」するという立場をとります。これは「援助」とは異なる意味を持ちます。援助は「本人ができないことを助ける」ことを意味しますが，一方，支援は「本人の責任における主体的な行動を促進する働きかけ」を意味します。支援は，自己決定を尊重することになりますが，それは同時に，本人の責任が問われるということでもあります。対象従業員が自身の責任を自覚して意思決定するからこそ自律的なキャリア形成が促進されるといえます。

キャリアをどのように形成するかは本人の問題なのですが，だからといって，自己責任を強調しすぎると，荷が重すぎて前進できなかったり，企業の期待を顧みないキャリア形成に陥ったりする恐れがあります。この負担軽減と，独りよがりなキャリア形成の回避のためには適切な「支援」が必要になります。これを企業内キャリアコンサルティングで行っていくのです。

5．キャリアコンサルティング面談の実施―関係構築―

ここから，いよいよ開発的な面談におけるキャリア形成プロセスの点検について解説します。まず，ここでは，関係構築について述べます。

(1) ラポール形成

ラポール（rapport）とは，キャリアコンサルタントと来談した対象従業員との間に信頼関係が作られ，互いに安全・安心が確保されて自由にふるまうことができ，かつ感情交流が持てる状態のことです。ラポールは，対象従業員とコンタクトを持った時点（入室時点）から意識的に形成していきます（実際には，事前案内からラポール形成は始まっていますので，これを意識して案内の文面を作成します）。

対象従業員は，自ら望まずに時間を割いて来談したわけですから，まずは「お忙しいところ，よく来てくださいました」といったねぎらいの言葉をかけ，歓迎の表情，しぐさ，態度をとるとよいでしょう。このことが面談への意欲を後押しします。次に，すぐに本題に入らずに，２～５分間，季節や天気の話，世間話，仕事の状況について談笑して互いにリラックスできれば，ラポールはおおむね形成されたと考えてよいと思います。ラポールはこの後も面談を通じて維持する必要があります。もし，面談中にラポールが壊れた場合，あるいは壊れそうになった場合は，これまでのやり取りを振り返って原因を探り，あらためてラポール形成をし直します。対象従業員から面談についてフィードバックをもらうと原因を特定しやすくなります。なお，この段階における対象従業員の反応や非言語表現から，その従業員の人柄や興味・関心の方向，健康状態などをおおよそつかむこともできます。

⑵　場面設定

場面設定とは，この面談がどのような状況で行われるのかを対象従業員に説明し，面談実施の合意を得ることです。前述のインフォームド・コンセントに当たります。この段階においても念のため口頭で面談の目的やねらい，所要時間，守秘義務，情報共有の箇所や共有される範囲，この時間で何をどのように進めるのか，メモ等の許可，面談記録の取り扱いなどを説明します。ここで説明することは，事前に書面にして渡しておくと分かりやすくなります。

守秘義務についてガイドラインでは以下の説明が記載されています。

> *キャリアコンサルタント等は，キャリアコンサルティング面談を通じて知り得た情報について，対象従業員の同意なしにキャリアコンサルタント自身以外の第三者に開示しないことを約束します。*
>
> 『「セルフ・キャリアドック」導入の方針と展開』P19より

守秘義務については「キャリアコンサルティング面談の説明」として事前案内に掲載しておきます。なお，守秘義務に関する詳細については第４章で解説しましたのでそちらを確認してください。

⑶　面談実施の合意

場面設定のインフォームド・コンセントにおいては，対象従業員が十分に納得しているか，質問はないかを確認できるように少し間を取ります。質問があった場合は，快く受け止めて回答をします。回答に際して，質問の表面的な意味だけではなく，その意図や思いを確認してみてください。対象従業員は質問の意図などを省略する場合や，質問を上手に表現できない場合があるからです。質問の意図などに対応した回答をすることによって，対象従業員の納得感を深めることができます。また，対象従業員が何に懸念を抱いているかが分かれば，これに配慮して面談を進めることができます。

このように，相手の意図をしっかり受け止めて，相手が安心し納得できたことを確認し，面談に入ることを確認します。

⑷　対象従業員の観察

対象従業員の観察は，ラポール形成同様，面談中，終始行うものです。対象従業員の言語・非言語表現から，本人の職務に対する意識や態度，心理状態について気になることがないか観察をします。様子がおかしいようであれば，職務に対する意欲や働きがい，業績や成果，仕事で困っていること，家庭やプライベートでの悩みなどで問題を抱えている可能性があります。ただし，人はいきなり自己開示をするのは難しいことですし，面談の冒頭は緊張している場合もあるでしょう。面談の中盤や後半にさしかかっても対象従業員の様子が気になるようであれば，困っていることについて確認してみましょう。

６．キャリア形成プロセスの点検と対応

(1)　キャリア形成プロセスの点検の概要

関係構築の次に，キャリア形成プロセスの点検に入ります。非自発的来談の場合，対象従業員から主訴が話されることはありませんから，キャリアコンサルタントがリードして点検を進める必要があります。まずは，現在の仕事の内容とそれについて本人の思いを尋ねてみる所から始めるとよいでしょう。全体として，順調か，満足しているのかをつかむことができます。あるいは，事前にキャリアコンサルティング面談シートを記入してもらっている場合は，その感想や印象に残っていること，気になったことなどについて語ってもらうと，対象従業員のキャリアに対する関心事をつかむことができます。この点から点検を始めると効果的です。詳細については次の点検をしながら明確にしていきます。

キャリアコンサルティング面談シートを材料にして，対象従業員のキャリア形成がどの程度できているかを「キャリア形成プロセスのチェック項目」（図表６－８）に沿って点検していきます（面談の目的や必要に応じて適宜カスタマイズして結構です)。このチェック項目一覧は，キャリア形成プロセスに（図表６－４）沿って設定しており，上位項目ほどキャリア形成の基本であることを意味します（ただし，５．阻害要因を除く)。したがって，上位項目を達成しなければ，次の段階（一覧表の下方）には進みにくい，あるいは進んだとしても形式的，表面的なキャリア形成になってしまうことを意味します。もし，ある項目に課題がある場合は上位へと戻って点検し直します。

課題が見つかった場合は，「課題未達による問題」欄に示すような問題が生じている，あるいは今後生じる可能性があると考えられます。「対応例」欄に示してある方法を参考にして，課題達成に取り組んでいきます。

図表6－8　キャリア形成プロセスのチェック項目

厚生労働省（2018）をもとに筆者が加筆・修正

キャリア形成プロセス		チェック項目	課題未達による問題	対応例（★ツール例）
1．自己理解・仕事理解	must 役割認識	・must が言語化されており，上司と共有されている ・must と経営理念や中期計画等との関連が明確になっている	・努力の割に低評価を受ける ・働く意味が見いだせない	・上司と期待される役割，仕事の仕方などについて話し合う ★ツール例：職務要件書
	can 能力・スキル	・can の自己評価ができている	・自己効力感が得られない ・キャリアビジョンが描けない	・職務の棚卸しによって能力・スキルを洗い出す ・他者評価を受けて確認する ★ツール例：ライフライン法，スキルカード，職務要件書
	must－can の重複	・must を遂行し，成果を上げている ・mustに必要なcanの水準を自覚している	・職務遂行が困難になる(must 優位) ・仕事に物足りなさを感じる(can 優位)	・能力・スキルの向上に努める ・遂行できる職務水準へ調整してもらう ・能力・スキルに応じたより高水準の仕事に取り組む
	will－can の重複	・will を実感／実現し得る can を自覚している ・この自覚が経験に裏打ちされている	・仕事に達成感を得られない(will 優位) ・仕事に物足りなさを感じる(can 優位)	・能力・スキルの向上に努める ・能力・スキルに応じたより高水準の仕事に取り組む ★ツール例：スキルカード，職務要件書
	will 興味やニーズ	・will が言語化されており，内発的に動機づけられる実感がある ・この自覚が経験に裏打ちされている	・就労意欲が低下する ・キャリアビジョンが描けない ・キャリア上の選択に迷う	・過去の情熱を振り返り，その情熱の源を探る ★ツール例：価値観カード，感情カード，ニーズカード，ライフライン法，人生すごろく
	must－will の重複	・仕事で will を実感／実現できている ・must に意義・意味を見出している	・上司や周囲からの評価が低下(will 優位) ・やらされ感が強くなる(must 優位)	・will を実感／実現するような仕事の仕方に工夫をこらす ・仕事の意味を拡大してみる。仕事の人間関係を変える ★ツール例：ジョブ・クラフティング
2．キャリアビジョン		・具体的で，実現したい意欲がある ・自己の成長・発達になっている ・組織にとっても有益な内容になっている	・形式的な内容にとどまっている（will 劣位） ・成長・発達につながっていない（can 劣位） ・自己中心的な内容になっている（must 劣位） ・キャリアプランが描けない	・自己理解・仕事理解の再検討 ・must－will－can 重複のイメージの再検討
3．キャリアプラン		・何を，いつまでに，どの程度目指すかが明確である ・実行意欲が湧くか，達成感が得られるか	・達成できたかどうかが曖昧になる ・プランのアクション(実行)ができない	・キャリアビジョンの再検討，ビジョンとの関連性の再検討 ・スモールステップで成功体験を多くする ・結果が確認できる目標を立てる
4．アクション		・キャリアプラン通り順調に実施している ・仕事にもよい影響がでている ・キャリアプランの見直しの必要性はないか	・キャリアビジョンの未達成，働きがいがない ・キャリアプランが義務や負担になる ・仕事に好影響なし，悪影響がでる	・キャリアプランの再検討 ・キャリアビジョンの再検討 ・自己理解・仕事理解の再検討
5．阻害要因		・職場の人間関係が良好である ・心身ともに健康である ・仕事に影響するような家庭やプライベートの問題がない，など	・勤務状況の変化や上記の「未達成による問題」が生じる	・個別に支援を行う。使えるリソースをフルに活用する ・必要に応じて上司・職場への介入を行う

課題達成の支援に時間がかかる場合は，別途時間を設定して実施することになります。

(2)　自己理解・仕事理解の点検

自己理解・仕事理解では，キャリアコンサルティング面談シートにもとづきながら，must，will，can の自覚の程度，重複の程度を点検していきます。キャリアコンサルティング面談シートの must，will，can が該当欄に記入されているからといって，その内容について対象従業員が深く自覚しているとは限りません。図表6－8のチェック項目を参考にして，対象従業員の内省を促すように点検していきます。

① must の点検

must は，職務内容であり，仕事上の役割であり，職場や上司から期待されることです。職務を遂行するうえで must の適切な認識は不可欠なものです。自己理解・仕事理解のなかで，比較的自覚されている項目だと思われます。

注意するべきことは，must が対象従業員の主観的な認識に留まっていて，職場や上司の期待からずれている場合があるということです。そこで，点検の際は，本人が認識している must について語ってもらうだけでなく，その内容が，上司と共有されているか，経営理念や職場の中期計画などとの関連が明確になっているかについても確認します。もし，must を十分かつ適正に理解していない場合は，間違った方向に努力をしてしまい効率よく成果を上げられないでいる恐れがあります。

この対応としては，面談内では，キャリアコンサルタントの経験からより適性と思われる役割や職務について助言することや，可能であればその場で本人に経営理念，中期計画，職務要件を確認してもらうことです。また，面談後に must について上司と再確認してもらうよう助言することも考えられます。キャリアコンサルティング面談シートに，上司からの期待を記入してもらえるとより確実に確認することができます。

② can の点検

can は，対象従業員が保有する知識，能力・スキル，資格，才能などであり，職務を完遂し成果をあげるうえで発揮し得る「強み」です。これを確認するには，事前に，職務遂行に求められる能力・スキルの一覧を準備し，職務経歴を棚卸しして自己評価しておくのがよいでしょう。面談では，それぞれについて仕事経験や業績とどのように結びついているかを本人に説明してもらって確認していきます。

そして，現在の仕事で can を十分に発揮できているか，職務遂行上で不足している can はないか，必要な can の強化・向上を図っているかについて確認します。これが must－can の重複部分の確認に相当します。

また，can はこれまで仕事をするなかで，喜んで発揮してきた能力・スキルも含みます。それは，学生時代や趣味においても発揮してきた可能性もあります。この部分が will－can の重複部分です。後述の面白かった仕事，熱中した仕事において，どのような能力・スキルを発揮していたかを確認してみましょう。この強みを発揮すること自体が喜びにつながります。

なお，十分に保有していない能力・スキルがあった場合は（must が優位，will が優位），これを習得するための学習が必要になります。何をどのような方法で習得するか対象従業員と検討します。この時，will の実現のための学習計画を立てると，学習の内発的動機づけになり，学習を継続させることができます。また，より挑戦的な仕事に取り組むことによって必要な能力・スキルを学習することもできます。

能力・スキルは保有しているけれども，十分に発揮していないという課題も考えられます（can が優位）。より高いパフォーマンスや職務満足に向けて，どの能力・スキルをどの業務でいかにして発揮していくかを検討しましょう。そのためには，必要な能力・スキルを職務ごとに明確化しておく必要があります。会社で職務要件書やスキル・マップがある場合は用

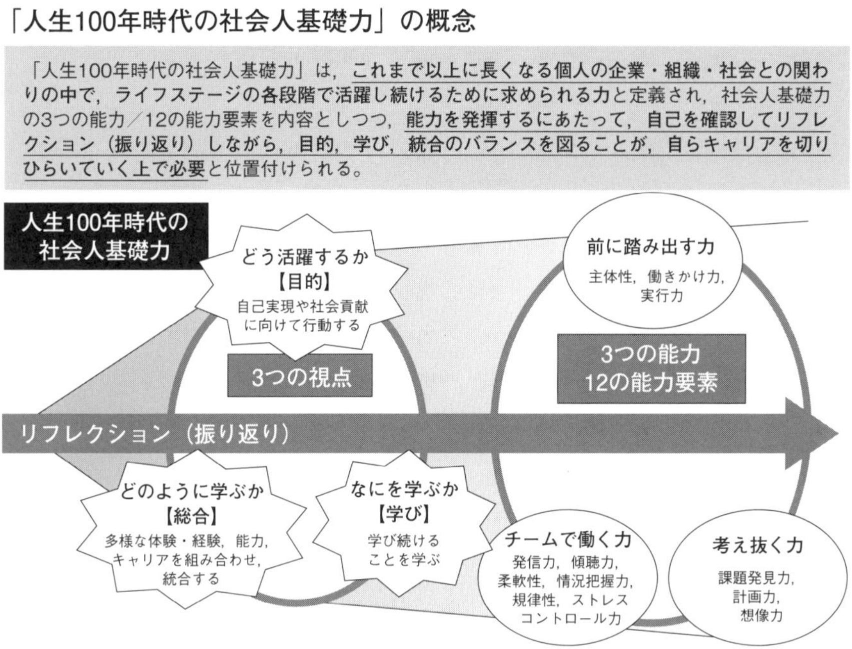
「人生100年時代の社会人基礎力」の概念
「人生100年時代の社会人基礎力」は，これまで以上に長くなる個人の企業・組織・社会との関わりの中で，ライフステージの各段階で活躍し続けるために求められる力と定義され，社会人基礎力の3つの能力／12の能力要素を内容としつつ，能力を発揮するにあたって，自己を確認してリフレクション（振り返り）しながら，目的，学び，統合のバランスを図ることが，自らキャリアを切りひらいていく上で必要と位置付けられる。
人生100年時代の社会人基礎力
どう活躍するか
【目的】
自己実現や社会貢献に向けて行動する
3つの視点
前に踏み出す力
主体性，働きかけ力，実行力
3つの能力
12の能力要素
リフレクション（振り返り）
どのように学ぶか
【総合】
多様な体験・経験，能力，キャリアを組み合わせ，統合する
なにを学ぶか
【学び】
学び続けることを学ぶ
チームで働く力
発信力，傾聴力，柔軟性，情況把握力，規律性，ストレスコントロール力
考え抜く力
課題発見力，計画力，想像力

図表６－９　人生100年時代の社会人基礎力

産業人材政策室（2018）より作成

意しておきましょう。

ちなみに，人生100年時代を踏まえたスキルとして，産業人材政策室（2018）は「人生100年時代の社会人基礎力」を提唱しています（図表６－９）。ここでは，従来の「社会人基礎力の３つの能力／12の能力要素を内容としつつ，能力を発揮するにあたって，自己を認識してリフレクション（振り返り）しながら，目的，学び，統合のバランスを図ることが，自らのキャリアを切りひらいていく上で必要」であるとしています。

③ will の点検

will は，その人の興味・関心，ニーズ，価値観など，本人の内発的動機づけとなる重要な部分です。キャリア上の問題の多くは will が充足されないことによって発生しているのですが，残念ながらほとんどの従業員は

これを自覚していません。キャリアコンサルティング面談シートの will に該当する欄に何も書かれていなかったり，本人に尋ねてもすぐに回答できない場合は，will を自覚できていないといえるでしょう。たとえ，シートに何か書かれていたとしても，will を自分自身の言葉で表現できているか，その言葉によって対象従業員が動機づけられる感覚があるかを確認する必要があります。その言葉によって本人がワクワクすれば，その言葉は will を表しているといえます。さらに，その言葉が，過去のどのようなエピソードと関連しているかについても尋ねて，経験に裏打ちされたものであることを確認します。表情豊かに感情が伴いながら語っているようであれば，will を自覚できているといえるでしょう。自覚できていない場合は，will の無自覚という「課題」があるということになり，就労意欲の低下やキャリアビジョンを描けないという問題を起こしているかもしれません。

この課題への対応としては，特に情熱を傾けた過去の仕事，面白かった仕事を複数振り返って共通点を探っていくことです。共通点を探る際は，論理的思考よりも自分の気持ちや感覚と照らし合わせて検討してもらうことが重要です。will はニーズ（欲求）ですから，ニーズが満たされると肯定的感情，満たされないと否定的感情が表れます。したがって，過去のエピソードを語ったときに現れる感情を手がかりとして，その根底にどのようなニーズがあるかを感覚的・直感的に検討することが可能です。この時，基本的感情や基本的ニーズの一覧（図表 6 -10）を参照すると探索しやすくなります。なお，より根底にある自身の will と出会ったときは情動が生じるものです。その情動の程度から，どの程度深い will を自覚できたのかを推察することもできます。図表 6 -11を参照してください。

④ must－will の重複の点検

must と will が明確な場合，これらがどの程度重複しているかについて確認します。現状の仕事を通じて will を実感しているか，あるいは will を実現できているか，must のなかに働く意味を見出せているかを尋ねま

図表6-10　感情およびニーズの一覧

Rosenberg（2003 安納監訳・小川訳 2012）をもとに筆者が抜粋

【基本的感情】			【基本的ニーズ】		
嬉しい	恥ずかしい	不満	受容	信念	責任
楽しい	狼狽	不愉快	理解	自覚的であること	帰属
しあわせ	動揺	悲しい	信頼	向上（成長）	多様性
満足感	緊張感	寂しい	思いやり	自立	調和
感謝	心配	落胆	癒し	美しさ	人とのつながり
誇らしい	憤り	絶望	喜び	平和	分かち合うこと
安らか	憎む	無力感	楽しみ	保障	貢献
信頼	恨む	憂鬱	充実感	自由	コミュニティ
こわい	妬む	孤独感	心の平安	平等	自己実現
不安	嫌い	辛い	希望	尊厳	創造性
当惑	悔しい	興味	探求	権利	発見・冒険

図表6-11　willの自覚の深度

日本マンパワー（2013）をもとに筆者が加筆・修正

深度	クライエントの反応
1	willに気づかない
2	willの存在の可能性に気づく （そういうのがあるかもしれないと思う）
3	知的あるいは論理的にwillを理解する
4	willに気づき，弱い情動が生じる （納得できる，腑に落ちる，目から鱗が落ちる）
5	willに気づき，強い情動が生じる （感動で涙が出る，感嘆の声をあげる）

す。mustが優位になりすぎると「やらされ感」が強くなり，willが優位になりすぎると独りよがりになるため「上司からの評価の低下」や「周囲との関係悪化」を招く危険性があります。もちろん仕事のすべてが「やりたいこと」であることはめったにありませんが，やりたいことが全くできないことも問題といえます。

この対応としては，willを実感あるいは実現できるように「仕事の仕方」と「仕事の捉え方」を変えてみることです。「仕事の仕方」を変えるとは，仕事の進め方，仕事量の見直し，仕事に伴う人間関係の質・量を変えてみることです。仕事の何をどのように変えると will を実感・実現できるかを検討してみましょう。また，「仕事の捉え方」を変えるとは，仕事を通じて何を実現しているかについて拡大解釈することです。たとえば，書類作成を単なる作業として捉えるとこの上なくつまらないことかもしれませんが，書類の中身に注目すれば誰かの役に立つ仕事とか，社会を便利にする仕事，人と人をつなぐ仕事などと捉え直すことができます。これによって，must に意味が生まれます。このことが，must－will の重複になります。

なお，このような仕事の工夫や捉え方を変えることを「ジョブ・クラフティング」といいます（コラム「ジョブ・クラフティング」を参照)。

⑶　キャリアビジョンの点検（ありたい自分の具体化）

ここでは，will－can－must の３要素の重複をより拡大していった自己像が描けているかを確認します。描けている場合は，それが具体的であるか，自己理解・仕事理解に基づいたものかを確認します。自己理解・仕事理解に基づいていない場合，キャリアビジョンが描けていたとしても，そこにワクワク感や意味・意義が感じられないということになります。キャリアビジョンが描けない場合は，自己理解・仕事理解が不十分であったり，それが考慮されていなかったりしたことが原因として考えられます。自己理解・仕事理解に戻って再確認してキャリアビジョンを描き直すように促します。

キャリア研修で描いた５年後のキャリアビジョンについて，筆者は従業員に「本気でこれを実現したいと思いますか？」と尋ねるようにしています。すると，８割以上の回答は「いいえ」です。書いている内容は立派なのですが，どういうことでしょうか。「では，なぜこのような内容を書いたのですか？」と尋ねると，「会社や上司がこういう内容を期待しているから」と答えるのです。つまり，期待される must や can の部分はしっかり書かれているのですが，will の部分がキャリアビジョンには反映されていないのです。これでは，キャリアビジョンを実現しようとするモチベーションは湧き起らず，絵に描いた餅に終わってしまいます。従業員が元気になれるのは will の部分が反映されるからです。

キャリアビジョンを描き直す場合は，既に自覚している will－can－must を考慮して，１年～５年先のありたい自分の姿を描いてもらいます。キャリアビジョンには，職務や職位といった外的キャリア（＝なりたい自分）の部分と，働く態度，周囲との関係，生み出す価値などの内的キャリア（＝ありたい自分）の両方が含まれます。この内，「なりたい自分」は時間がかかりますが，実は「ありたい自分」はすぐにできることが多く含まれています。「ありたい自分」が，「創造的に仕事をしている自分」，「上司や顧客の役に立っている自分」，「余裕を持って仕事をする自分」などだとしたら，それらは今すぐに態度で示していくことができます。「ありたい自分」を仕事で表現し続けることによって，将来「なりたい自分」を実現できるのではないでしょうか。変化の激しい現代では，「なりたい自分」は実現できないかもしれません。しかし，「ありたい自分」は今すぐにでも実現できるといえます。そうであるならば，内的キャリアを先行させ，柔軟に外的キャリアを形成するのが現実的ではないでしょうか。

COLUMN

ジョブ・クラフティング

ジョブ・クラフティングとは，レズネスキーとダットン（Wrzesniewski & Dutton, 2001）により提唱された手法で，仕事にやりがいを見出すための方法です。これを実施するには，事前に自分の「情熱」と「価値観」と

「強み」を把握しておく必要があります。そして，ジョブ・クラフティングを実施した後には，「働く意味」を見出すことができます。

やり方は，まず，現在の仕事について，その量（費やしている時間とエネルギー）で大中小の３つに分類します。この時，各仕事に必要な人脈も明らかにします。次に，３分類した仕事を自分にとって望ましい仕事量に変えていきます。中だった仕事を大に，大を小になどです。新たな仕事を加えても構いません。第３に，自分の持っている情熱や価値観はどの仕事に感じるか，情熱や強みをどの仕事に注ぎたいかを検討して，情熱，価値観，強み（それぞれ複数あってよい）を修正後の仕事と関連づけていきます（マッピング）。近くに配置されるほど関係が強いことを表します。Aという仕事にはこんな情熱やこんな強みが関連しているというようにマッピングしていきます。最後に，マッピングしたものの中から特に関連の強いもの同士を丸で囲んでいき，各囲みがどのような仕事であるかを表現します。たとえば，空港のシャトルバスの運転手は，普段単調な仕事だと感じていましたが，家族への愛と，人の役に立つこと，運転技術を囲んで「世界中の人々を繋げる仕事」と命名しました。これにより，働く意味が見えてきます。

この手法は，つまり，will，can，must と仕事の関係を見直し，will－can－must の重複部分を拡大して，仕事の意味や意欲を引き出す方法だといえます。

⑷　キャリアプランの点検

キャリアビジョンが描けたならば，これを具現化するための行動計画（キャリアプラン）の立案をします。既にキャリアプランが描かれている場合は，それが具体的であるか，実行意欲が湧くかを確認します。具体的とは，何を，いつまでに，どのように，どの程度まで達成するかが明確になっていることです。達成度は客観的に分かること，そしてその達成が魅力的であることが重要です。このような条件が整っていないと，そのキャ

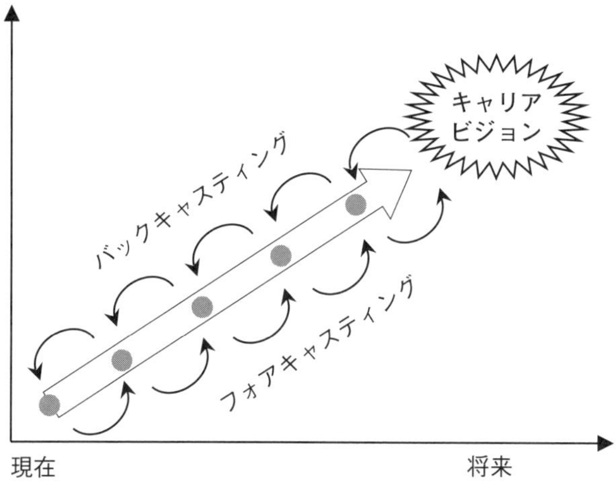

図表６-12　キャリアプランニングの２つのアプローチ

リアプランは継続的に実行されないでしょう。条件が整っていない場合は，具体的かつ魅力的なキャリアプランを立て直すよう支援をします。

キャリアプランに魅力がない場合は，キャリアビジョンに魅力がないことが考えられるので，これを見直します。また，キャリアビジョンに魅力があるにもかかわらずキャリアプランに魅力がない場合は，キャリアプランとキャリアビジョンとの間に関連性が感じられないためです。キャリアビジョンにつながるようプランを立て直す必要があります。

なお，プランの立て方には，バックキャスティングとフォアキャスティングがあります（図表６-12）。バックキャスティングは，キャリアビジョン実現の１つ手前の状態を描き必要な行動を立て，さらにその１つ手前の状態と行動を検討し，ということを繰り返して現在に至る方法です。キャリアビジョンの実現を着実に進める方法として有効ですが，状況変化に応じて計画を立て直す必要があります。一方，フォアキャスティングは，これとは反対に，現在から開始し，キャリアビジョンの達成に向けて，現在すべきことやできることは何かを検討しそれを実行し，完了したら次にすべきことやできることを検討し実行する，ということを繰り返してキャリアビジョンに至る方法です。探索的に状況を確認しながら進んでいくので状況変化に強く，好ましいチャンスに遭遇する可能性もありますが，反面，非効率で，当初の目標からずれる可能性もあります。どちらにするかは対象従業員の好みや性格に応じて決定するとよいと思います。

⑸ アクションの点検

キャリアプランが既に実行に移されている場合は，アクションが順調であるか，仕事によい影響が出ているか，プランを見直す必要がないかを確認します。順調に実行されていない場合は，何らかの阻害要因があると考えられます。これを対象従業員に確認してみましょう。キャリアプランに魅力がない，キャリアプランを実行しても達成感が感じられない，仕事やキャリアによい影響が出ていない場合は，キャリアプランの見直しを検討します。これ以外にも，様々な原因が考えられますので，対象従業員の背景にある事情や気持ちを確認していきましょう。

⑹ 阻害要因の点検（意見・要望事項等の聴取）

セルフ・キャリアドックでは，従業員の自主的なキャリア形成を推進するわけですが，対象従業員のすべてが自律的に進めることができるわけではありません。むしろ，様々な阻害要因に遭遇することのほうが当たり前でしょう。たとえば，職場の人間関係や私生活の問題，家庭の事情，心身の病気など様々なことが考えられます。これらによって，自己理解・仕事理解が進まない，仕事でパフォーマンスが上がらないなど，現状の仕事やキャリア形成に悪影響を及ぼすことさえあります。

このようなキャリア形成の阻害要因についても聴取する時間を持ち，明確化することが必要です。キャリアだけに焦点を当てず，対象従業員が属しているコミュニティ（職場，家庭，地域，趣味のグループなど）との関連についても視野を広げて確認するようにしましょう。もし，阻害要因が見つかったら，どのように対応するかを対象従業員とともに検討する必要があります。面談だけで対応できない場合は関係部署との連携を検討します（第７章を参照）。

また，面談を通じて，対象従業員からは「人事や職務・業務・仕事に対する不満，企業への要望等」が出てくることがあります。あるいは，本当は意見・要望があるのに言わずにいる場合もありますので，必ずこの点についても尋ねるようにします。これについては，当該面談だけで対応できないことが多いはずです。対応可能な人を確認し，対応を依頼する必要があるでしょう。なおこの時，面談で知り得た情報のうちどの部分を，誰に，どのように伝えるのか，実名か匿名かを本人に確認して対応する必要があります。

７．課題への対応

(1)　課題の明確化と対応

キャリア形成プロセスの点検を通じて，どのプロセスまで確立されているか，どのプロセスに課題があるのかが明確になったと思います。また，課題は複数あるかもしれません。キャリア形成のプロセスは，図表６-13の下位のプロセスから積みあげていくイメージです。下位プロセスが上手くできていないと上位プロセスが十分に機能しません。仮に，あるプロセスが言語的に表現されていたとしても，その下位プロセスが確立されていなければ，当該プロセスは形式的・表面的なものに過ぎないことになります（もちろん，表現がぎこちなくても，本人のなかでうまく積み上がっている場合もあります）。このように捉えると，キャリア形成の課題として図表６-14に示す項目が考えられます。

点検の結果，キャリア形成プロセスをどこまで確立しているか，明確になった課題は何か，現在どのような問題を起こしているか，あるいは今後どのような問題を引き起こす恐れがあるかを，「キャリア形成プロセスのチェック項目」（図表6－8）を参考にしながら，対象従業員と一緒に確認して対応について考えていきます。この行為によって，対象従業員が課題の重要性を深く認識することになります。

課題を認識した後は，課題達成の意思を確認し，課題達成に向けた具体的な行動計画を検討します。これもキャリアプランとして加えます。キャリアプランはキャリアビジョンの達成だけでなく，その他のキャリア形成の課題達成も含むわけです。ただし，自己理解・仕事理解，キャリアビ

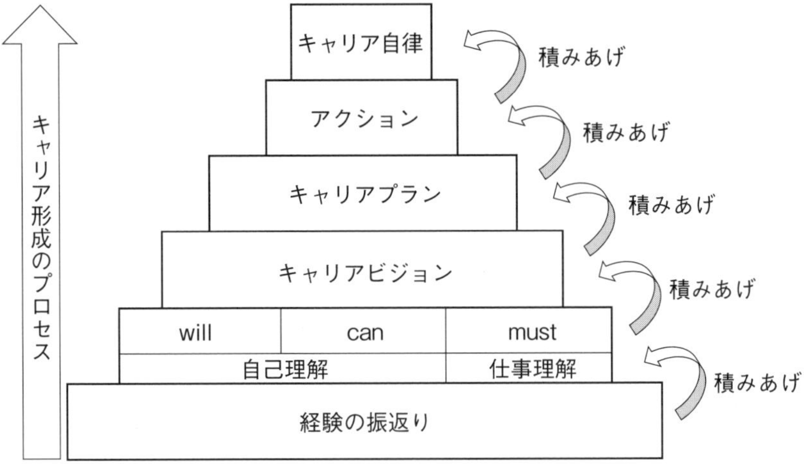

図表6－13　キャリア形成の積みあげモデル

1．これまでの経験を，ありありと自分の言葉で語ることができない
2．自己および仕事の理解不足（＝ will, can, must いずれかの無自覚）
3．キャリアビジョンの未確立，または自己理解・仕事理解に基づかない形式的なキャリアビジョン
4．キャリアプランの未確立，またはキャリアビジョンと不整合なキャリアプラン，または形式的なキャリアビジョンに基づく形式的なキャリアプラン
5．すべきアクションの未実施，またはキャリアプランから逸脱したアクションの実施，または形式的なキャリアプランに基づく無意味なアクションの実施
6．各キャリア形成プロセスを阻害する要因の不特定，およびその阻害要因への未対応

図表6－14　キャリア形成の課題

ジョンについては，課題と認識された時点でその場で明確化していく方が効率的です。したがって，１回の面談においては，可能な限り課題を洗い出し，その場で達成できる課題については面談内で取組み，中長期的な課題についてはその達成に向けた行動計画を本人に立案して実行してもらう，ということになります。面談の終了直前には，残された課題について，追加面談を設定するなど，どのように対応していくか決めてから終了します。

⑵　対応の事例Ｉ：やりたいこと志向の若手従業員

「やりたいこと志向」とは「やりたいことをやる」という価値観を中心とした就業意識です（下村，2002）。このような志向性は若手従業員に多く見られます。キャリア形成を点検すれば，will および will－can については明確に答えるかもしれませんが，一方で must の認識は弱く，組織や上司の期待や組織での働き方を認識できていない可能性があります。また，must－will の重複は小さく，仕事の意味も見いだせていない可能性も高いでしょう。仕事の「やらされ感」が強くて，努力の割に評価は低いことも予想できます。

このような場合，対象従業員に対しては非審判的な態度を持ちつつ，点検結果（見立て）を共有して，自分自身を客観的に見てもらうことが１つの方法です。つまり，will，can，must のバランスが悪くなっているという事実と対決してもらうわけです。この時，対象従業員はどう感じるのか，どのように捉えているかなどについて正直な気持ちを話し合ってみるとよいでしょう。

また，やりたいこと志向では will を強く主張しますから，この will をテーマにして，過去のどのようなエピソードと紐づいているかを尋ねることは容易だと思います。これを利用して，より根源的な will の発見へと促します。これによって当初表明していた「○○の業務をしたい」といった自己本位の選択肢から，たとえば，「独自性を発揮したい」という，より抽象的かつ根源的な表現に変化します。will が抽象的なほど，must と can との重複がしやすくなります。たとえば，「今の仕事のなかで独自性を発揮できる部分を探してみよう」とか，「さらなる独自性を発揮するために必要な知識，能力・スキルは何か」と問いかけることによって，より職場に適合した選択肢を検討することができます。すなわち，must-will や will-can の再検討につながります。これが明確になったら，その実現のためのキャリアプランを立てていけばよいわけです。

⑶ 対応の事例２：継続雇用に臨むシニア社員

60～65歳まで継続雇用を選ぶか，それとも退職して新たな仕事を始めるか。50代後半のシニア社員にとって60歳は大きな転機となります。これまで会社のために滅私奉公してきたシニア社員は，must が大きく，身を粉にして働くことが習慣づいていますから must－will に大きな矛盾はなく，それなりに働く意味を構築してきています。また，must－can も発達させてきています。一方で，自分の喜びのために働くという視点は乏しく，will を十分に自覚していない可能性が高いと考えられます。

このような点検結果（見立て）から，まずは根源的な will を自覚する支援が必要であることが分かります。過去に熱中した仕事，エネルギーを注いだ仕事を振り返ってもらいその共通点を感じてもらいます。さらには，少年時代の活動との共通点までさかのぼってもよいかもしれません。自分を突き動かす will（ニーズ）を自覚してもらうことによって，今後どの方向に進んでいくかの判断基準を得ることができるでしょう。

また，シニア社員は既に多くのスキルを有しているはずです。仕事で求められて培った重要な must－can は何か，あるいは，発揮することが喜びにつながる will-can は何かを探っていきます。スキルカードを活用するとよいでしょう。

今後，もし継続雇用を希望するならばどのような must が求められるのか，その must の先に will はどのように実感できるのか，can をどのように発揮できるのかを検討してもらいます。同様に，退職する場合はwillを実感できる仕事として何があるのか，蓄積したcanをどのように発揮するのか，新たなcanの習得は必要かを検討していきます。また，健康面，経済面を加味しておく必要もあります。

8．キャリアコンサルティング面談後の活動

(1)　面談後のフォロー

面談後のフォローが必要な事態としては，①最初の面談での点検やキャリアプランの立案が不十分であった場合にその続きとして行う，②最初の面談で新たな問題が発覚して継続的な配慮が必要になった場合への対応として行う，③最初の面談でキャリアプランが立案できている場合にアクションを継続させるために行う，ということが考えられます。

ガイドラインでは，②と③の意味で面談後のフォローの必要性を示していますが，必要に応じて適宜フォロー面談を行って構いません。面談後のフォローについては第７章も参照してください。

> *具体的な目標やアクションプラン，行動変容などが面談で話し合われた場合，その後どのような行動に結びつき，その結果どのような展開となったかを，一定の期間が経過した後に，対象従業員から報告をしてもらう約束をしたり，キャリアコンサルタント自身が対象従業員に対し活動の展開をフォローすることも必要です。場合によっては，具体的な問題ではなくても，対象従業員からキャリアや仕事上での強い不安や悩みなどが出た場合，その後どのように推移・展開しているのかに関してもフォローが必要です。*
>
> 『「セルフ・キャリアドック」導入の方針と展開』P21より

⑵ 面談の効果把握

既に述べた通り，キャリアコンサルティング面談はセルフ・キャリアドックの目的に応じて行われる１つの支援施策ですから，これが効果的である必要があります。面談の効果を知るうえで必要となる情報としては，①個別報告書（カルテ）に記載された内容，②面談後のアンケート，③キャリアコンサルタントの所感があります。さらには，面談を受けた対象従業員のなかから無作為に数名を選び，面談後の感想をヒアリングするということも考えられます。これらの情報を集約して，この面談が当初の目的に応じた支援施策となっていたか，その効果はどの程度か，機能しなかった部分や改善すべき点は何かを明確にしていきます。

この結果は，セルフ・キャリアドックの支援施策全体としての効果把握として全体報告書にも反映される情報となります。個別報告書および全体報告書に関する詳細については，第７章で詳述します。

9．まとめ

本章では，セルフ・キャリアドックの実施の１つであるキャリアコンサルティング面談について解説しました。キャリアコンサルティング面談におけるポイントを以下に列挙します。

①キャリアコンサルティング面談では，人材育成ビジョン・方針に沿った効果・成果を測定できるような準備（アンケートなど）が必要である。
②対象従業員に対しては，面談の目的や守秘義務，情報の取り扱いについて，事前に十分な説明（インフォームド・コンセント）が必要である。
③開発的な面談では，対象従業員のキャリア形成プロセスを点検し

て，どのような課題があるかを明らかにする。

④キャリア形成プロセスの課題は，より基本的な課題に立ち返って，その課題達成を目指すように促す。

⑤キャリア形成プロセスの課題には，キャリア形成の阻害要因も含まれる。阻害要因は，人間関係や私生活にある場合がある。

⑥キャリアコンサルティング面談の実施後は，アンケートなどを実施して，その成果・効果を確認する。適宜，フォローアップを行う。

COLUMN

上司等による面談との違い

キャリアコンサルティング面談では，上司による面談や先輩・同僚等との対話では実施し得ない心理的側面にまで踏み込んだ支援を行うことが肝心です。仕事では，冷静で論理的で事実に基づいて判断し行動することが求められます。おそらく，職場ではこのような観点からアドバイスや指示を受けることが多いのではないでしょうか。しかし人は，感情的で直感的で欲求や価値観に基づいて判断し行動することも沢山あります。むしろ，人が動くときはアドバイスや指示で動くよりも，後者のような心理的な観点で初めて動くのかもしれません。キャリアコンサルティング面談では，このような心理的側面で自分自身を捉えることを相談者に促すことによって，気づき（自己洞察）を生じさせ，動機づけを行い，仕事やキャリアに対して行動変容を起こす方法をとることができます。このような心理的側面を扱う手法をカウンセリングと呼びますが，これは，キャリアコンサルタントの技能の一つであり，専門性といえるでしょう。

CHAPTER 7
第7章

フォローアップ
——セルフ・キャリアドックを徹底するために——

高橋　浩

セルフ・キャリアドックの最後のSTEPは「フォローアップ」です（図表7-1）。ここでは，各種の支援施策について評価（Check）を行い，必要な改善（Action）を実施します。評価では，STEP 1の「人材育成ビジョン・方針」やSTEP 2の「実施計画」を基準として，各支援施策の実施の適正さやその効果・成果，残された課題，新たな問題を評価します。改善は，評価結果にもとづいて行われますが，まず，対象従業員への対応と組織的な改善措置に分類されます。さらにこれらは，それぞれ直接的なフォローアップと間接的なフォローアップに分かれます。対象従業員への支援では，追加面談，フォローアップ研修を実施したり，より複雑な

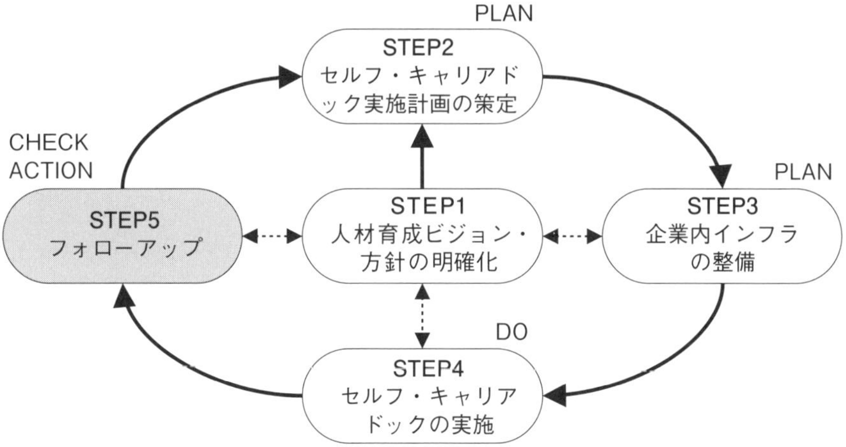

図表7-1　セルフ・キャリアドックのプロセス

問題に対しては関係部署との連携を図って対応をしたりします。組織的な改善措置では，組織の構造や制度，ルールといった有形インフラの再整備や，組織や職場の風土や関係性といった無形インフラに対しても再整備をします。最後に，セルフ・キャリアドック全体のPDCAを継続的に廻していくための検討を行います。

1．基本的な考え方

(1) 情報収集と評価

セルフ・キャリアドックは，PDCAサイクルを廻すことによって，従業員による主体的なキャリア形成と，組織の人材育成ビジョンの実現をより確実なものにしていきます。フォローアップとは，セルフ・キャリアドックで行ったすべての支援施策を振り返って，Check（評価）とAction（改善）を行うことです（図表7－1）。

評価は，以下の観点で行います。

①各支援施策は適正に，そして最後まで実施されたか？
②各支援施策による効果・成果は何か？
③各支援施策の実施によって気づいた（あるいは生じた）新たな問題・課題は何か？

各支援施策を評価するには，評価に必要な情報（事実）を得る必要があります。人材育成ビジョン・方針，セルフ・キャリアドックの実施計画，整備したインフラ，支援施策の実施中の観察記録や，実施前後のアンケート，KPI等の調査結果を収集します。したがって，上記①～③を明確化するためには，支援施策の実施前（STEP 2）から判断材料となる情報が得られるように準備をしておく必要があります。

そして，評価結果に基づいて，分析を行い，実施した支援施策によって得られた効果・成果の要因，および問題・課題の要因を抽出します。つまり，なぜ上手くいったのか，何によって上手くいったのか，同様に，なぜ上手くいかなかったのか，何によって上手くいかなかったのかを明確にします。

(2)　支援施策の改善

支援施策の改善は，簡潔にいうと，上手くいった支援施策は続け，上手くいかなかった支援施策は見直すということです。評価結果から，効果・成果が上がった支援施策は今後も継続していきます。問題については原因を分析し，その予防や対策（＝フォローアップ策）を実施します。このようなフレームワークをKPT法（KPT: keep, problem, try）といいます。

フォローアップ策を検討する際に，キャリアコンサルタントが自分の役割や守備範囲にこだわると，対象従業員にとって本当に有効な支援を見逃す恐れがあります。自身の役割や守備範囲のことは一旦脇に置き，何をすることが対象従業員のためになるか，発想を広げて検討する必要があります。この時，役に立つのが支援における４つの側面です。これは，コミュニティ心理学のLewisら（2003 井上監訳・伊藤・石原訳 2006）が考えた支援のバリエーションです。筆者がセルフ・キャリアドック用に修正したものを示します（図表７-２）。支援の対象を「対象従業員」と「組織」に分け，それぞれを「直接的」と「間接的」のフォローアップに分けると，支援方法には４つの側面が現れます。この４側面を参考にするとより多様なフォローアップ策を検討することができます。特に，多様な問題や複雑な問題に対処することが可能になります。

したがって，フォローアップ策には，対象従業員への直接的および間接的なフォローアップ策と，組織への直接的および間接的な改善措置の合計４つのアプローチが存在することになります。

図表７－２　フォローアップの４つの側面

Lewis ら（2003 井上監訳・伊藤・石原訳 2006）のコミュニティ支援モデルをもとに筆者が修正

	対象従業員	組織
直接的	キャリアコンサルタントが対象従業員を直接支援する 例：キャリアコンサルティング面談，キャリア研修，アウトリーチ，リファー，など	キャリアコンサルタントが職場に接触して職場全体の支援力を高める 例：ストレスマネジメント訓練，アサーション訓練，など
間接的	キャリアコンサルタントが対象従業員を直接支援せず他者を介して支援する 例：コンサルテーション，コーディネーション，各種部署との連携，など	キャリアコンサルタントが職場全体の支援力を高めるための仕組を整備する 例：組織の構造，制度，規則，規範，風土を作り直す

２．手順

フォローアップ策には，対象従業員に対するものと組織に対するものの２つが考えられます。対象従業員に対する評価のもとになる情報は，「個々の対象従業員の情報」（個別報告書など）がベースになっていて，これにもとづいて「個々の対象従業員についての評価」を行ったり，集計して「対象従業員全員についての評価」を行ったりします。それぞれの評価結果にもとづいて，「対象従業員への直接的および間接的フォローアップ策」を検討し，実施します。

一方，組織に対しては，集団としての対象従業員層の情報を「組織として評価」し，「組織への直接的および間接的な改善措置」を検討します。これを「全体報告書」としてまとめて組織に提案します。

最後に，セルフ・キャリアドックの継続的改善についても検討します。

①実施結果の情報収集

・情報源からのデータ取得

・個別報告書の作成など
②評価
　・個々の対象従業員についての評価（エコマップ，ループ図）
　・対象従業員全員についての評価
③対象従業員へのフォローアップ
　・対象従業員へのフォローアップ策の検討（直接的フォローアップ：追加面談，フォローアップ研修など／間接的フォローアップ：関係部署との連携など）
　・フォローアップの計画立案と実施
④組織としての評価と組織的な改善措置
　・全体報告書の作成（結果，評価，改善策の提案）
　・組織への直接的な改善措置の提案（職場への介入）
　・組織への間接的な改善措置の提案（組織の構造や制度の見直し）
⑤セルフ・キャリアドックの継続的改善

３．実施結果の情報収集

(1)　情報源からのデータ取得

支援施策を評価するためには，その材料となる情報（データ）が必要です。この情報源として以下ものが挙げられます。

①キャリアコンサルティング面談シート（ガイドライン P28）
②面談後アンケート（ガイドライン P29）
③個別報告書（カルテ）（図表７−３）
④研修後アンケート
⑤研修実施報告書（あるいは，研修時の担当者のメモ）
⑥その他（追跡調査，各種サーベイの結果，上司・同僚の観察結果，改善

が期待されるKPIなど）

⑥その他について補足します。追跡調査とは，支援施策を受けた対象従業員に一定期間後に，面談後アンケートや研修後アンケートと同内容のアンケート調査を実施することです。これによって，効果の持続性を測ることができます。また，各種サーベイとは，全社員向けの一斉調査のことで，職務満足サーベイとかモラール・サーベイなどがあります。これを定期的に実施することによって支援施策前後の変化や長期的な推移を捉えることができます。ガイドラインのP34～35には「キャリア形成意識調査」の用紙がありますので，適宜，カスタマイズして使用してください。

ここまでは，対象従業員の主観による情報を扱ってきましたので，客観的な情報も合わせて収集するとよいでしょう。その方法として，職場の上司・同僚に，対象従業員の態度や言動の変化をヒアリングする方法があります。この他，人材育成ビジョン・方針を策定する際に施策によって改善が期待されるKPIが挙げられていたはずです。たとえば，離職者数や不具合件数など，会社としてモニターしている指標です。このようなKPIについても，支援施策前後の変化を測定しておくことによって，セルフ・キャリアドックの客観的効果を測ることができます。

さて，①～④および⑥追跡調査は個人ごとに収集される情報ですから，これを評価して個々の対象従業員のフォローアップに活用することができます。一方，対象従業員全員については，①～④，追跡調査といった個人ごとの情報を集計したうえでデータとして用います（この時，氏名や所属など，個人が特定できないように処理する）。各種サーベイ結果から対象従業員のデータ抽出が可能であれば，この情報も合わせて活用します。

⑵　調査項目の留意点

上記の情報源から，支援施策の実施の適正さ，効果・成果，新たな問題・課題を把握できなかった場合，支援施策を評価することができません。評価のためには，あらかじめ，各支援施策の目的に応じた調査項目や

KPI を追加しておく必要があります。調査項目は，人材育成ビジョン・方針で示した内容や（経営理念の浸透度，期待する人材像の到達度など），各施策で狙っている効果およびそれに関連する指標を設定しておきます。たとえば，若手従業員のリテンションに関する支援施策を行ったのであれば，ずばり「３年後もこの会社で働いていたいか？」と尋ねたいところですが，この質問は社会的望ましさを問う内容になっているので，本心とは異なる回答がなされる恐れがあります。むしろ，職務満足，仕事へのモチベーション，職場の人間関係の良好さなど，本当に聞きたいことに関連する事項を複数尋ねる方がよいでしょう。

なお，調査項目は，測定したいものを測れるように設定されていること，すなわち妥当性が重要です。このためには，適切な調査項目（質問文）を作ることが大切です。これについては，第３章の「アンケート作成の留意点」を参照してください。そして，支援施策前後の変化を測りたい場合は，STEP２「実施計画の策定」（第３章）の段階から KPI を作っておくべきです。調査の直前になって慌てて質問項目や KPI を作成すると，妥当性が確保されなかったり，内容を間違ったりして，調査タイミングを逃す恐れがあります。また，アンケートの内容に不備・不足があると，後から修正・追加をすることができませんし，集計の統一感が失われたりします。

(3)　個別報告書の作成

個別報告書は，キャリアコンサルティング面談の終了後に，対象従業員一人ひとりについての面談内容等について記録するものです。この作成はキャリアコンサルタントが行います。個別報告書については，ガイドラインに様式が例示されていませんので，ここで例を紹介しておきます（図表７－３）。個別報告書は，対象従業員が語った内容や様子などの事実の記録と，キャリアコンサルタントが行った対象従業員の見立て（点検）とその後の対応といった支援プロセスの記録でもあります。個別報告書の基本的

個別報告書

担当キャリアコンサルタント：		回数：	面談カテゴリ：
面談日時：　年　月　日　時 ～ 時		場所：	
従業員氏名：	年齢：	性別：	勤続年数：
所属部署：			職位：
主な職務：			

聴き取った事実	相談者の表情，言動，態度，心情，発言，主訴，面談の目的・ゴールなど，面談で観察・聴取した事実

今回の見立て 理解・解釈・仮説	キャリア形成上の課題（Must，Will，Can，Vision，Plan，Action），私生活や職場環境（人間関係，制度など）との関連	必要な支援 ・ ・ ・ ・
今回の対応	支援方針と実施した支援	

今後の支援	残された課題と今後の支援方針や対応（キャリアコンサルタント以外ができる支援も含む） 次回面談を行う場合の日時・場所

図表７－３　個別報告書の様式の例

な構成は，①対象従業員の属性と②聴取した事実，③見立て，④支援方針と実施した支援，⑤残された課題と今後の支援方針で構成されます。

①対象従業員の属性

ここには，氏名，社員番号，性別，生年月日，面談時の年齢，所属，職位，職務内容，当該テーマにおける面談回数，当該テーマのカテゴリなどを記入できる欄を設けます。ただし，個別報告書に匿名性を持たせるならば，氏名や社員番号，所属部署，職位など個人が特定される情報は掲載せず，面談専用のID番号を記述し，ID番号と個人を照合できるリストを別途管理します。こうすることによって，個別報告書が誤って他者の目に触れた場合であっても，プライバシーの流出を最小限に抑えることができます。「面談のカテゴリ」は，面談の主訴や内容を分類するためのものです。あらかじめ，面談の目的や分析の仕方に応じてカテゴリ（たとえば，キャリア形成課題の種類など）を決めておくと，集計が容易になり，対象従業員の傾向をつかむことができます。

②聴取した事実

ここには，対象従業員の観察と対話によって得られた事実を記録します。なお，事実には対象従業員の視点で捉えた「主観的事実」と，第三者にとっても共通して捉えることができる「客観的事実」があります。肝心なことは，②聴取した事実と③見立てを混在させないことです。混在させてしまうと，面談後にあらためて対象従業員について検討する際や，キャリアコンサルタント同士でのケースカンファレンスやスーパービジョンの時に，適切な検討や対応ができなくなる恐れがあるからです。

開発的な面談では，面談の目的やキャリア形成の点検において得られた情報が②聴取した事実に相当します。

③見立て

ここには，②聴取した事実に基づいて，キャリアコンサルタントが対象従業員やその問題をどのように理解し，解釈し，仮説を立てたのかということを記入します。つまり，「どのような事実から，どのような見立てを行ったのか」というように②聴取した事実と③見立てが紐づいていないといけません。開発的な面談では，聴取した事実に基づいてキャリア形成状況やその課題を検討したことが③見立てに相当します。will, can, must の視点で自己理解・仕事理解は十分にされているか，これにもとづいたキャリアビジョンは具体的で明確か，キャリアプランは無理なくかつ挑戦的に立てられているか，キャリア形成の行動はどれだけ行われているか，これらの課題は何か，がここに書かれます。

また，私生活や職場の人間関係，組織の制度や風土などの環境によってキャリア形成が阻害されていないかについて確認し，もしあればその阻害要因を特定して記入します。さらに，キャリアコンサルタントの守備範囲外の課題や問題を含めて，どのような支援が必要かを検討して明記します。見立てについては，後述するエコマップやループ図がその一助になります。

守備範囲外の問題についてはすぐにリファーするのではなく，対象従業員の抱えている問題をある程度見立てておき，これをリファー先と共有することが肝心です。

④支援方針と実施した支援

ここには，③見立てによって明確になった支援について，どのような方針（あるいは目標）で進めていくか，そして面談においてはどのような支援を実施したのかを記入します。また，その結果生じた対象従業員の反応についても記入します。

⑤残された課題と今後の支援方針

ここには，面談時間内にできなかった課題，あるいはうまくいかなかった課題，着手できなかった支援について記入します。次回の面談を設定し引き続き支援する部分もあるかもしれませんし，あるいは自分の守備範囲外の問題については適切な専門家へリファーするかもしれません。このような今後の支援方針についても記入します。次回の面談にまわす課題・問題については，対象従業員と相談して次回の日時・場所を決定し，この欄に記録しておきます。

図表７－４に，個別報告書の記入例を示しておきます。

⑷　個別報告書の取り扱い

原則としてこの内容を閲覧できるのは，対象従業員本人と面談を担当したキャリアコンサルタントに限定されるのが原則です。支援をするわけでもないのに，単なる興味本位で，他のキャリアコンサルタントが作成した個別報告書を閲覧することは避けるべきです。ただし，ケースカンファレンスやスーパービジョンで対象従業員の面談内容を共有する場合はこの限りではありません。それは支援チームとして守秘義務を負うことになるからです。もちろん，この場合でも必要最小限の情報共有にとどめておくのが望ましいでしょう。また，このような情報共有がなされることは，対象従業員にあらかじめ了解してもらうことはいうまでもありません。

なお，個別報告書は，非常にプライベートなことが書かれていますから，厳重に保管する必要があります。紙媒体ならばファイル自体に施錠機能があるものに収納するか，施錠できる書棚に保管し，鍵の保有者を限定する必要があります。電子媒体ならば，必要最低限の閲覧可能なメンバーに制限して，パスワード管理を行います。さらに可能なら，個別報告書を保管するパソコンやハードディスクはネットワークから切り離しておいた方が安全です。

４．評価

⑴　個々の対象従業員についての評価

キャリアコンサルティング面談シートや個別報告書，研修後や面談後のアンケートから，当該対象従業員に対する支援施策を評価することができ

個別報告書

担当キャリアコンサルタント：高橋		回数：1	面談カテゴリ：A
面談日時：2019年8月9日　13:00～14:00		場所：第二会議室	
従業員氏名：増井	年齢：50	性別：男	勤続年数：28
所属部署：○○○開発部○○技術課			職位：課長
主な職務：○○○の技術開発のプロジェクトマネージャー			

聴き取った事実

相談者の表情，言動，態度，心情，発言，主訴，面談の目的・ゴールなど，面談で観察・聴取した事実

入室時はやや硬い表情。中盤から自身についてざっくばらんに話してくれた。プロジェクトの話題では，やや辛い表情を浮かべた。業務量は多く，月70時間の残業だが，それよりも多様な事項をマネジメントするのに神経をすり減らすという。

キャリア形成について：自分の役割であるプロジェクトマネジメントについて重要点，すべき内容を詳細に語ることができる。必要となる能力についても自信をもっている様子。一方で，働きがいについては，プロジェクトの達成に喜びを見出したいとの意思を示すが，現時点での意欲は高くないという。過去に夢中になった仕事については，3件語ってもらったが，自ら仕様を決定することや，設計図を引くことに夢中になったという共通点がみられた。この点について，「目から鱗だ」との発言があった。

働く喜びに名前をつけてもらったところ「無から生み出すこと」であった

今回の見立て（理解・解釈・仮説）

キャリア形成上の課題（Must，Will，Can，Vision，Plan，Action），私生活や職場環境（人間関係，制度など）との関連

キャリア形成のプロセスでは，must と can をよく自覚しているものの，will についての自覚が不十分であった。本人の will は「無から生み出すこと」であると考えられるが，現在のプロジェクトマネジメントにおいてはこれを実感する機会がなく，モチベーション低下につながっている。

必要な支援

・willを言語化して自覚してもらう

・無から生み出す喜びを，現在の職務で実感できるようにする

今回の対応

支援方針と実施した支援

今回は，will を言語化してもらう自己理解の支援を行った。結果として「無から生み出すこと」が得られ，本人も納得感が高かった。ここまでで時間が来た。

今後の支援

残された課題と今後の支援方針や対応（キャリアコンサルタント以外ができる支援も含む）

現職に喜びを感じモチベーションを挙げる支援が今後必要である。
この点を相談者と検討し，キャリアビジョンを描くことが次の課題である。

次回面談を行う場合の日時・場所

次回，追加面談を行うことを本人と合意した。別途連絡して日時を決定する。

図表７－４　個別報告書の記入例

ます。面談は最後まで適正に実施されたか，当初予定していた効果・成果をあげることはできたかを確認します。もし，不適切で不足の部分があるのであれば，再度面談を行う必要があるでしょう。また，面談を通じて新たに判明した問題・課題がある場合は，そこに向けた追加面談を行う必要があります。

追加面談を行うケースとしては，キャリア形成そのものを扱う場合と，キャリア形成の阻害要因を扱う場合で対応が大きく異なります。キャリア形成そのものを扱う場合は，キャリア形成の点検と課題の明確化，課題達成に向けての行動計画を進めていく「開発的な面談」になります。一方，キャリア形成の阻害要因を扱う場合は，その阻害要因を見立てて対応する「解決的な面談」になります。後者の場合，キャリアコンサルタントの守備範囲を超える場合があり，リファーや連携による支援が必要になる場合も出てきます。

⑵　環境との相互作用を捉えるエコマップ

たとえば職場の人間関係の悪化，メンタルヘルス不調，子育て，発達障害など，キャリア形成上の阻害要因がある場合，あるいは阻害要因が複合的に絡んでいる場合は，個人と環境との相互作用を把握して対応を検討する必要があります。ガイドラインでは「職場内やメンバーとの人間関係，組織上の問題から生じている個人の状況」（「セルフ・キャリアドック」導入の方針と展開 P14）を把握する必要性が示されています。個人と環境の相互作用を捉えるには，エコマップ（人間関係図）を活用すると分かりやすくなります（図表7－5）。エコマップとは，対象従業員とその周囲の人々との関係性を「線」で繋げて可視化する手法です。関係性を表す「線」は5種類あり，非常によい関係は三重線，よい関係は二重線，普通の関係は一本線，薄い関係は破線，悪い関係は波線で，無関係の場合は線を引きません。

各登場人物は四角い枠で示しますが，その枠内に氏名，年齢，性別，職位，職務内容，言動の特徴（性格）などのプロフィールを記入すると，より人間関係をつかみやすくなります。各登場人物は対象従業員（相談者）の問題・課題に対してどのように意識しているのか（問題に気づいていない，気づいているが何もしない，気づいて支援してくれる／妨害してくるなど），各登場人物の言動の裏にはどのようなニーズがあるのか，各登場人物をリソースと捉えた場合使える強みは何かについても分かる範囲で記入していきます。さらに，組織の環境要因（制度，風土，規範，慣習など）の枠を設けて登場人物との関係性を示すと，組織との関係も把握することができます。このようにすると，問題に対する各登場人物の関わりがより鮮明に表れるので，問題のメカニズムの概要が浮かび上がってきます。

エコマップは面談時に対象従業員と確認し合いながら作成するのが望ましいです。しかし，その時間がない場合は，面談後に対象従業員の話を思い出して可能な範囲で書きあげ，追加面談で確認していくとよいでしょう。

以下にエコマップの記入例を示します（図表7-5）。このエコマップからは，A氏が上司であるC課長からの叱責で委縮し，また後輩で新人のB氏よりもC課長からの評価が低いという2つの原因によって，自己の存在意義を感じられず，会社を辞めてしまいたいという気持ちになっていることが伺えます。キャリアコンサルタントは，C課長にA氏についてどのように思っているかを別途尋ねたところ，C課長はA氏の仕事への熱心さを高く評価していました。ただし，今後仕事を1人でこなすためには努力が必要で，困難を克服できるように強くなってほしいという思いからあえて厳しい口調で接している，ということも分かりました。

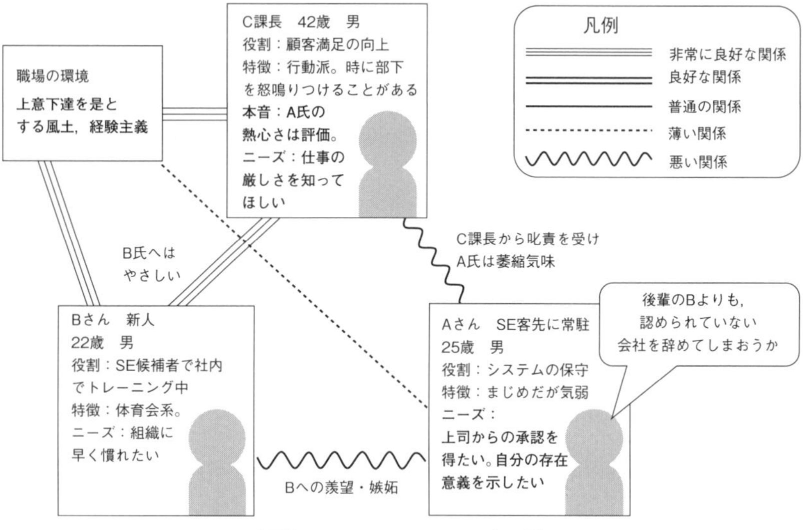

図表7-5　エコマップの例

厚生労働省（2018）をもとに筆者（高橋）が加筆・修正

⑶　問題のメカニズムの可視化（ループ図）

エコマップを描くだけでも，ある程度，問題のメカニズムをつかむことができますが，これをより具体的にまとめるうえで役立つのがループ図です。ループ図とは，ある事象同士の因果関係・時間関係を矢印で結びつけてループ状にすることによって，問題の円環的因果関係を可視化する手法です。通常，人は問題に対して何らかの対処をするものです。にもかかわらず，問題は消失せずに存在し続けるということは，問題を維持させる力が働いている，すなわち悪循環（ループ）があると考えられます。ループ図によってこの悪循環を可視化します。ループ図の作り方については第2章でも示しましたが，そこでは組織のレベルで描きました。ここでは，個人の顔が見えるレベルで描きます。エコマップで見えてきた問題の円環的因果関係をループ図にすることによって，問題のメカニズムをより明確にすることができます。このメカニズムが理解できると，対策も検討しやすくなります。

前述のエコマップから考えられる問題のメカニズムをループ図で表すと図表7-6のようになります。これを作るには，エコマップを対象従業員と共有して，対象従業員に問題の発生経緯を質問していきます。問題が継続するということは必ずループがある，そのまだ見えないループ部分（ミッシングリンク）を求めて情報を引き出します。たとえば，ある事象の結果について「その後どうなったか」，「どんな反応をしたか」，あるいは，ある事象の原因について「なぜこのようになったのか」，「何があってこうなったのか」と尋ねていきます。この時，出来事だけでなく感情や思考・認知についても尋ねることがポイントです。最終的に，対象従業員にとって納得のいくループ図を完成させます。これが上手く完成できると，キャリアコンサルタントと対象従業員の間に深い共感が生まれます。

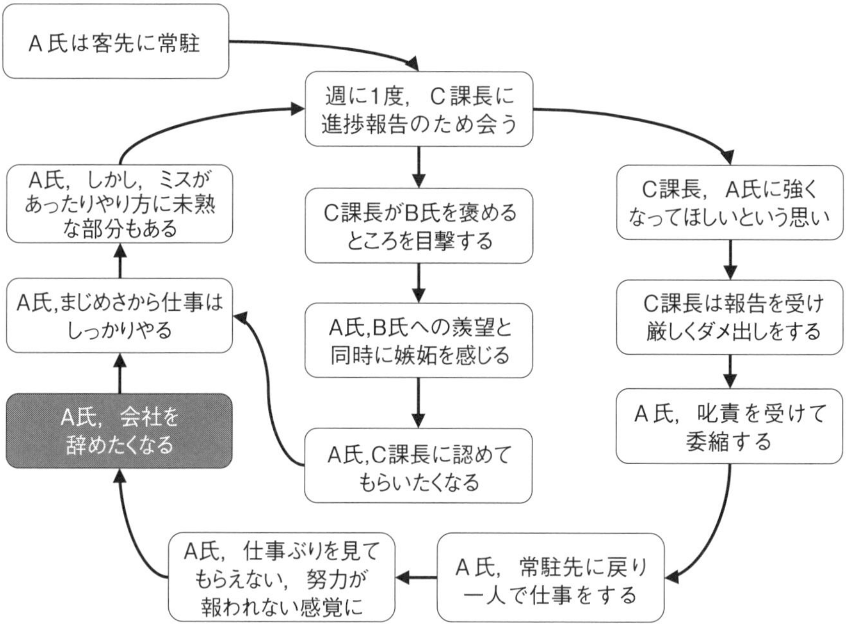

図表7－6　ループ図の例

(4)　その他の評価方法

個々の対象従業員に対する評価方法としては，上記の他にもあります。キャリアコンサルタント同士でケースを検討するケースカンファレンスがその1つです。ケースカンファレンスは，複数のキャリアコンサルタントおよび関連部門との連携によって支援をする際に，事実をどのように見立て，支援していくのかについて検討していく場です。1回のケースカンファレンスで扱うケースが多いほど，ケースカンファレンスを効率的に進めなければなりません。そのためには，個別報告書は端的にまとめる必要があります。近藤（2015）は1ケース5分で報告できることを推奨しています。今回紹介した個別報告書は，これに耐えうるような構成で作られています。事実と見立てを独立させることによって，ケースカンファレンスにおいて他者の別の角度からの見立てと多様な支援策を検討することが可能になります。

また，個々のケースについて，キャリアコンサルタントのスキル不足や経験不足によって対応に迷う場合は，スーパービジョンを受けることが有効です。信頼できるスーパーバイザーを探して，顧問契約をしておくとよいでしょう。ただし，企業において，外部のスーパーバイザーを常駐させることは，まだ現在の日本では難しいと思います。ケースカンファレンスのスタイルで，仲間同士で検討し合う方が多くの回数を実施することができます。

⑸　対象従業員全員についての評価

個々のケースではなく，集団としての対象従業員全員に対しては，個々の対象従業員に用いた情報を集計したり，各種サーベイの結果で対象従業員に該当する部分の情報を抽出したりして，情報をまとめることをまず行います。なるべく図表を多用して視覚的に把握しやすくしましょう。集計結果のイメージとしては，後述の全体報告書の記入例を参考にしてください。

この集計結果に基づいて，対象従業員全員への評価をさらに進めます。キャリアコンサルタントおよび人事部門等とともに集計結果を共有して，フォローアップの検討会を開く方法が考えられます。具体的には，効果・成果および問題・課題を明確にし，さらにそれらの要因を検討していきます。効果・成果からは継続して実施する施策について，問題・課題からは今後実施していくべき新たな施策（フォロー研修，フォロー面談など）について，環境要因が影響している場合は改善すべき社内規定や制度，職場や組織の雰囲気，慣習，規範などについて検討します。

ここで特筆すべきことは，個別報告書やキャリアコンサルタントの所感などの情報には，サーベイのような一斉調査では得られない本音が含まれているという点です。これは，個人と組織を活性化するための「強力なヒント」であるといえるので，この情報を活用して，積極的に組織にフィードバックしていくべきです。一方で，この強力なヒントはとてもデリケートでもあります。個人が特定されないように配慮するのは当然のことながら，従業員のためになるよう善意で扱っていくことが大前提です。もし，悪意で軽率に扱うならば，従業員の信頼を一気に失う危険性があります。「個人の活性化のために組織を変える」，このためのデータであることを忘れないでほしいと思います。このことは，キャリアコンサルタントだけでなく，セルフ・キャリアドックにかかわる人事部門や経営層も同様です。

5．対象従業員へのフォローアップ

(1)　対象従業員へのフォローアップ策の検討

個々の対象従業員については，エコマップおよびループ図を描きました。これらを用いて，可能なフォローアップについて検討します。エコマップでは人間関係のどの部分に介入するか，ループ図ではどの事象に介入するかを検討します。理想的には最も簡単にできて効果が大きいところ（レバレッジ・ポイント）に手を打つことです。１つだけに絞らず，２～３か所くらい検討しましょう。たとえば，図表７-６のループ図でいうと，「C 課長が A 氏にダメ出しする」ことを止めることや，C 課長が「A 氏の仕事ぶりを見てその努力について褒める・ねぎらう」ことができるように促すという対策が考えられます。キャリアコンサルタントから，あるいは人事を通じてC 課長にそのような助言をしてあげるとよいかもしれません。一方で，A 氏の方も，「自身の思いをC 課長に伝える」ことや「仕事のミスを減らすための学習」が必要なようです。このような課題に気づき，必要な行動をとれるよう，追加面談を行うことも考えられます。

対象従業員全員については，各種情報の集計結果を見て，KPT 法の観点から，フォローアップ策を検討します。つまり，上手くいった施策はなぜ上手くいったのか。そのうまくいったことを継続します（keep）。また，問題・課題は何か，その要因は何かを特定し（problem），その要因に対する改善策を検討します（try）。

さて，フォローアップには４つの側面がありました（図表７-２）。これにもとづくと，対象従業員へのフォローアップは，直接的なものと間接的なものが考えられます。

①対象従業員への直接的フォローアップ

これは，キャリアコンサルタントが対象従業員（個人または集団）に直接的に支援することです。代表的なものとしてキャリアコンサルティング面談とキャリア研修があります。「個別報告書」や「キャリアコンサルティング面談シート」，「面談後のアンケート」，「キャリア研修後のアンケート」，「研修実施報告書（メモ）」などを材料とした評価を行って，対応すべき課題を特定し，「追加面談」を行います。対象従業員に共通した課題が多く見られる場合は，対象従業員の全員あるいは希望者に対して「フォロー研修」や「フォロー面談」を実施します。

②対象従業員への間接的フォローアップ

これは，キャリアコンサルタントが対象従業員を直接支援するのではなく，他者を介して支援することです。代表的なものとして「コンサルテーション」や「管理職訓練」などがあります。コンサルテーションとは，詳細は後述しますが，キャリアコンサルタントが他のキーパーソンへの助言を行い，そのキーパーソンを介して対象従業員を支援するというスタイルの支援方法です。管理職訓練は，対象従業員の上司のマネジメント力を向上させることによって対象従業員がイキイキ働けるようにすることです。

⑵　関係部署との連携スタイル

問題を円環的因果関係（ループ図）で捉えると，その原因は個人と環境の相互作用であることが分かりました。４つの支援側面を考慮すると，問題解決には，キャリアコンサルティング面談という対象従業員への直接的支援だけではないことも理解できたと思います。しかし，組織における多様な問題に対応するには，キャリアコンサルタントだけでは限界があります。これを可能にするのが，組織内外の関係部署との連携です（第1章図表1－4）。

連携のスタイルには，①コンサルテーション，②コラボレーション，③コーディネーションがあります（図表7－7）。それぞれの特徴を活かして，有効な連携スタイルを活用します。

①コンサルテーション

コンサルテーションとは，キャリアコンサルタントが対象従業員以外のキーパーソン（たとえば上司）に助言等を行い，キーパーソンを仲介して対象従業員を間接的に支援する方法です。

これには2つのメリットがあります。1つは，キャリアコンサルタントよりもキーパーソンの方が影響力を持つということです。専門家がたとえば週に1回1時間しか会わないのに対して，キーパーソンは日常的に相談者の身近にいるからです。この力を有効に活用するために，キャリアコンサルタントの知見をキーパーソンに伝授して支援していくわけです。企業であれば，上司や親しい先輩などがキーパーソンになり得ます。また，

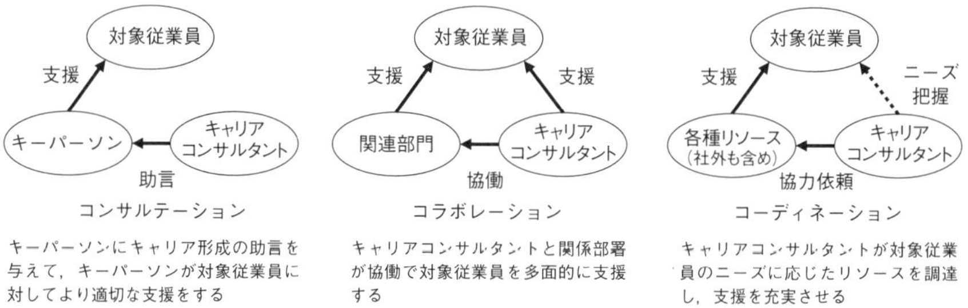

図表7－7　連携のスタイル

宇留田（2003）P25を参考に筆者が加筆・修正

キーパーソンは，対象従業員にとって頼りになる存在でなければなりません。

2つ目のメリットは，効率的であることです。1人のキャリアコンサルタントが1人の上司に助言をすることによって，その上司から複数の部下に対して支援をすることができるようになります。キャリアコンサルティング面談の何倍も効率が良く，大きな効果が期待できます。

コンサルテーションの事例

●部下が抱える問題

入社4年目に入り，今年，上位等級に昇格した。独力で業務を遂行できる中堅クラスになったが，1人前の営業職になったとは思えない。そのため，今後のキャリアを考えることができないでいた。

●キャリアコンサルタントから上司への援助

部下とのキャリア面談の際に，これまでの成功事例を振り返り，「その成功要因は何か？」について部下と話し合うようアドバイスした。

●結果

キャリア面談で，これまでに習得した知識・スキル，出来るようになったこと，自分の持ち味や強みについて確認できたことによって，仕事に対する自信を持つことができた。今後のキャリアについては，時間をかけて，ときどき上司と相談しながら考えることにした。

厚生労働省（2018）をもとに加筆・修正

②コラボレーション

コラボレーションとは，関係部署（複数の専門家および非専門家）とチームを作り，キャリアコンサルタントと共に特定の対象従業員を支援するスタイルです。たとえば，キャリア形成支援においてメンタルヘルス不調者を対象とした場合，産業医，公認心理師，キャリアコンサルタントの3名がチームになって，それぞれの専門性を活かして協調的に対象従業員を支援します。もちろん，このチームに家族や上司などの非専門家が参加しても構いません。

このスタイルのメリットは，キャリアコンサルタントの守備範囲外の問題であっても，連携することによって対応可能になるということです。注意すべきことは，もし，最初に対象従業員の問題について相談を受けたのがキャリアコンサルタントであったのなら，対象従業員の問題に対する見立てをしっかり行い，これをたたき台に関係者とともにチームとしての支援方針を立てることです。また，作戦会議を行って，「誰が，いつ，何を，どの程度支援するのか」という役割分担と支援計画を明確にして支援をすることです。チーム内で衝突や混乱が起きないようにマネジメントするリーダーを決めるとよいと思います。

コラボレーションの事例

●部下が抱える問題

単身赴任が7年目で，妻のメンタル不調がかなり以前から継続している。妻には過去に2回の自殺未遂もある。課長に昇任したばかりで，今後のキャリアを考えると，上司に異動をお願いすることは出来ない。

●上司，人事（保健師）との相互協力

本人に確認して，上司と人事に現状を説明して協力を要請した。メンタル相談を担当している保健師と上司に，部下の現状を確認するため面談をしてもらった。

●結果

関係者と連携してキャリアコンサルティング面談を継続し，今は家庭の事情を考慮して安心して働ける状況を作ることを支援方針とし，日常的な仕事や家庭の状況について上司とキャリアコンサルタントが相談に乗ること，必要に応じて人事へ連絡をとることを本人と確認した。働く環境が実現した後に，今後のキャリアについて考えることにした。

厚生労働省（2018）をもとに加筆・修正

③コーディネーション

コーディネーションとは，支援に有効となる専門家・専門機関および非専門家を調達し連携させて，最大限の支援効果が発揮されるようにマネジメントすることです。重要なことは，コーディネーションをするキャリアコンサルタントが対象従業員のニーズをしっかり把握することと，そのニーズを満たすリソース（専門家・専門機関・非専門家）を短時間に調達すること，そして，調達したリソース同士に衝突や混乱が生じないように，全体を俯瞰し，支援方針の統一や役割分担を調整し，支援の交通整理をすることです。プロジェクトマネジャーのような役割といえます。これによるメリットは，対象従業員では見つけられなかったリソースを調達できること，複数のリソースによる支援によって最大限の効果が発揮されることです。もちろん，コーディネーションは，キャリアコンサルタント以外に適任者がいるのであれば，その方に任せても構いません。

コーディネーションの事例

●相談者が抱える問題

定年まで残り２年で単身赴任をしている。再雇用でも単身赴任が継続する可能性が高い。しかし，地元に戻っても次の仕事が見つかるか分からない。今後のキャリアをどう考えたらよいのだろうか悩んでいる。

●関係機関への協力依頼

産業雇用安定センターに地元の仕事情報を提供する面談を実施してもらうように依頼した。また，FPによるマネープランの作成相談を依頼した。

●結果

キャリアコンサルタントとの面談で，単身赴任を解消し，家族と暮らすことを最優先したいことを確認した。また，地元に戻っても再就職する会社を見つけられそうであること，給与は継続雇用の時よりダウンするが二重生活を解消することで生活費の心配がなくなることを確認でき，定年後は地元に戻ることを決定した。

厚生労働省（2018）をもとに加筆・修正

COLUMN

フォローアップとしての目標管理制度

目標管理制度を導入している企業は多いと思います。本来，目標管理制度の利点は，従業員が主体的に目標設定を行い，自律的に行動することによって大きな成果と満足が得られる点にあります（Drucker, 1954 上田訳 1996）。しかし，この制度が形骸化している企業は多いのではないでしょうか。そして，それはなぜなのでしょうか。

従業員が主体的に目標設定をするには，目標のなかに働きがいや自己実現などキャリアを通じて得たいニーズが組み込まれていなくてはなりません。これを満たそうとするために意欲が上がり，目標達成によって満足を得て，同時に成果をあげることができるわけです。ところが，日本においては，従業員が目標のなかに自分のニーズ（will）を組み込もうとしません。これは自己主張が控えめで，組織や上司の意図を汲むことを優先するという文化的な違いによるものかもしれません。それに，そもそも，日本の従業員の多くは自分の根本的なニーズを自覚していません。

キャリアコンサルティング面談では，自己理解を通じてニーズを自覚してもらうことができます。また，仕事理解を通じて must も理解しますから，これらを意識的に総合的に検討して目標設定をすることが可能になります。この時に，部下自身にこれを任せるのではなく，目標管理面談を行う上司が部下のニーズを理解して，上手くニーズが組み込まれるような目標設定を支援してはどうでしょうか。そのためには，キャリアコンサルティング面談シートに will，can，must を明記させ，少なくともこれらを上司と共有することが必要になります。

このようにすれば，本来の目標管理制度の利点を得ることができ，形骸化を防ぐことができるのではないでしょうか。

⑶　連携関係の作り方

図表7－8にコミュニティ心理学にもとづく「支援ネットワークの作り方」を示しました。組織内外の機関との連携関係を作る際に役立つと思います。対応すべき従業員と最初に接触したのがキャリアコンサルタントであれば，まずはキャリアコンサルタントが問題に対する「見立て」を行います。もちろん，キャリアコンサルタントとして分かる範囲での見立てになります。次に，適切な連携先を選定します。この時，相談者の周囲にいる上司・同僚・家族についても連携先の候補として検討し，彼らが相談者の助けになる場合は，支援ネットワークのメンバーに加えます。3番目に，キャリアコンサルタントの見立てや支援方針，連携体制（役割分担）の案を連携先と共有して，再検討しつつすり合わせていきます。4番目に作戦会議（ケースカンファレンス）を行って，具体的な支援内容や役割分

①見立てる
人と環境の相互作用，生物・心理・社会の視点から，問題のメカニズムを把握する。本人のニーズの把握と必要な支援の確認をする
②連携先の選定
社内の関係部門・専門家，社外の支援機関・専門家だけでなく，必要に応じて相談者の周囲の人（上司・同僚・家族）も支援者として引き入れる
③情報共有と連携体制の構築
見立て・支援方針や連携体制の案を共有してすり合わせる
④支援の実施
関係者で情報共有・作戦会議・支援計画の立案，相談者への説明をして支援を実施
⑤評価と改善
実施後の反応や変化を評価し，①〜④の見直しをする

図表７-８　支援ネットワークの作り方

担を決定し，誰が，何を，いつまでに，どの程度行うのかといった支援計画を立案し，チームで支援を実行します（コラボレーション）。最後に，実施結果を評価し，上手くいかない場合は①〜④のどこかに立ち戻って支援方法を見直します。

⑷　フォローアップの計画立案と実施

以上を踏まえて，対象従業員に今後必要となるフォローアップ策について計画を立てます。どの従業員層に対して，何を目的・目標に，誰がいつどのような方法で，追加の支援を行うのかを列挙します。支援策の内，どれを優先して実施し，どれは実施しないのかについても検討します。優先順位の検討では，その支援の「重要性」，「緊急性」，「効果性」，「実施容易性」の４つの視点から検討するとよいでしょう。これらを実施した後も，その効果を確認し，必要に応じて支援の見直しとフォローアップを続けることになります。

6．組織的な改善措置

(1) 全体報告書の作成

組織的な改善措置は，実施したすべての支援施策結果の情報とその評価を統括して提案を行います。これは，最終的に「全体報告書」にまとめられます。そこで，ここでは全体報告書の記載内容について説明することによって，組織的な改善措置について解説することにします。なお，全体報告書は，実施組織あるいは人事部門等，または両者が協働で作成し，最終的に経営層に提出します。報告書には，否定的な内容だけでなく，良かった点など肯定的な内容についても触れ，組織的な改善措置を行うことによって，経営者が個人と組織の活性化を予想できるような内容にするよう心がけます。

全体報告書の記入済みの例を図表7－9a～dに示します。あくまで例ですので，各導入企業に応じてカスタマイズしてください。この全体報告書は全4頁から構成されています。トップページは全容を1頁で示したものです。2頁目以降は，その詳細について掲載し，時間があるときに目を通してもらえるようにしています。

1頁目では，「序」，「結果」，「評価」，「改善策の提案」の4点について簡潔に述べます。

①序

序では，セルフ・キャリアドックの当初に立てた人材育成ビジョン・方針をおさらいの意味で記載しています。そして，組織を見立てた際に判明した問題と課題と，実行計画で立てた支援施策の概略を示しています。つまり，支援施策を実行することによって，これらの課題が達成され，問題が解決されなくてはならない，ということを意味します。

セルフ・キャリアドック全体報告書

○○○○年○○月○○日

2019年5月13日〜7月12日に，ミドル層にキャリア開発研修およびそのフォロー面談，その管理職にカウンセリングマインド研修を実施しました。以下にその結果を報告します。

序

■あるべき人材像

・技術者:自ら考え問題を予測できる高度な人材
・職場管理職:各メンバーの強みと意欲を引き出し，成果を生み出す人材

■人材育成方針

・マニュアル主義から脱却し,自らの知識と経験から問題を予測し対処できる技術力を育成すると同時に,メンバー一人ひとりの思考･感情･価値観を配慮し,成果を引き出すリーダーシップやマネジメント能力を育成する。

■当初の問題の見立て

・品質重視のはずが，チェック作業にルーチン化し，技術者が問題予測の能力を発揮できていない。
・また，上司の叱責により，原因をチェック項目の不備に他責化し，チェック項目の増加を引き起こす悪循環あり。
・減点主義により上司が部下を叱責することで上記が拍車かかっている。

■課題

技術者	・マニュアル主義からの脱却 ・問題予測能力の向上とその能力発揮
現場管理職	・部下の気持ちに配慮したマネジメント能力の習得
組織	・品質重視のスローガンの真意の伝達 ・減点主義の評価制度見直し

■施策実施日程

・2019年5月〜6月　ミドル層 56名　キャリア開発研修（1日）×3会合　講師1名で対応
・2019年6月〜7月　同上　フォロー面談×55名（欠席1名）キャリアコンサルタント5名で対応
・2019年7月　現場管理職 18名　カウンセリングマインド研修（1日）×1回　講師1名で対応

結果〔事実〕

■実施して明らかになった事実

●ミドル層
・研修により，モチベーション向上。不具合分析の自信は向上せず。
・面談より，正しく評価されていない不満。努力の割に評価が低い社員が一部存在。

●職場管理職
・研修により，コーチングが結構活用されている。

●その他（KPIなど）
・不具合件数：研修前から研修2ヵ月後で，32件→38件（6件増）。増加率はやや低下。
・パワハラ件数は研修前後で特に変化せず。

評価

■効果・成果

●ミドル層
・研修での興味・強みの分析とスペシャリスト志向が仕事へのモチベーション向上につながった。
・不具合分析への取り組みについて検討できた。

●現場管理職
・特にコーチングについては現場で活用されている。

■問題・課題

●ミドル層
・多忙さにより不具合分析のスキルアップの時間を確保できない。
・上司評価への不満を持つ社員が一部存在。上司との関係性が気になる。

●その他
・不具合件数，パワハラ件数の変化は大きくないが，上司−部下間の関係性に起因していそうである。

改善策の提案

■改善策の提案

●継続すべきこと
・ミドル層：定期的なキャリアコンサルティング面談を実施して，モチベーションの維持を図る。
・ミドル層：不具体対策のスキルアップ研修の時間を確保し，必須で実施。
・職場管理職：１〜２年に1度の頻度で，傾聴・コーチング研修を継続し，コーチング・スキルの維持・向上を図る。

●個々への対応
・上司評価に不満を持つ従業員に対して，追加で面談を実施。

●組織的な改善措置
・不具合件数，パワハラ件数については長期的に経過を見る。・追加面談で減点主義との関連を確認し，評価制度を見直しへ。

図表７−９　全体報告書の記入例（a）

1．実施前の見立て

当初の問題（問題のメカニズム）

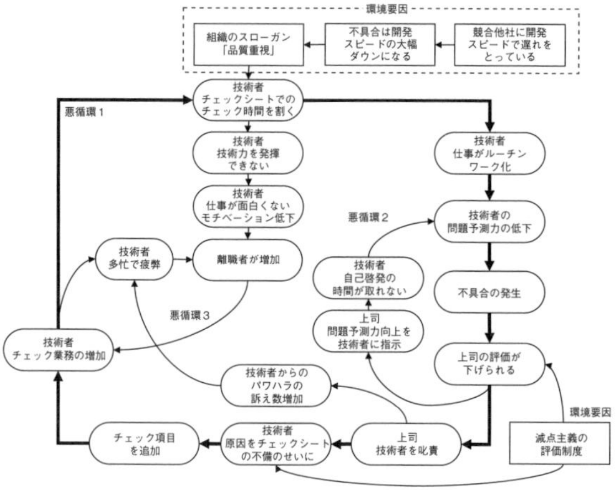

2．課題と支援施策

明らかになった課題⇒期待される結果	支援施策
■技術者に対して ・マニュアル主義からの脱却 ・問題予測能力の向上とその能力発揮 ⇒モチベーション向上 ⇒不具合件数の低減 ⇒不具合分析の本質的な問題追求の姿勢 **■現場管理職に対して** ・部下の気持ちに配慮したマネジメント能力の習得 ⇒部下叱責（パワハラ）の減少 ⇒チェック項目数増加の抑制・低減 **■組織として** ・品質重視のスローガンの真意の伝達 ・減点主義の評価制度見直し	**■技術者に対して** ・キャリア開発研修において，自己の持つ強みとやりがいについて気づいてもらう。 ・強みとやりがいをいかに仕事で発揮するかを検討してもらう。特に不具合に関して。 ・技術者として成長した姿（ビジョン）を検討してもらう。 ・ビジョン実現のためのスキル・アップ，やりがい発揮のためにする事を検討（アクション・プラン）。 上記をグループ・ワークを通じて行う。 また，1ヵ月以内にフォロー面談を実施。研修の不明確な点，アクション・プランの実行状況を確認。 ●検証方法：アンケート，前・後，および2ヵ月後 ・アクション・プランの実行状況（2ヵ月後） ・仕事に対するモチベーションの程度（5件法） ・不具合分析に対する意欲と自信（5件法） **■現場管理職に対して** ・カウンセリングマインドの向上のための研修実施 ・傾聴訓練，コーチング・スキルの習得 ・マネジメントへの活用についてグループ検討 ●検証方法：アンケート，1ヵ月後と3ヵ月後 ・傾聴やコーチングの実行の程度（5件法） ・別途，不具合件数，パワハラ件数の増減調査 **■組織として** ・品質会議にて，品質管理部長より品質重視のスローガンの真意の伝達（研修前に） ・減点主義の評価制度見直しは研修・面談の経過を見て検討する。

図表７－９　全体報告書の記入例（b）

3．実施結果（ミドル層）

■ミドル層キャリア開発研修

・研修は欠席1名だが滞りなく実施完了。熱心に受講。
・研修において，技術に対する興味・強みを再確認し仕事への意欲は向上。アンケート結果においてもモチベーションは研修後に向上。2ヵ月後は減少したが，研修前より高い値を維持している。
・不具合分析の自信は，研修後増加したが，2ヵ月後には研修前と同レベルに。スキルアップ研修が必要か。

■ミドル層フォロー面談

・アクションプランが順調だった人（18%）
・順調でない人の理由（複数回答）
忙しい（88%），トライしているが成果なし（67%）

■アンケート結果

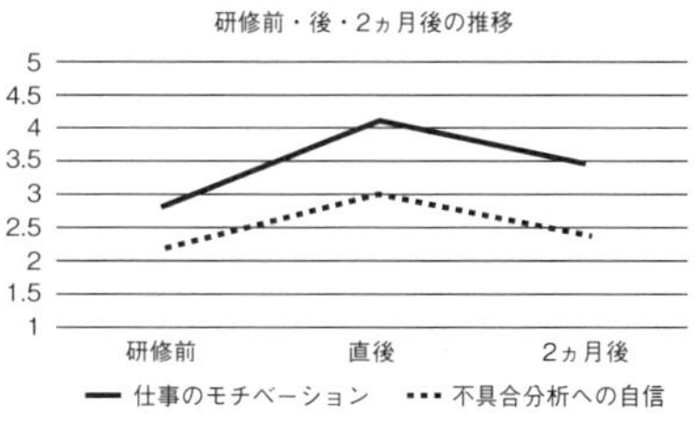

■面談で分かった傾向

■ポジティブ傾向

●意識･意欲（複数回答）
①仕事内容は好きである（55%）
②知識やスキルの向上心を持っている（41%）
③スペシャリストになりたいという意識が強い（38%）

●姿勢･行動
①素直で，まじめに仕事に取り組む（33%）
②上司や先輩は，後輩に指導･アドバイスをしている（20%）
③資格取得等に向けて勉強している（14%）

■ネガティブ傾向

①スキルアップの心理的・時間的余裕がない（86%）
②正しく評価されていないという不満がある（17%）
③努力の割に評価が低い（8%）

4．実施結果2（職場管理職）

■職場管理職　カウンセリングマインド研修

・全員参加。ロールプレイでは傾聴に照れや苦手意識を持つものが半分程度いた。
・コーチングについては興味を持つ者が多く，ロールプレイに積極的に取り組んでいた。

■傾聴・コーチングの実施度

・傾聴・コーチングとも研修後に向上しある程度維持している。ある程度使われている。特にコーチングは利用されている。

■不具合件数

・研修前から研修2ヵ月後で，32件→38件（6件増）。その前の10件増に比べて増加率はやや低下。

■パワハラ件数

・研修前後で特に変化せず。もともと件数が少ないため長期的な変化を見る必要あり。

■アンケート結果（傾聴・コーチング）

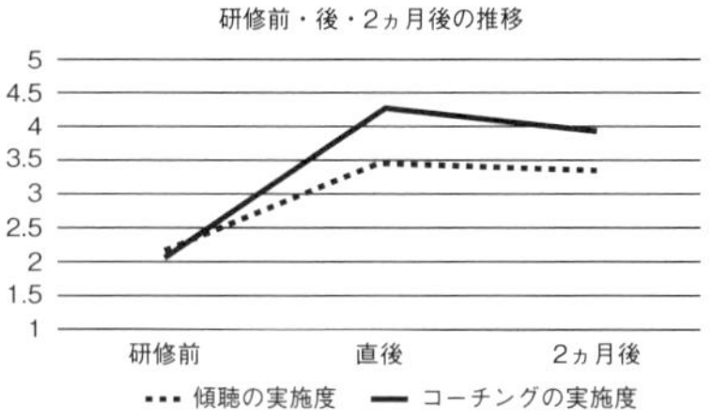

図表7-9　全体報告書の記入例（c）

5．評価（効果・成果，問題・課題）

■ミドル層について

●効果・成果	●問題・課題
・研修における，興味・強みの自己分析と，本来持っていたスペシャリスト志向によって，仕事へのモチベーションの向上を図ることができた。 ・研修によって，不具合分析への取り組みについて検討することはできた。	・スキルアップの意思はあるものの，忙しさなどでアクションプランを実行できていない社員，スキルアップの時間が取れない社員，不具合分析への自信が不十分となっている社員がいた。 ・正しく評価されていない不満，努力の割に評価が低い社員が一部存在。上司との関係性が気になる。

■職場管理職について

●効果・成果	●問題・課題
・初めての傾聴・コーチング研修でやや戸惑いもあったが，特にコーチングについては現場で活用している。	・不具合件数については増加率がやや低下したが，本研修の成果といえるか疑問。 ・パワハラ件数については，もともとの件数が少ないのでこれも関連性は疑問。 ・ただし，上司－部下間の関係性に起因する可能性は捨てきれない。

6．継続すること・改善策の提案

継続すること	改善策の提案
■ミドル層について ・定期的にキャリアコンサルティング面談を実施して，モチベーションの維持を図る。	**■ミドル層について** ・不具体対策のスキルアップ研修の時間を確保し，必須で実施。 ・上司評価に関して不満や低評価の一部従業員に対して，追加で面談を実施。上司－部下に問題があれば人事による介入も検討する。
■職場管理職について ・1～2年に1度の頻度で，傾聴・コーチング研修を継続し，コーチング・スキルの維持・向上を図る。	**■職場管理職について** ・特になし **■組織的な改善措置** ・不具合件数，パワハラ件数については長期的に経過を見る。 ・追加面談において，上司―部下の関係性の問題の原因が，減点主義の評価にあるのか否かについても確認する。関係ある場合は評価制度を見直す。

図表７－９　全体報告書の記入例（d）

「序」の詳しい説明は，２頁目（b）に記載します。２頁目の「１．実施前の見立て」には第２章で組織を見立てた際のループ図（第２章　図表２－６），「２．課題と支援施策」には「明らかになった課題」とその課題を達成することによって「期待される結果」，課題を達成するための「支援施策」を示しています。

②結果（事実）

①にもとづき支援施策の実施結果について，収集したすべての情報（個々の対象従業員を集計して分かった情報，研修結果から分かった情報，サーベイなどから分かった情報など）と，明らかになった重要な事実を量的・質的な側面から記載しています。なお，面談で分かった傾向については，個人が特定されない形で表現します。情報収集の結果は，支援施策だけでなく，期待される結果に該当するKPIについても記載しておくことがポイントです。つまり，効果・成果があったかどうか，問題・課題があったかどうかの判断材料が書かれることになります。詳細は３項目（c）に記入します。

③評価

②結果（事実）と，基本的な考え方で示した３つの評価の視点，評価結果や各種情報から見えてきた「効果・成果」および「問題・課題」と，それぞれの要因を示します。つまり，どのような支援施策や環境要因が「効果・成果」，「問題・課題」をもたらしたのかを検討します。４頁目（d）の「５．評価」にこの詳細を書きます。

④改善策の提案

③効果・成果に基づいて今後も「継続すべきこと」，問題・課題から取るべき「予防策や対策」を示します。この時，個々の対象従業員に行うフォローアップ，対象従業員全員に行うフォローアップ，組織の風土・慣習など無形インフラとして整備すべきこと，組織のルールや制度などの有形のインフラとして整備すべきことを書き分けます。４頁目（d）の「６．継続すること・改善策の提案」に詳細を書きます。

以上のように，①から④に至るまで一貫した論理性を持って書き示すことが重要になります。そして，フォローアップの段階において，このような形で再び組織を見立て直し，当初の仮説の検証と支援施策の改善を図っていきます。

(2) 組織への直接的な改善措置の提案

これは，前述の「フォローアップの４つの側面」の１つで，換言すれば，無形インフラに対する改善措置を提案することになります。特定の個人，または特定の従業員層のキャリア形成上の阻害要因が，職場あるいは組織全体の雰囲気や規範，協力体制，信頼関係などにあると考えられる場合に提案します。職場あるいは組織全体が，当該従業員にとって支援的なかかわりを高めるような改善措置（職場への介入）を検討します。

たとえば，委縮しがちな新人や若手従業員を支援するために，職場の上司・先輩に対して傾聴訓練などを実施することによって，上司・先輩の配慮に満ちたコミュニケーションへと改善します。職場の理解や支援スキルを向上させることによって，特定の問題を抱えた対象従業員層にとって居場所と活躍しやすい場を作ることを目標とします。また，対話中心の組織開発の各種手法を導入することによって，より活性化した職場へと変革させる方法も考えられます。たとえば，職場の全員が一堂に会し，望ましい未来に向けて検討し，共に価値を作り出す「フューチャーサーチ」（Weisbord & Janoff, 2010 香取訳 2009）という手法を用いることは，職場の未来像を作り出すだけでなく，個人のキャリア形成やキャリアビジョンにも効果的です。

(3) 組織への間接的な改善措置の提案

これも，「フォローアップの４つの側面」の１つで，こちらは有形インフラに対する改善措置を提案することに相当します。支援の対象従業員層が，阻害要因から解放されより生き生きと働けるよう，あるいはキャリア形成を促進できるようにするためには，職場あるいは組織の体制や制度，ルール，目標などの改善が不可決になる場合があります。どのような有形インフラがキャリア形成の阻害要因となっているのか，あるいはどのような有形インフラが今後必要になるのかを検討します。これを実施するには，人事部門など関連部門とともに，あらためて組織を見立て直す必要があります。

たとえば，自己啓発の費用の何割かを会社が負担する，といった制度はよくあります。しかし，実際には従業員は業務で忙しくて学習時間が取れないという実情があるかもしれません。だとすれば，通常の有給休暇の他に，学習のための有給休暇制度を作り，上司と部下は年間の学習休暇取得の計画を立てるよう推奨する制度を新たに制定することが考えられます。このように，社内規定や制度などにおけるキャリア形成の阻害要因を明確にすることによって，有益な改善措置を提案することが可能になります。

COLUMN

アカウンタビリティ・システム（効率性検討制度）

國分（1979）は，組織におけるカウンセリングにおいて，年度末に各カウンセラーがその年度内の自分の仕事を評価し，改善策を検討する必要性を指摘しています。この制度のことをアカウンタビリティ・システムといいます。具体的には，セルフ・キャリアドックのキャリアコンサルタントが自分の役割として何を実施したか，それにはどのくらいの費用がかかったかを明確にします。これを記述したものをアカウンタビリティ・レコードといいます（図表７-10）。これを作成して振り返ることによって，キャリアコンサルタントが効果的にケースをこなしているか，必要以上に深入りして非効率になっていないか，あるいは自分の守備範囲以外の仕事をしていないかを把握し，今後の活動について検討することができます。また，これを明らかにすることは，組織にとっても費用対効果を知る材料になります。

このアカウンタビリティ・レコードをキャリアコンサルタント全員が作成することによって，実施組織の責任者は，各キャリアコンサルタントの活動内容とコストを把握することができます。このことは，より効果的で適切なマネジメントをするうえで必要不可欠といえます。

図表7-10　アカウンタビリティ・レコードの例

（國分，1979）

問題	方法	結果	処置	時間	費用（円）
勉強嫌い	勉強の仕方の指導 親の扱い方の改善	1日20分机に向かうようになった	子どもの面談 親との面談 知能テスト	2 3 1	2,000 3,000 1,000
				計 6	計 6,000
夫婦不和	自他洞察を主として妻とのみ面談	離婚願望の放棄。妻としてでなく母として生きる決心をする	妻との面接 弁護士との面談	23 1	23,000 1,000
				計 24	計 24,000
大学生の家出	両親の態度の改善 本人の人生計画	本人の意向尊重，口やかましくしなくなった とにかく大学を出てから合法的に家出する（地方に就職）	父との面接 母との面接 両親との面接 本人との面接 本人との通信	1 1 5 3 1	1,000 1,000 5,000 3,000 1,000
				計 11	計 11,000
友人がつくれない	集団体験をさせる。（サークル活動に参加させる）	自己表現するようになった	本人との面談 サークル活動のリーダーとの面談	2 1	2,000 1,000
				計 3	3,000
職場の人間関係	自分の風変りな行動への意識化	自分から挨拶する ニヤニヤしなくなる 定刻に出勤	上司との面接 父との面接 本人との面接 精神科医との通信連絡	1 1 12 1	1,000 1,000 12,000 1,000
				計 15	計 15,000
登校拒否	母親6人の集団カウンセリング	子どもの側に立って考えられるようになった	週1回90分の集団討議16回	24	24,000
				計 24	計 24,000

スーパービジョン	新規採用カウンセラーのカウンセリング技術の指導	面接計画が立てられるようになった	週１回の個別指導 見学に同伴	21 2	21,000 2,000
				計 23	計 23,000
研修	青少年指導員60名にカウンセリングの啓蒙	アンケートによれば具体的技術も学びたいとの声強し	講演	1.5	1,500
				計1.5	計　1,500
スタッフの自己啓発	事例研究会	各学派の長短がわかってきた	月１回全スタッフによる研究討論	15	15,000
				計 15	計 15,000

7．セルフ・キャリアドックの継続的改善

セルフ・キャリアドックの活動の最後として，ガイドラインには「セルフ・キャリアドックの継続的改善」が挙げられています。これはセルフ・キャリアドックのPDCAサイクルの継続について示しています。

- 「セルフ・キャリアドック全体の効果把握のためのアンケート」（付録１ P34）を半年～１年に１回のペースで継続的に実施する。
- 企業が独自に実施している組織風土調査等がある場合，セルフ・キャリアドックの対象者と非対象者の結果に違いがあるかどうかを分析する。
- 目標管理シートに本人の中長期的なキャリア目標が書かれている場合は，キャリア目標の達成率を集計するとともに，目標達成後の次の目標の設定状況を確認する。
- 人事部門が集まる勉強会に定期的に参加して，セルフ・キャリアドックを導入している企業同士で情報交換をし，他社の方が優れている点を吸収する。

『「セルフ・キャリアドック」導入の方針と展開』P35より

上記の情報収集と分析を活用して，あらためて組織を見立てて，セルフ・キャリアドックの継続的な改善を行っていきます。

8．まとめ

本章では，最後のSTEP 5「フォローアップ」について解説しました。重要なポイントを以下に列挙します。

①フォローアップとは評価と改善を行うことである。そのために，各支援施策の実施状況と結果に関する情報を収集する。アンケート調査の質問項目はSTEP 2の段階から作っておく。

②個別報告書については，事実と見立てを識別して記入し，評価やケース検討がしやすいよう留意する。

③各支援施策について，人材育成ビジョン・方針（組織の見立てを含む）や実施計画を基準として，適性に実施されたか，効果・成果を評価する。また，残された課題，新たな問題を整理する。

④評価結果にもとづきながら，フォローアップの4つの側面を検討して，必要なフォローアップを洗い出す。

⑤対象従業員へのフォローアップでは，関係部署と連携しないと対応できない場合がある。連携のスタイルには，コンサルテーション，コラボレーション，コーディネーションの3つがある。

⑥対象従業員の主体的なキャリア形成を促進するために，組織への直接的・間接的な改善措置を検討し，人事部門および経営層に提案をする。

⑦セルフ・キャリアドックの活動全体の情報収集と分析，再度組織の見立てを行いセルフ・キャリアドックの継続的改善に努める。

付　　録

1．厚生労働省『「セルフ・キャリアドック」導入の方針と展開』
2．厚生労働省「キャリア形成・リスキリング推進事業」
3．企業領域におけるキャリア形成支援
4．ジョブ・カード制度統合サイト（厚生労働省）
5．労働者等のキャリア形成における課題に応じた
　　キャリアコンサルティング技法の開発に関する調査・研究事業
6．人材開発支援助成金制度
7．キャリアコンサルタントの継続的な学びの促進に関する報告書
8．学習の場
9．推薦図書
10．引用・参考文献

1．厚生労働省『「セルフ・キャリアドック」導入の方針と展開』

厚生労働省委託事業「セルフ・キャリアドック導入推進事業（平成28年度・29年度）」により，2017年11月に発行された小冊子です。セルフ・キャリアドック導入についての基本的なポイントを解説しています。本書では「ガイドライン」と称している冊子です。本書の巻末に掲載しています。

◆ダウンロード先 URL

https://www.mhlw.go.jp/file/06-Seisakujouhou-11800000-Shokugyounouryokukaihatsukyoku/0000192530.pdf

2．厚生労働省「キャリア形成・リスキリング推進事業」

厚生労働省が開設しているキャリア形成・リスキリング推進事業のサイトにて，セルフ・キャリアドック導入の支援を行っています。

◆ホームページ URL

https://carigaku.mhlw.go.jp/scd/

①主な掲載内容

セルフ・キャリアドックの概要説明，活用場面，紹介動画，事例紹介，導入支援の問い合わせ先が掲載されています。なお，キャリア形成・リスキリング推進事業では，ジョブ・カードの活用支援，個人向けキャリアコンサルティング，雇用型訓練の支援についても行っています。

②支援内容〈年度によって内容が変更される場合があります〉

「キャリア形成・リスキリング推進事業」が行う支援について掲載しています。この事業では，セルフ・キャリアドックの導入を検討している企業に向けて，専門のキャリアコンサルタントが導入にかかるアドバイスや，キャリアコンサルティング実施についての支援などを行っています。

2拠点で開始した2018年度から年々支援拠点は拡大されており，2023年

図表１　厚生労働省キャリア形成・リスキリング推進事業ホームページ画像

https://carigaku.mhlw.go.jp/scd/ より（2024年５月29日時点）

度は47拠点を開設し，全国的に支援を展開しています。

③導入事例の紹介

2016年度以降に厚生労働省の事業を通じてセルフ・キャリアドックを導入した53社（2024年５月17日時点）の事例を紹介しています。各社の取り組み状況，成果・課題等を紹介しています。

３.企業領域におけるキャリア形成支援

厚生労働省がキャリアコンサルタント向けに開設しているホームページでは，活動領域ごとに役立つ情報が掲載されています。このページでは，企業領域におけるキャリア形成支援について紹介しています。

◆ホームページ URL

https://www.mhlw.go.jp/stf/seisakunitsuite/bunya/koyou_roudou/

jinzaikaihatsu/kigyou_gakkou.html

①セルフ・キャリアドック導入促進

セルフ・キャリアドック導入支援サイトに掲載している内容と重複する情報はありますが，中でも，「セルフ・キャリアドック導入支援事業（平成28年度・29年度）最終報告書」は注目に値します。この報告書には，表記の事業の概要や実施内容，セルフ・キャリアドックのモデル企業の実施状況，モデル企業のキャリア健診（詳細は後述）の結果，モデル企業の導入効果，モデル企業の人事担当者およびキャリアコンサルタント向けの研修資料，一般企業向けセミナーの資料などが掲載されています。

②「グッドキャリア企業アワード」の実施

従業員の自律的なキャリア形成支援について他の模範となる取組を行っている企業等を表彰する「グッドキャリア企業アワード」の紹介，受賞企業の好事例集を紹介しています。

③キャリア健診

キャリア健診という，企業における人材育成の現状・課題を客観的に把握・分析する診断ツールを紹介しています。キャリア形成に関する企業のサーベイとして用いることができます。自社の結果を他社と比較することもできます。

4．ジョブ・カード制度統合サイト（厚生労働省）

「生涯を通じたキャリア・プランニング」および「職業能力証明」の機能を担うツールであるジョブ・カードに関する情報を掲載するサイトです。ジョブ・カードの様式や，ジョブ・カード作成支援ソフトウェア（PC用とスマホ用あり）をダウンロードできます。

◆ホームページURL

https://job-card.mhlw.go.jp/

図表２　厚生労働省「ジョブ・カード制度総合サイト」のトップページ画像

https://job-card.mhlw.go.jp/ より　(2024年５月29日時点)

5．労働者等のキャリア形成における課題に応じたキャリアコンサルティング技法の開発に関する調査・研究事業

キャリアコンサルタント・キャリアコンサルティングの質向上を図るため，労働者属性別（若者，女性，中高年，治療と職業生活，就職氷河期世代の労働者）のキャリア形成における課題に応じたキャリアコンサルティング技法が動画で紹介されています。今後も労働者属性を拡大して技法・ツールが開発されると思われます。使用上の留意点を確認の上，活用してください。ツールはすべて下記 URL からダウンロードできます。以下，各技法で用いるツール（抜粋）を示します。

◆ホームページ URL

・若者，女性，中高年向け技法

https://www.mhlw.go.jp/stf/seisakunitsuite/bunya/koyou_roudou/jinzaikaihatsu/career_consulting_gihou.html

・治療と職業生活の両立支援，就職氷河期世代の労働者支援のための技法

https://www.mhlw.go.jp/stf/seisakunitsuite/bunya/koyou_roudou/jinzaikaihatsu/career_consulting_gihou_00004.html

⑴若者向けキャリアコンサルティング技法　P.236

①雇用環境チェックシート（Employment Environment Check sheet=EEC）

②離職レディネスチェックシート（Early separation Readiness Check sheet=ERC）

③エンプロイアビリティチェックシート（Employability Check Sheet=ECS）

④職場のあなた再現シート（職場における対応力チェック）

⑤仕事と楽しく付き合うためのキャリアコンサルティングチャート

⑥ジョブ・カード様式１作成ワークシート

⑵女性向けキャリアコンサルティング技法　P.237

①育児女性相談者への質問例

②自己棚卸しシート

③～２つの視点で考える～　キャリア＆子育て分析シート

④私のキャリアと子供の成長シート

⑶中高年向けキャリアコンサルティング技法　P.238

①自己理解～行動・特徴把握シート～

②人生後半戦のライフ・キャリアシート（在職者用）

③人生後半戦の経済面を含めたライフプランニングシート
④環境変化を考えるシート

⑷治療と職業生活の両立支援　P.239
①両立支援ナビシート
②４Ｓヒアリングシート
③両立支援モニタリングシート
④不安ごと見える化マップ
⑤職場における配慮のためのヒアリングシート
⑥相談シート

⑸就職氷河期世代の労働者に対する支援　P.240
①事前相談シート１（A-１，A-２タイプ向け）
②事前相談シート２（B，Ｃタイプ向け）
③好きと得意を明確にする質問シート
④振り返りシート
⑤働くための基礎的スキルチェックシート
⑥職業マイニングシート
⑦働くことを考えるシート
⑧経験振り返りシート
⑨行動計画表
⑩行動計画作成表
⑪働く条件の整理シート
⑫自分の人脈ネットワークシート
⑬職務経歴書をみて受けた印象
⑭模擬面接チェックシート
⑮面接で聞かれたくないこと対策ワークシート

若者向けキャリアコンサルティング技法のシート例

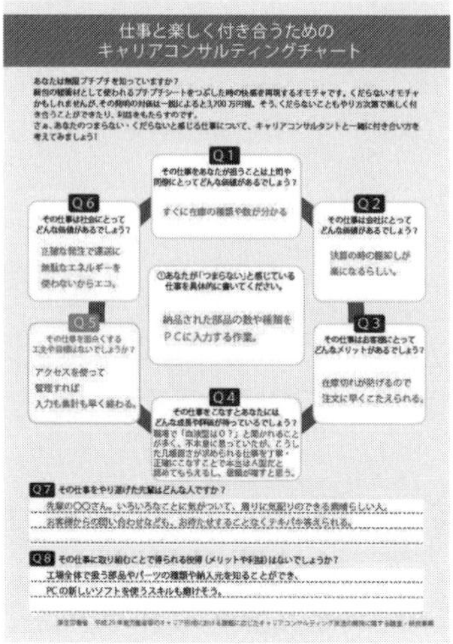

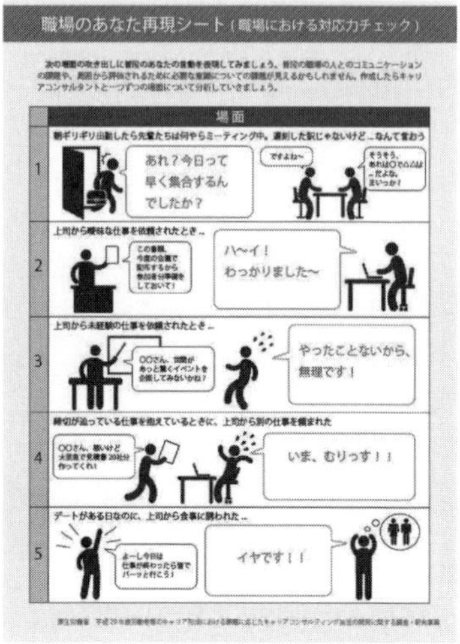

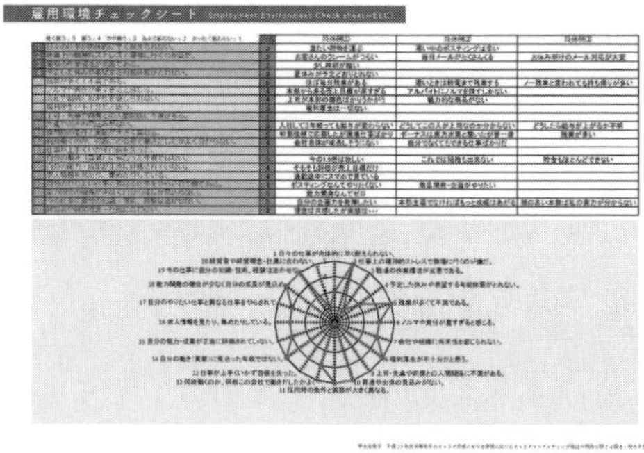

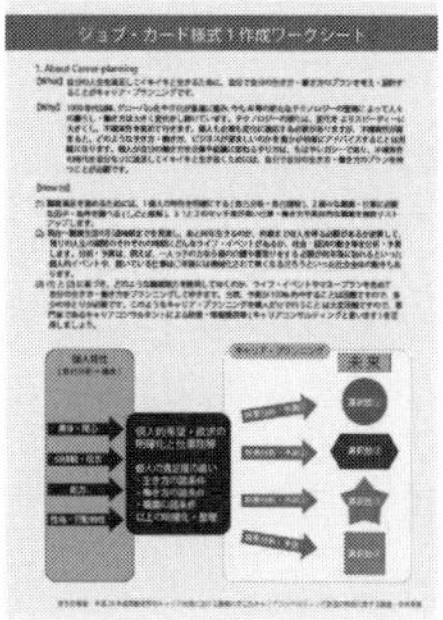

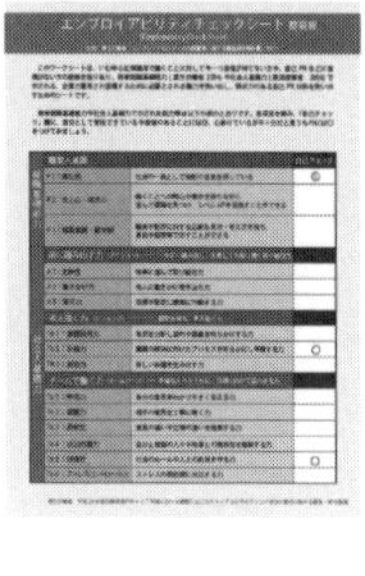

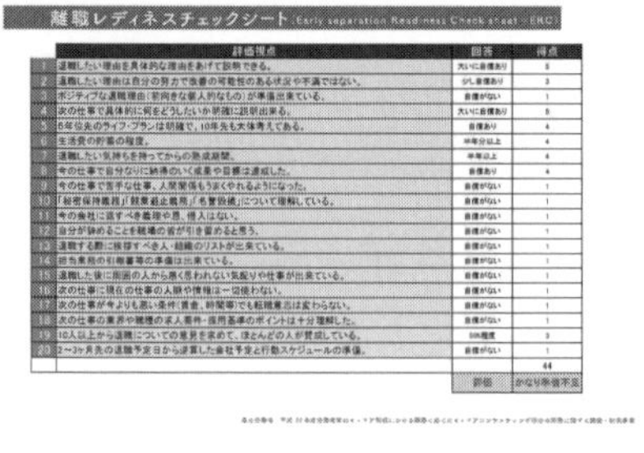

女性向けキャリアコンサルティング技法のシート例

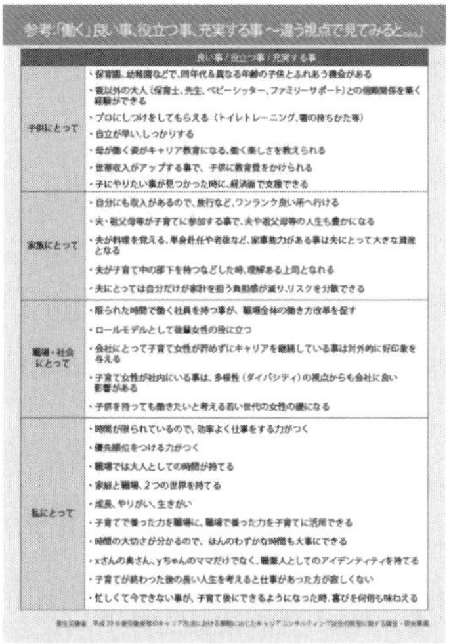

参考:「働く」良い事、役立つ事、充実する事～違う視点で見てみると……」

	良い事／役立つ事／充実する事
子供にとって	・保育園、幼稚園などで、同年代＆異なる年齢の子供とふれあう機会がある ・親以外の大人（保育士、先生、ベビーシッター、ファミリーサポート）との信頼関係を築く経験ができる ・プロにしつけをしてもらえる（トイレトレーニング、箸の持ちかた等） ・自立が早い、しっかりする ・母が働く姿がキャリア教育になる、働く楽しさを教えられる ・世帯収入がアップする事で、子供に教育費をかけられる ・子にやりたい事が見つかった時に、経済面で支援できる
家族にとって	・自分にも収入があるので、旅行など、ワンランク良い所へ行ける ・夫・祖父母等が子育てに参加する事で、夫や祖父母等の人生も豊かになる ・夫が料理を覚える、単身赴任や老後など、家事能力がある事は夫にとって大きな資産となる ・夫が子育て中の部下を持つなどした時、理解ある上司となれる ・夫にとっては自分だけが家計を担う負担感が減り、リスクを分散できる
職場・社会にとって	・限られた時間で働く社員を持つ事が、職場全体の働き方改革を促す ・ロールモデルとして後輩女性の役に立つ ・会社にとって子育て女性が辞めずにキャリアを継続している事は対外的に好印象を与える ・子育て女性が社内にいる事は、多様性（ダイバシティ）の視点からも会社に良い影響がある ・子供を持っても働きたいと考える若い世代の女性の励になる
私にとって	・時間が限られているので、効率よく仕事をする力がつく ・優先順位をつける力がつく ・職場では大人としての時間が持てる ・家庭と職場、2つの世界を持てる ・成長、やりがい、生きがい ・子育てで養った力を職場に、職場で養った力を子育てに活用できる ・時間の大切さが分かるので、ほんのわずかな時間も大事にできる ・xさんの奥さん、yちゃんのママだけでなく、職業人としてのアイデンティティを持てる ・子育てが終わった後の長い人生を考えると仕事があった方が寂しくない ・忙しくて今できない事が、子育て後にできるようになった時、喜びを何倍も味わえる

厚生労働省　平成29年度労働者等のキャリア形成における課題に応じたキャリアコンサルティング技法の開発に関する調査・研究事業

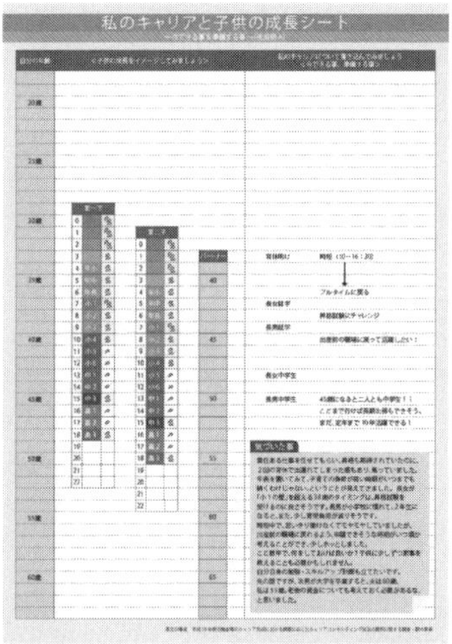

私のキャリアと子供の成長シート

使用の手引き

1. 想定する対象者

(1) 子育てしながら就業中の女性全般
(2) 育児（休暇）からの復帰を考えている女性全般

上記には、以下の女性が含まれます。
・職場と家庭の狭間や子供の状況・家庭環境等、複数の要因が重なり混沌とした状況（例：漠然とした不安を抱える／自分がどうしたいかわからない）であると考えられる女性
・子育て中あるいは出産を間近に控え、仕事を続ける／復帰することに不安を感じる女性

2. 使用上の注意点

(1) 本質問集に掲載する質問例は、相談者の状況を幅広く把握・理解することが目的であり、あくまでも参考例です。しっかりと関係構築をした後に活用してください。
(2) 短期間のキャリアコンサルティングの場合、プライバシーに踏み込む質問は難しいことがあるため、あらかじめ項目・質問例をよく吟味したうえで使用してください。
(3) より効果的なキャリアコンサルティングに向け、相談者にどのような点を確認することが必要か、SVやキャリアコンサルタント同士の勉強会等で検討・事例を共有し付加していってください。

3. 使用方法

相談者との十分な関係構築後の面談初期以降、以下の手順にて使用ください。
(1) キャリアコンサルティングを行ううえでの切り口として、状況に応じ最も適すると考える項目を吟味・抽出します。
(2) (1)で抽出した各項目について、掲載ページ記載の対応する意図・留意すべき点等を十分に理解し、該当する質問例を相談者に合った表現に調整して使用してください。

分類	項目	掲載ページ
家族（本人を含む）	A 家族構成等	P1
	B 健康／発達状態	P1
	C 育児分担	P2
	D 経済面	P2
感情・考え	E 就業についての家族の理解	P3
	F 子供への感情	P3
	G 子育てについてのポリシー	P4
	H 就業の必要性・職業上の価値観	P4
	I 仕事経験→育児への活用	P5
	J 中期プランの有無	P5
	K 家庭と仕事のバランス	P6
職場・仕事	L 職場環境	P6
	M 就業における課題	P7
	N 育児経験→仕事への活用	P7
地域等	O 相談者の有無	P8
	P 地域のサポート・各種サービス・制度等の活用状況	P8

厚生労働省　平成29年度労働者等のキャリア形成における課題に応じたキャリアコンサルティング技法の開発に関する調査・研究事業

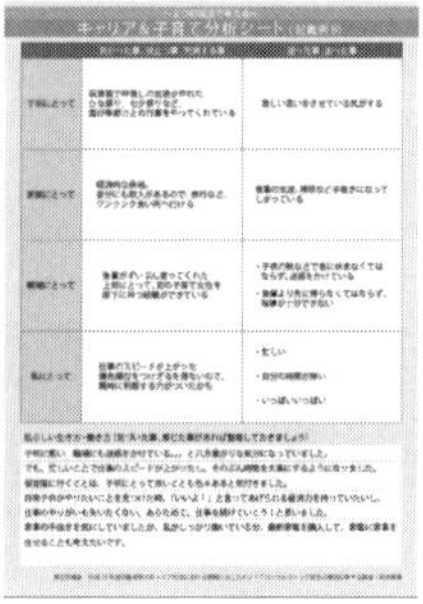

キャリア＆子育て分析シート

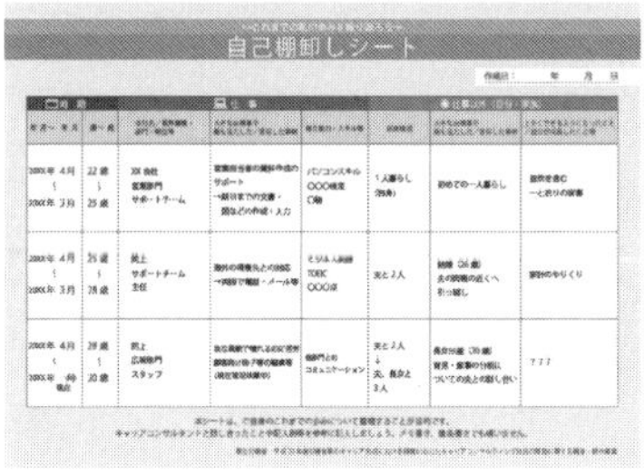

自己棚卸しシート

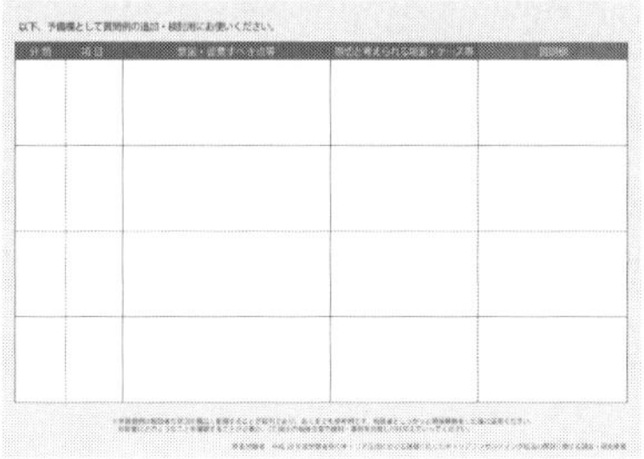

以下、予備欄として質問例の追加・検討用にお使いください。

中高年向けキャリアコンサルティング技法のシート例

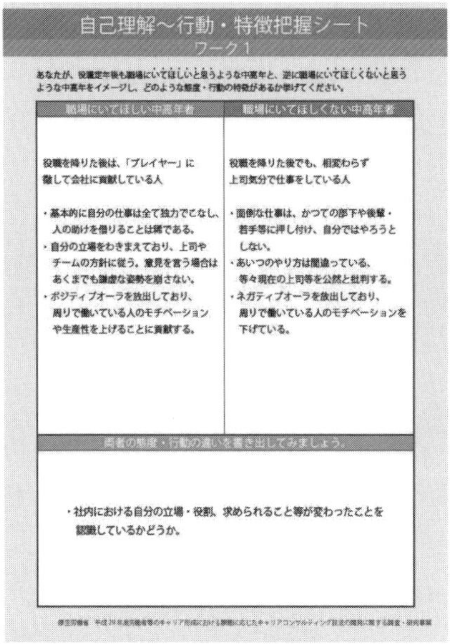

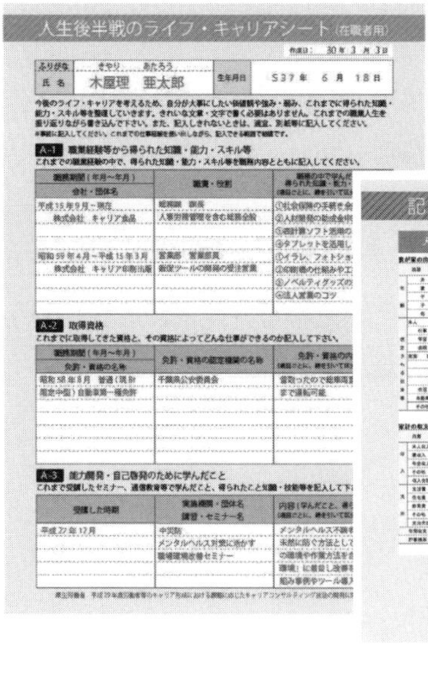

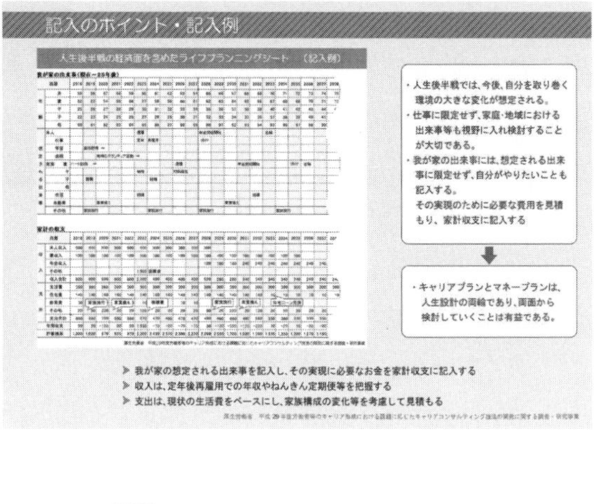

治療と職業生活の両立支援のシート例

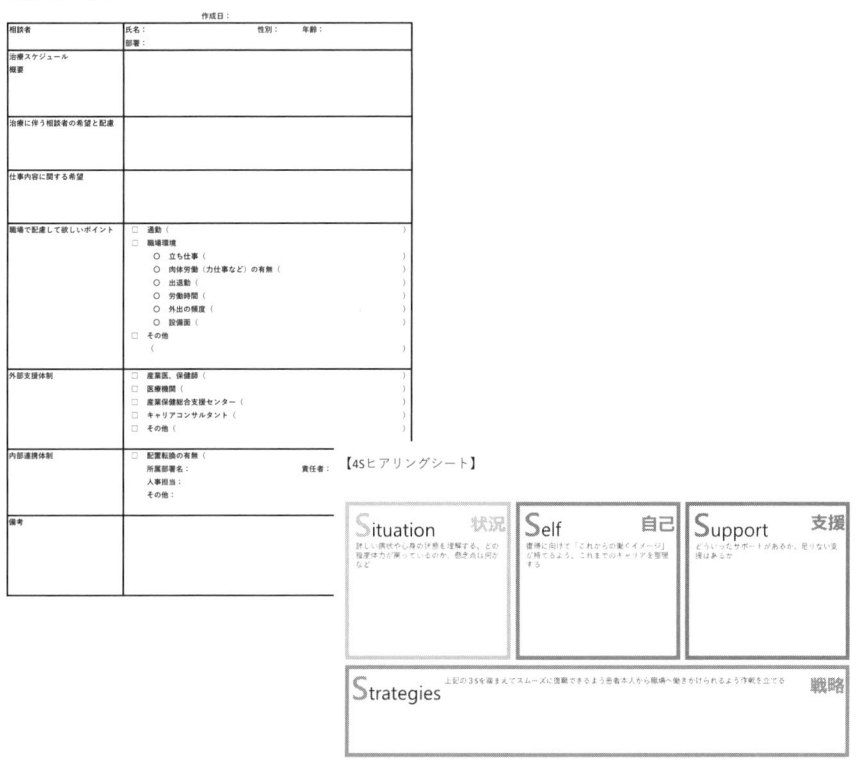

両立支援ナビシート

作成日：

相談者	氏名：　　　性別：　　年齢： 部署：
治療スケジュール 概要	
治療に伴う相談者の希望と配慮	
仕事内容に関する希望	
職場で配慮して欲しいポイント	□　通勤（　　　） □　職場環境 ○　立ち仕事（　　　） ○　肉体労働（力仕事など）の有無（　　　） ○　出退勤（　　　） ○　労働時間（　　　） ○　外出の頻度（　　　） ○　設備面（　　　） □　その他 （　　　）
外部支援体制	□　産業医、保健師（　　　） □　医療機関（　　　） □　産業保健総合支援センター（　　　） □　キャリアコンサルタント（　　　） □　その他（　　　）
内部連携体制	□　配置転換の有無（ 所属部署名：　　　責任者： 人事担当： その他：
備考	

【4Sヒアリングシート】

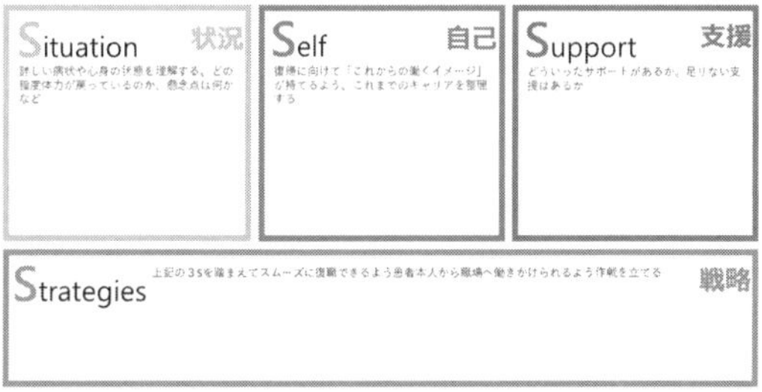

不安ごと見える化マップ

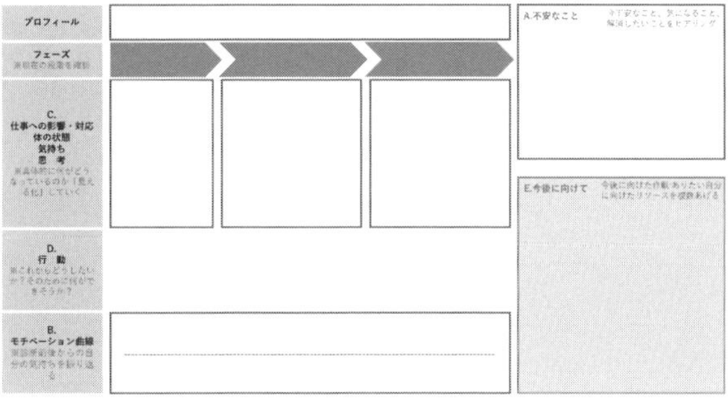

就職氷河期世代の労働者に対する支援のシート例

「好き」と「得意」を明確にする質問

1．好きな物（食べ物、音楽、場所、スポーツ　等）
2．最高に楽しかったことは何か
3．知人、友人に「上手だ」と言われたこと
4．時間を忘れて熱中したこと
5．好きで夢中になれること
6．考えるとワクワクすること
7．小学校のとき、得意だったものは？
8．10億円あったら何に使う？
9．何年も休みが取れたら何をするか？

働く条件の整理シート

1）業界
①理想　②広げるなら　③絶対拒否

2）職種
①理想　②広げるなら　③絶対拒否

※職業マイニングシート、ＶＲＴカードを活用すると良い。

3）勤務地（通勤時間）
①理想　②可能範囲

4）待遇（正社員、契約社員、パート、派遣社員、拘らない）

5）勤務時間（フルタイム、その他）
①理想　②広げるなら

6）勤務日数
①理想　②広げるなら

7）休日
①理想　②広げるなら

8）月収
①理想　②妥協するなら　③最低月収

9）残業
①理想　②妥協するなら（○○時間）

10）就業目標時期
①就業時期（今すぐ、○○ヶ月以内）　②応募社数（○○社数の応募）

11）優先条件ベスト３
①　②　③

12）就活前に準備しておきたいこと（環境、スキル、家族のことなど）

13）条件の緩和はいつ？どれから？

何が成果につながったかを考えよう（経験振り返りシート）

充実していた／楽しかった／おもしろかった／はりきっていた／やりがいがあった仕事
今まで携わった仕事を振り返って、思いだせることを書いてみましょう。書けるところから書き始め、空欄が残っても構いません。

記入日：　　年　　月　　日
名　前：

担当業務 やっていた仕事は？	
時　期	年　　月 ～　　年　　月 （　　年　　か月）
理　由 なぜ充実していましたか？	
自分なりに考えたこと 工夫したこと 行動したこと	
成　果 やりとげたこと、評価されたこと	
発揮したスキル 活用した知識、経験、資格	
身につけたスキル 新たに出来るようになったこと、 は？	
職位・立場	
その時の人間関係 上司、部下、関係部署、取引先との 関りは？	
その他 気づいたことなど	

得意なこと、好きなことは発見出来ましたか？

6．人材開発支援助成金制度（2019年４月１日時点）

雇用する労働者のキャリア形成を効果的に促進するため，職務に関連した専門的な知および技能の普及に対して助成する制度です。これには，特定訓練コース，一般訓練コース，教育訓練休暇付与コース，特別育成訓練コースがあります。

◆ホームページ URL

https://www.mhlw.go.jp/stf/seisakunitsuite/bunya/koyou_roudou/koyou/kyufukin/d01-１.html

なお，特定訓練コースでは，セルフ・キャリアドック制度導入企業の場合は，助成率の引き上げが適用されます。詳しくは，「平成31年度版パンフレット（特定訓練コース，一般訓練コース，教育訓練休暇付与コース）」P８，P43を参照してください。

◆人材開発支援助成金平成31年度版パンフレット（特定訓練コース，一般訓練コース，教育訓練休暇付与コース）のダウンロード URL

https://www.mhlw.go.jp/content/11600000/000500312.pdf

③ 特定訓練コースにて助成率の引き上げに該当する場合

助成率の引き上げにかかる書類
若者雇用促進法に基づく認定事業主の場合
□基準適合事業主認定通知書（写）または基準適合事業主状況確認通知書（写）
セルフ・キャリアドック制度（P.４参照）導入企業の場合
□下記の要件を満たすセルフ・キャリアドック制度を規定した就業規則（写）又は労働協約(写)及び制度概要が分かる資料（下記の要件を満たしていることが確認できるもの） ・全ての労働者を対象とし、定期的に実施する制度であること（制度概要に節目を具体的に記載してください。） ・国家資格を有するキャリアコンサルタントによる、ジョブ・カードを活用したキャリアコンサルティングであり、キャリアコンサルティングに基づき労働者がジョブ・カードを作成するものであること ・事業主が労働者に受けさせるものであって、キャリアコンサルティングの経費の全部を事業主が負担するものであること ・キャリアコンサルタントが労働者と原則個別（一対一）に実施するものであること

人材開発支援助成金平成31年度パンフレットより抜粋

また，一般訓練コースでは，以下の基本要件を満たすことで，助成が得られます。「平成31年度版パンフレット（特定訓練コース，一般訓練コース，教育訓練休暇付与コース）」P40を参照してください。

訓練対象者	申請事業主または申請事業主団体等の構成事業主等において雇用保険の被保険者
基本要件	●Off－JTにより実施される訓練であること （事業主または事業主団体等自ら企画・実施する訓練、または教育訓練機関が実施する訓練） ●実訓練時間が２０時間以上であること ●セルフ・キャリアドック（定期的なキャリアコンサルティング）の対象時期を明記して規定すること（ジョブ・カードを活用することを推奨※1）（事業主に限る） ※1 活用することは要件ではありません。 一般訓練コースにおけるセルフ・キャリアドックの要件 ・労働協約、就業規則又は事業内職業能力開発計画のいずれかに、セルフ・キャリアドックの実施（定期的なキャリアコンサルティングの機会の確保）について**対象時期を明記して**定めていることが必要です。 ・キャリアコンサルティングを実施する者は国家資格を有しているキャリアコンサルタントに限りません。 ・キャリアコンサルティングについての経費は事業主が全額を負担する必要があります。 <就業規則の規定例> （セルフ・キャリアドック制度） ○条　会社は、労働者に対してキャリアコンサルティングを入社から３年ごとに行う。 2　キャリアコンサルティングを受けるために必要な経費は、会社が全額負担する。

人材開発支援助成金平成31年度パンフレットより抜粋

企業が人材開発支援助成金を利用するにあたっては，職業能力開発推進者選任が要件となっています。職業能力開発推進者とは，従業員の職業能力開発を計画的に企画・実行するために，その取組を社内で積極的に推進するキーパソンのことです。この職業能力開発推進者は，平成31年４月１日より施行された職業能力開発促進法において「キャリアコンサルタント等の職業能力開発推進者の業務を担当するための必要な能力を有する者」から選任するものと規定されました（下線は筆者）。

経営者、事業所の人事担当者などの皆さまへ　LL301017開キ01

～従業員が能力を存分に発揮できる企業を目指して～

職業能力開発推進者には、専門的な知識・技術をもつキャリアコンサルタント等から選任しましょう！

「職業能力開発促進法」第11条、第12条において、事業主は、雇用する労働者の職業能力の開発・向上が段階的かつ体系的に行われることを促進するため、「事業内職業能力開発計画」を作成するとともに、その実施に関する業務を行う「職業能力開発推進者」を選任するよう努めることと規定されています。

また、**平成30年7月の職業能力開発促進法施行規則等の改正によって、職業能力開発推進者を「キャリアコンサルタント等の職業能力開発推進者の業務を担当するための必要な能力を有する者」から選任するものと規定されました（施行期日：平成31年4月1日）。**

職業能力開発推進者とは

職業能力開発推進者は、従業員の職業能力開発を計画的に企画・実行するために、その取組を社内で積極的に推進するキーパーソンです。

<職業能力開発推進者の役割>

- 事業所単位の職業能力開発計画の作成・実施
- 企業内外の職業訓練を受け、又職業能力検定を受ける労働者に対する相談・指導
- 雇用型訓練を受ける労働者に対する相談・指導
- 労働者へのキャリアコンサルティング
- 労働者が職業能力開発を受けるための労務管理上の配慮に係る相談・指導

★**人材開発支援助成金（特定訓練コース、一般訓練コース、教育訓練休暇付与コース）の利用にあたっては、職業能力開発推進者の選任が要件となっています。**

キャリアコンサルタント（国家資格）とは

キャリアコンサルタントは、キャリア形成や職業能力開発などに関する相談・助言を行う専門家で、職業能力開発推進者の業務に関する知識・技能を備えています。

<キャリアコンサルタント養成に当たって習得している内容>

- 職業能力開発に関する知識（学習方法やその成果の評価方法、訓練体系など）
- 労働者に対するキャリアコンサルティング（従業員に対する動機づけ等）
- 従業員の各ライフステージ（若手・子育て世代・中堅・シニア層）における支援
- 企業における雇用管理や人事労務制度等に関する知識
- 企業内のキャリア形成支援制度の整備とその円滑な実施方法

厚生労働省ホームページもご覧ください。
キャリアコンサルタント　厚生労働省　検索

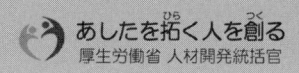

あしたを拓（ひら）く人を創（つく）る
厚生労働省 人材開発統括官

7．キャリアコンサルタントの継続的な学びの促進に関する報告書

キャリアコンサルタントが多様な領域で活躍するための方策と，資格取得後に継続的に学んでいくべき事項が体系的に整理されました。そして，キャリアコンサルタントやこれを組織する団体などが，主体的・継続的に学ぶための指針が示されています。継続学習についてはスーパービジョンについても言及されています。今後，キャリアコンサルタントのためのスーパービジョンの制度が整備されてゆくことでしょう。

◆報道発表ホームページ URL

https://www.mhlw.go.jp/stf/houdou/0000199219_00001.html

「キャリアコンサルタントの継続的な学びの促進に関する報告書」（概要）

別添１

（平成30年12月「キャリアコンサルタント登録制度等に関する検討会」とりまとめ）

１．検討の背景及び考え方

○　平成28年4月に創設されたキャリアコンサルタント登録制度は、制度施行以来、着実にその登録者数を伸ばすなど、順調に推移。

○　一方、キャリアコンサルタント国家資格試験で求めている能力水準は、現実的視点も考慮したいわばミニマム標準として設定されたものであり、実際に現場で十分に活躍するには、資格試験に合格・登録した後も、継続的学びによる資質向上と経験の蓄積が必要不可欠。

⇒　**キャリアコンサルタントの多様な領域での十分な活躍に資するよう、活躍していくための方策及び資格取得後に継続的に学んでいくべき事項を体系的に整理し、キャリアコンサルタント、キャリアコンサルタントを組織する団体等が主体的に継続的学びに取り組むに当たっての指針を示したもの。**

２．キャリアコンサルタントやこれを組織する団体等に今後求められる対応

（１）実務経験機会の確保

資質向上に向けた自発的な学びや成長へのモチベーションのためにも、実務経験が必要。キャリアコンサルタントを組織する団体等がインターンシップ方式による実務経験機会を提供する仕組み等を検討すべき。

（２）継続的学びの推進

○　キャリアコンサルタントが、それぞれの活動領域において、十分に活躍していくためには、キャリアコンサルティングの実務経験を踏まえ、自分自身の課題の把握とその解決及びさらなる資質向上のため自己啓発・能動的学習等を継続的に行っていくことが必要。

○　現場のニーズに的確に答え、活躍できる人材集団として社会的に評価されるため、①すべての活動領域で共通的に求められる一定の能力水準を確保した上で、②それぞれの専門領域や現場のニーズに応じた高い知識・スキルを身につけるよう努めるべき。

３．資格取得後の継続学習において特に必要な事項

（１）あるべきキャリアコンサルタント像

○　キャリアコンサルタントは自らの助言・指導等がクライエントに大きな影響を及ぼしうることを常に肝に銘じ、また、常に自らの能力・態度等の課題に目を向け、その解決に取り組むべく「学び」を継続していかなければならない。

○　キャリアコンサルタントは自らの自己理解にも努めなければならない。さらに、自身の活動の基にある理論的根拠やキャリア形成・能力開発における意味づけなどを説明できる力が必要である。

○　指導的立場のキャリアコンサルタントは、豊富な実務経験のほか、専門家としての学術性や指導者としての人間性も備える必要がある。

（２）学習項目

資格取得後の継続学習においては、特に、①個別面談スキル、②倫理、③法令・制度、④ツールの活用方法、⑤多職種連携に関する知識、⑥組織への働きかけ手法、⑦クライアントの特性理解、⑧制度上位置付けられた役割の理解　等の項目について重点的に学ぶ必要がある。

（３）標準学習モデル

自らの力量の水準や自らに必要な学習を的確に把握することは難しいため、各キャリアコンサルタントが自らの力量を客観的に診断できる機会の設定が必要。特に、**スーパービジョン（※）や事例検討会、研修会・経験交流会への参加の機会を組織的に整備する必要がある。**

※　キャリア支援におけるスーパービジョンは、スーパーバイザー（指導者）がスーパーバイジー（指導を受けるキャリアコンサルタント）に対し、①面談記録に基づく事例の理解や対応方針の検討などの技術的な面での指導に加え、②キャリアコンサルタントとしての成長を図るための支援を行う教育的対応を指すもの。クライアントに対する効果的なキャリア形成等支援・それを通じた組織活性化への貢献等にもつながるもの。

8．学習の場

セルフ・キャリアドックを効果的に推進したい方や，企業内でキャリアコンサルタントとして活躍したい方のために，有効と思われる講座などを紹介します。

⑴キャリア・アドバイザー養成講座（慶應丸の内シティキャンパス，慶應義塾大学SFC研究所キャリア・リソース・ラボラトリー（CRL）共催）

本講座は，組織の中にあっても個人の側に立って，個人のライフキャリアサポート支援を担う「キャリアアドバイザー」として必要な知識とスキルを養うことを目的とします。つまり，企業戦略や組織・人事システムと自律型キャリアデザインシステムの融合と相互補完活動を担う，従来にない組織内プロフェッショナルを育成することをめざします。本プログラムは企業から独立した存在での活動を前提とする他のキャリアカウンセラー講座とは異なり，組織内での活動を主眼に置き，個人のキャリア自律支援とともに組織全体の活性化を視野に入れ，人事制度の潮流やOD（組織開発）など組織・人事分野に関わる実践的な知識とスキルの習得をめざします。ベーシックとアドバンスの２コースあり，それぞれ年１回の開講をしています。

◈講座紹介のホームページ

https://www.keiomcc.com/program/

（プログラム・講座一覧の「人事・人材・キャリア」から当該講座を参照）

◈問合せ先

https://www.keiomcc.com/inquiry/

⑵セルフ・キャリアドック制度【実践演習】（特定非営利活動法人日本キャリア開発協会）

本セミナーは，従業員の活力を引き出し，企業の成長へとつなげる総合的な仕組みである「セルフ・キャリアドック」について，外部・内部の専門家として，企業（組織）への働きかけについて考え学ぶことができる実践的な内容です。「セルフ・キャリアドック」を企業（組織）に根付かせるために，キャリアコンサルタントとして何を伝えどのような関わりを持てばよいのか，“現場”を意識して演習します。また，主体的なキャリア形成の支援者としての心構えや，その専門性の向上などについて考え，それぞれの“現場”へつなげていきます。

◆講座紹介のホームページ

https://www.j-cda.jp/seminar/skill-up.php

◆受講条件：事前に受講すべき講座あり

◆問合せ先：koujou@j-cda.jp

⑶企業内キャリアカウンセラー養成講座（株式会社日本マンパワー）

企業内でキャリアコンサルティングを行うために，有効な視点やスキルを身に付けることを目的として開講。講座は受講者同士の対話やワークショップを中心とした進行。学習内容の特徴は，個人の相談を通して組織の状況やシステム（関係性）を把握する力を養う点。企業内キャリアカウンセラーは，個人の成長を支援する視点だけでなく，システム（関係性）を理解し，働きかける知恵と感性を得ることで，個人と企業双方の効果性や健全性をより一層高めることが出来る。2019年度からは，厚生労働大臣が指定するキャリアコンサルタントの更新講習として開講。

◆講座紹介のホームページ

https://www.nipponmanpower.co.jp/cp/hr/cda/ocda/

⑷キャリアTERA～企業内キャリアコンサルタントの寺子屋（株式会社日本マンパワー）

企業内キャリアコンサルタントのための自主的な「学びとネットワーキングの場」として開催。パイオニアとして企業内キャリアコンサルティングに取り組んできた先輩キャリアコンサルタントと，これから具体的に取り組んでいきたいと考えている，次世代キャリアコンサルタントの交流が目的。定員は毎回約40名。プログラムは，ゲストによる情報提供，参加者同時の対話と質疑応答で構成。特に質疑応答の時間は，通常のセミナーでは中々聞けない本音のやり取りが行われている。

◆講座紹介のホームページ

https://www.nipponmanpower.co.jp/cp/hr/cda/studysession/

⑸組織開発ファシリテータ養成講座（株式会社日本マンパワー）

組織開発を実践するうえで，必要となる知識や視点を身に付けることを目的として開講。マサチューセッツ工科大学の上級講師である，ピーター・センゲが提唱した組織アプローチの一つである「学習する組織」への理解をはじめ，組織心理学に応用される「システム思考」や「プロセス指向心理学」「U 理論」について，体感的理解を重視したワークショップ，職場実践と対話を通じたリフレクションにより学習します。プログラムは９回の１日セミナーと４回のリフレクションによって構成，年間１クラス（定員20名）の開講を予定。

◆講座紹介のホームページ

http://www.nipponmanpower.co.jp/cp/training/seminar/information/executive-college/

⑹【技能更新講習】セルフ・キャリアドック実践コース（b-active 株式会社）

厚生労働大臣指定の国家資格キャリアコンサルタント更新講習として，

全3コースを講習時間6時間で開催しています。「面談実践」コース，「ワークショップ実践」コース，そして「全体報告実践」コースで，セルフ・キャリアドックの実践場面を網羅する構成となりますので，今後自社でセルフ・キャリアドックの実践を目指す方や，外部から企業に導入を実践したい方など，企業分野のキャリアコンサルタントの皆様のお役に立てる内容です。講習に加えてロールプレイやグループディスカッション，ペアワークなどの体験学習が特徴で，講師は企業へのセルフ・キャリアドックの導入実績が多数ある b-active 株式会社（www.b-active.co）が担当します。

◆更新講習紹介のホームページ

http://www.b-active.co/lecture/

⑺企業内キャリアコンサルタントの育成（一般社団法人キャリアコンサルティング振興協会）

企業内でキャリアコンサルティングを行いたいが，在職中の従業員に対しての面談経験がないキャリアコンサルタントや人事部門での職務経験がないキャリアコンサルタントに，企業内で相談者を支援する際に理解しておく必要のあるキャリア（仕事）・メンタル（健康）・ファイナンシャル（お金）の3分野に関する基本知識を学ぶセミナーを実施しています。また，人事部門へのコンサルティングやキャリア研修の企画・立案から研修講師として運営していくノウハウなどを習得して，キャリアコンサルタントが活躍の場を広げることを支援します。

◆講座紹介のホームページ

http://www.ccea.jp/

◆問い合わせ先

info@ccea.jp

⑻コミュニティ・アプローチ実践講座（一般社団法人ホワイトアイコロキアム）

「コミュニティ」とは共同体のことであり，企業・組織も「コミュニティ」だといえます。本講座では，コミュニティ・アプローチの５つの基本的発想，３つのＣ（連携スタイル），４つの介入側面，６つの介入レベルについて学習します。そして，インシデント・プロセスを用いたケース検討を通じて，企業・組織における問題発生のメカニズムの明確化と，多様な介入策の検討を実践的に学習していきます。１グループ６名以下の少人数のグループ・ディスカッションによって，組織を見立てる力と幅広い介入策検討力を習得することができます。

◆講座紹介のホームページ（こくちーずPRO）

https://www.kokuchpro.com/event/cap/

◆問合せ先

info@wecollo.org

9．推薦図書

引用・参考文献以外で，セルフ・キャリアドックや企業内キャリアコンサルティングに役立つ図書を紹介します。

◉浅川 正健（2019）．企業内キャリアコンサルティング入門――個人の気づきを促し、組織を変える――　ダイヤモンド社

◉藤原 俊通（2013）．組織で活かすカウンセリング――「つながり」で支える心理援助の技術――　金剛出版

◉花田 光世（2013）．「働く居場所」の作り方――あなたのキャリア相談室――　日本経済新聞出版社

◉道谷 里英（2018）．キャリアを支えるカウンセリング――組織内カウンセリングの理論と実践――　ナカニシヤ出版

◉宮城 まり子（2012）．企業におけるキャリア相談室の機能と役割――キャリア相談事例より―― 法政大学キャリアデザイン学部紀要 第9号，273-291. < http://cdgakkai.ws.hosei.ac.jp/wp/wp-content/uploads/2016/11/gb201208.pdf >

◉二村 英幸（2015）．改訂増補版 個と組織を生かすキャリア発達の心理学――自律支援の人材マネジメント論―― 金子書房

◉シャイン，E. H.・尾川 丈一・石川 大雅（著）・松本 美央・小沼 勢矢（訳）（2017）．シャイン博士が語る組織開発と人的資源管理の進め方――プロセス・コンサルテーション技法の用い方―― 白桃書房

◉高橋 浩（2017）．第１章 企業内におけるナラティブ／社会構成主義キャリアカウンセリング 渡部 昌平（編著）実践家のためのナラティブ／社会構成主義キャリア・カウンセリング――クライエントとともに〈望ましい状況〉を構築する技法――（pp. 9－52）福村出版

◉高橋 修（編著）・高橋 浩・中嶋 励子・渡邉 祐子（著）（2013）．社会人のための産業・組織心理学入門 産業能率大学出版部

◉渡辺 三枝子（2005）．オーガニゼーショナル・カウンセリング序説――組織と個人のためのカウンセラーをめざして―― ナカニシヤ出版

10. 引用・参考文献

第１章

エン・ジャパン（2017）．「仕事に求めること」について アンケート集計結果 エン・ジャパン Retrieved from https://employment.en-japan.com/enquete/report-36/（2019年５月８日）

グラットン，L.（2017）．第１回人生100年時代構想会議 資料４－２ 内閣府 Retrieved from http://www.kantei.go.jp/jp/singi/jinsei100nen/dai1/siryou4-2.pdf（2019年５月８日）

Hall, D. T.（2002）. *Careers in and out of organizations*. California: Sage.

Hall, D. T.（2004）. The protean career: A quarter-century journey. *Journal of Vocational Behavior, 65,* 1－13.

Hartung, P. (2018). 日本産業カウンセリング学会第23回（国際）大会 基調講演「デジタル時代のライフキャリア・デザイン」資料
環境省（2012). H24年度版環境白書・循環型社会白書・生物多様性白書
國分 康孝（1996). カウンセリングの原理　誠信書房
厚生労働省（2017).「セルフ・キャリアドック導入」の方針と展開
厚生労働省（2018). セルフ・キャリアドック導入支援事業（平成28年度・29年度）最終報告書
内閣府（2015). 日本再興戦略改訂2015
内閣府（2018). 未来投資戦略2018
労働政策研究・研修機構（2018). キャリアコンサルタント登録者の活動状況等に関する調査　労働政策研究報告書, No.200.
Rousseau, D. M. (2005). *I-deals: Idiosyncratic Deals Employees Bargain for Themselves.* New York: M. E. Sharpe.
下村 英雄（2015). 企業内キャリア・コンサルティングとその日本的特質――自由記述調査およびインタビュー調査結果――　労働政策研究・研修機構
下村 英雄（2017). キャリアコンサルティングの実態，効果および潜在的ニーズ――相談経験者1,117名等の調査結果――　労働政策研究・研修機構
下村 英雄（2018). 第95回労働政策フォーラム「企業内キャリアコンサルティングの現在と未来」配付資料 Retrieved from https://www.jil.go.jp/event/ro_forum/20180216/resume/03-kenkyu-shimomura.pdf（2019年5月8日）
総務省（2017). H29年度版　情報通信白書
高橋 浩（2015). 第5章 企業内キャリア・コンサルティングと組織開発　企業内キャリア・コンサルティングとその日本的特質――自由記述調査およびインタビュー調査結果――　労働政策研究・研修機構
高橋 浩（2018). セルフ・キャリアドック導入支援に向けた研修の報告　日本産業カウンセリング学会 TODAY, Vol. 1, No. 1, 10-17.
高橋 俊介（2012). 21世紀のキャリア論　東洋経済新報社

第2章

枝廣 淳子・小田 理一郎（2007). なぜあの人の解決策はいつもうまくいくのか？――小さな力で大きく動かす！システム思考の上手な使い方――　東洋経済新報社
Fuggetta, R. (2012). *Brand Advocates: Turning Enthusiastic Customers into a Powerful Marketing Force.* New Jersey: John Wiley & Sons.（フュジェッタ, R. 藤崎 実（監）・徳力 基彦（解説）・土方 奈美（訳）(2013). アンバサダー・マーケティング　日経BP社）
厚生労働省（2018). 職業能力開発促進法 e-Gov Retrieved from http://elaws.e-gov.go.jp/search/elawsSearch/elaws_search/lsg0500/detail?lawId=344AC0000000064

（2019年５月８日）
Peters, T., & Waterman, Jr. R. H. (1982). *In Search of Excellence*. Herpercolins Publishers.（トム・ピーターズ，ロバート・ウォーターマン，大前研一（訳）(2003). エクセレント・カンパニー　英治出版）
Schaefer, M. (2012). *Return On Influence: The Revolutionary Power of Klout, Social Scoring, and Influence Marketing*. New York: McGraw-Hill.（シェイファー，M. W. 中里 京子（訳）(2012). 個人インフルエンサーの影響力――クラウト，ソーシャルスコアがもたらす革命的マーケティング――　日本経済新聞出版社）

第３章

福澤 英弘 (2009). 人材開発マネジメントブック――学習が企業を強くする――　日本経済新聞社
人材育成学会 (2019). 人材育成ハンドブック　金子書房
厚生労働省 人材開発統括官. あしたを拓く人を創る 職業能力開発推進者は，専門的な知識・技術をもつキャリアコンサルタント等から選任しましょう！ 厚生労働省 Retrieved from https://www.mhlw.go.jp/content/11800000/000369235.pdf（2019年５月８日）
厚生労働省 (2018). セルフ・キャリアドック導入支援事業（平成28年度・29年度）最終報告
厚生労働省・都道府県労働局 (2018). 人材開発支援助成金（特定訓練コース，一般訓練コース，教育訓練休暇付与コース）のご案内 厚生労働省 Retrieved from https://www.mhlw.go.jp/content/11600000/000342689.pdf（2019年５月８日）
中原 淳 (2017). 人材開発研究大全　東京大学出版会
中原 淳・島村 公俊・鈴木 英智佳・関根 雅泰 (2018). 研修開発入門「研修転移」の理論と実践　ダイヤモンド社
日本の人事部編集部 (2018). 日本の人事部 人事白書2018　アイ・キュー
下山 博志 (2017). 実践 人財開発　日本能率協会マネジメントセンター
鈴木 克明 (2015). 研修設計マニュアル――人材育成のためのインストラクショナルデザイン――　北小路書房

第４章

American Counseling Association (2014). *ACA code of ethics*. Alexandria, VA: Author.
キャリアコンサルティング協議会 (2016). キャリアコンサルタント倫理綱領 キャリアコンサルティング協議会 Retrieved from https://www.career-cc.org/files/rinrikoryo.pdf（2019年５月８日）
枝廣 淳子・小田 理一郎 (2007). なぜあの人の解決策はいつもうまくいくのか？――

小さな力で大きく動かす！システム思考の上手な使い方—— 東洋経済新報社
Garner, C. M., Freeman, B. J., & Lee, L. (2016). Assessment of student dispositions: The development and psychometric properties of the Professional Disposition Competence Assessment (PDCA). VİSTAS Online. Retrieved from https://www.counseling.org/knowledge-center/vistas/by-subject2/vistas-assessment/docs/default-source/vistas/article_5235f227f16116603abcacff0000bee5e7 (May, 8, 2019.)
平木 典子 (2017). 増補改訂心理臨床スーパーヴィジョン——学派を超えた統合モデル—— 金剛出版
香取 一昭・大川 恒 (2017). ワールド・カフェをやろう——会話がつながり，世界がつながる—— 新版 日本経済新聞出版社
香取 一昭・大川 恒 (2018). 人と組織の「アイデア実行力」を高める——OST (オープン・スペース・テクノロジー) 実践ガイド—— 英治出版
國分 康孝 (1979). カウンセリングの技法 誠信書房
厚生労働省 (2018). 平成29年度 労働者等のキャリア形成における課題に応じたキャリアコンサルティング技法の開発に関する調査・研究事業 厚生労働省 Retrieved from https://www.mhlw.go.jp/stf/seisakunitsuite/bunya/koyou_roudou/jinzaikaihatsu/career_consulting_gihou.html (2019年5月8日)
厚生労働省 (2019a). 平成30年度 労働者等のキャリア形成における課題に応じたキャリアコンサルティング技法の開発に関する調査・研究事業 厚生労働省 Retrieved from https://www.mhlw.go.jp/stf/seisakunitsuite/bunya/koyou_roudou/jinzaikaihatsu/career_consulting_gihou_00004.html (2019年6月4日)
厚生労働省 (2019b). キャリアコンサルタントの継続的な学びの促進に関する報告書 厚生労働省 Retrieved from https://www.mhlw.go.jp/stf/houdou/0000199219_00001.html (2019年5月8日)
水野 修次郎 (2018). カウンセラーの倫理講義2 産業カウンセリング学会第7期スーパービジョン養成講座講義編資料
中村 和彦 (2015). 入門 組織開発——活き活きと働ける職場をつくる—— 光文社
Schein, E. H. (1998). *Process Consultation Revisited: Building the Helping Relationship*. Reading, MA: Addison-Wesley. (シャイン, E. H. 稲葉 元吉・尾川 丈一 (訳) (2012). プロセス・コンサルテーション——援助関係を築くこと—— 白桃書房)
下村 英雄 (2015). 企業内キャリア・コンサルティングとその日本的特質——自由記述調査およびインタビュー調査結果—— 労働政策研究報告書, No.171, 労働政策研究・研修機構
高橋 浩 (2016). 今後のキャリアコンサルタントが担うべき機能的役割とその質保証 日本労働研究雑誌, No.671, 63-74.

高橋 浩（2017）．キャリア支援　植村 勝彦・高畠 克子・箕口 雅博・原 裕視・久田 満（編）よくわかるコミュニティ心理学［第3版］（pp.164-165）ミネルヴァ書房
植村 勝彦・高畠 克子・箕口 雅博・原 裕視・久田 満（編）（2017）．よくわかるコミュニティ心理学［第3版］　ミネルヴァ書房
和田 仁孝（監）・安藤 信明・田中 圭子（著）（2015）．調停にかかわる人にも役立つメディエーション入門　弘文堂
渡辺 三枝子・ハー, E. L.（2001）．キャリアカウンセリング入門――人と仕事の橋渡し――　ナカニシヤ出版
渡部 昌平（編著）・高橋 浩・新目 真紀・三好 真・松尾 智晶（著）（2018）．グループ・キャリア・カウンセリング――効果的なキャリア教育・キャリア研修に向けて――　金子書房
Weisbord, M., & Janoff, S.（2010）. *Future Search: An Action Guide to Finding Common Ground in Organizations and Communities*. San Francisco: Berrett-Koehler.（ワイスボード, M. ジャノフ, S. 香取 一昭・ヒューマンバリュー（訳）（2009）．フューチャーサーチ――利害を越えた対話から，みんなが望む未来を創り出すファシリテーション手法――　ヒューマンバリュー）

第5章

畔柳 修（2013）．キャリアデザイン研修 実践ワークブック――若手・中堅社員の成長のために――　金子書房
畔柳 修（2018）．ライフキャリアデザイン研修――実践ワーク集：リーダー層が輝く働き方・生き方設計――　金子書房
山崎 京子（2018）．未来を拓くキャリアデザイン講座　中央経済社

第6章

キャリアコンサルティング協議会（2016）．キャリアコンサルタント倫理綱領 キャリアコンサルティング協議会 Retrieved from https://www.career-cc.org/files/rinrikoryo.pdf（2019年5月8日）
木村 周（2016）．キャリアコンサルティング 理論と実際――カウンセリング，ガイダンス，コンサルティングの一体化を目指して――　4訂版　雇用問題研究会
國分 康孝（1996）．カウンセリングの原理　誠信書房
厚生労働省（2018）．セルフ・キャリアドック導入支援事業（平成28年度・29年度）最終報告書
日本マンパワー（2013）．企業内キャリアカウンセリング白書2013　企業内キャリアカウンセリングの効果――「可視化」と「検証」――
Rosenberg, M. B.（2003）. *Nonviolent Communication A Language of Life*. Encinitas CA: Puddle Dancer Press.（ローゼンバーグ, M. B. 安納 献（監訳）・小川 敏子

（訳）（2012）．NVC 人と人との関係にいのちを吹き込む法　日本経済新聞出版社）
産業人材政策室（2018）．「人生100年時代の社会人基礎力」と「リカレント教育」について　我が国産業における人材力強化に向けた研究会報告書　経済産業省 Retrieved from http://www.meti.go.jp/report/whitepaper/data/pdf/20180319001_3.pdf（2019年５月８日）
Schein, E.H.（1978）. *Career dynamics: Matching individual and organizational needs.* Reading MA: Addison-Wesley.（シャイン，E. H. 二村 敏子・三善 勝代（訳）（1991）．キャリア・ダイナミクス――キャリアとは，生涯を通しての人間の生き方・表現である。――　白桃書房）
下村 英雄（2002）．フリーターの就業意識とその形成過程――「やりたいこと」志向の虚実――　小杉 礼子（編）自由の代償／フリーター――現代若者の就業意識と行動――（pp.75-99）日本労働研究機構
Wrzesniewski, A., & Dutton, J.（2001）. Crafting a job: Revisioning employees as active crafters of their work. *Academy of Managements Review, 26*（*2*）, 179-201.

第７章

Drucker, P. F.（1954）. *The Practice of management.* New York: Harper & Row.（ドラッカー，P. F. 上田 惇生（訳）（1996）．新訳 現代の経営（上・下）　ダイヤモンド社）
國分 康孝（1979）．カウンセリングの技法（p.171）　誠信書房
近藤 直司（2015）．医療・保健・福祉・心理専門職のためのアセスメント技術を高めるハンドブック［第２版］――ケースレポートの方法からケース検討会議の技術まで――　明石書店
厚生労働省（2018）．セルフ・キャリアドック導入支援事業（平成28年度・29年度）最終報告書
Lewis, J. A., Lewis, M, D., Daniels, J. A., & D'Andrea, M. J.（2003）. *Community counseling: Empowerment strategies for a diverse society*（３rd ed.）. Pacific Grove, CA: Brooks/Cole.（井上 孝代（監）・伊藤 武彦・石原 静子（訳）（2006）．コミュニティカウンセリング――福祉・教育・医療のための新しいパラダイム――　ブレーン出版）
宇留田 麗（2003）．コラム１ コラボレーション　下山 晴彦（編）よくわかる臨床心理学（pp.24-25）　ミネルヴァ書房
Weisbord, M., & Janoff, S.（2010）. *Future Search: An Action Guide to Finding Common Ground in Organizations and Communities.* San Francisco: Berrett-Koehler.（ワイスボード，M. ジャノフ，S. 香取 一昭・ヒューマンバリュー（訳）（2009）．フューチャーサーチ――利害を越えた対話から，みんなが望む未来を創り出すファシリテーション手法――　ヒューマンバリュー）

SELF CAREER DOCK

「セルフ・キャリアドック」導入の方針と展開

〜従業員の活力を引き出し、企業の成長へとつなげるために〜

はじめに

従来キャリアコンサルタントが果たしてきた役割は幅広く、働く方々の不安、悩みの相談に乗り、元気を出して仕事に向き合う働くマインドの支援等を行ってきました。その相談の一環では、家庭の中での問題・課題、コミュニティの中での自分の役割や課題、社会の中での様々な役割作りなども相談の対象として面談を実施してきました。働く背景にある様々な問題の「よろず悩み事相談」にキャリアコンサルタントが幅広く対応してきたとも言えます。

しかし、2016年度から実施が始まった改正職業能力開発促進法は「職業生活の設計とそのための能力開発」に働く人一人ひとりが当事者意識と実践の責任を持つことを求め、同時に組織にその支援の提供を義務付けるようになりました。職業生活の設計には、その背景にこの幅広い「よろず悩み事相談」があっての設計があるわけですが、それに加えてより具体的なキャリアプランの設計とその支援、キャリアプランを実現するための能力開発プログラムの策定とその支援、そしてそのキャリアプランと能力開発の実践とその支援が働く個々人、そして企業に求められることになりました。それはキャリアコンサルタントに、今まで以上にキャリアデザインとその実践に対する「具体的な支援」が求められることにもなったということに他なりません。従来の役割に加え、改正職業能力開発促進法が求める「キャリアコンサルティングの機会の提供とその他の援助」に向けて、今まで以上に具体的なキャリアプランの設計とその実現のための支援がキャリアコンサルタントに求められています。

本セルフ・キャリアドック導入の方針と展開は、この具体的なキャリアプランの設計とその実現支援に焦点を当てた、組織で働く一人ひとりの個人の職業生活・キャリアデザインの方針と展開を具体的に解説するためのものです。個々人は組織の中で働きます。個々人が元気で働くには組織もまた活性化し、活力あふれた組織になることが求められます。それゆえ、このセルフ・キャリアドックの導入の方針と展開では、副題として従業員の活力を引き出し、企業の成長とつなげる活動としてセルフ・キャリアドックを位置づけています。セルフ・キャリアドックは法律で求められている「職業生活の設計とそのための能力開発」を具体的に実践する方策ですが、それが組織の活性化につながる活動という視点を持つことも必要です。第一章から最終章まで、本書ではセルフ・キャリアドックの実践とキャリアコンサルタントが果たす支援の役割において、この視点が展開されています。

セルフ・キャリアドック導入支援事業推進委員会座長
花田光世
慶應義塾大学名誉教授

INDEX

第1章 セルフ・キャリアドックとは

1 セルフ・キャリアドックの定義

セルフ・キャリアドックとは、企業がその人材育成ビジョン・方針に基づき、キャリアコンサルティング面談と多様なキャリア研修などを組み合わせて、体系的・定期的に従業員の支援を実施し、従業員の主体的なキャリア形成を促進・支援する総合的な取組み、また、そのための企業内の「仕組み」のことです。

従来の主な人材育成施策は、組織の視点に立った組織にとって必要なマインドやスキル、知識の獲得を目指すという観点から行われてきました。これに対して、セルフ・キャリアドックは、企業・組織の視点に加えて、従業員一人ひとりが主体性を発揮し、キャリア開発を実践することを重視・尊重する人材育成・支援を促進・実現する仕組みです。この仕組みでは、中長期的な視点で従業員一人ひとりが自己のキャリアビジョンを描き、その達成のために職業生活の節目での自己点検や実践に活用する取り組みプロセスを提供することになります。

＊職業能力開発促進法による定義を踏まえれば、「キャリアコンサルティング」自体が従業員支援のために相談を行い、助言や指導をすることを指すものですが、ここでは、企業内において一般的に行われている、上司等が人事評価・考課等を目的に行う「定期面談」「業績評価面談」等と、セルフ・キャリアドックにおけるキャリアコンサルティングを明確に区別するため、「キャリアコンサルティング面談」という表現を用いています。「キャリアコンサルティング面談」を「キャリア理論等の専門的な知見に基づき、また、従業員の心理的な自己洞察を促して、キャリア形成について認識を深め、明確化するための面談」であると捉えることで、それぞれの違いが理解しやすくなります。

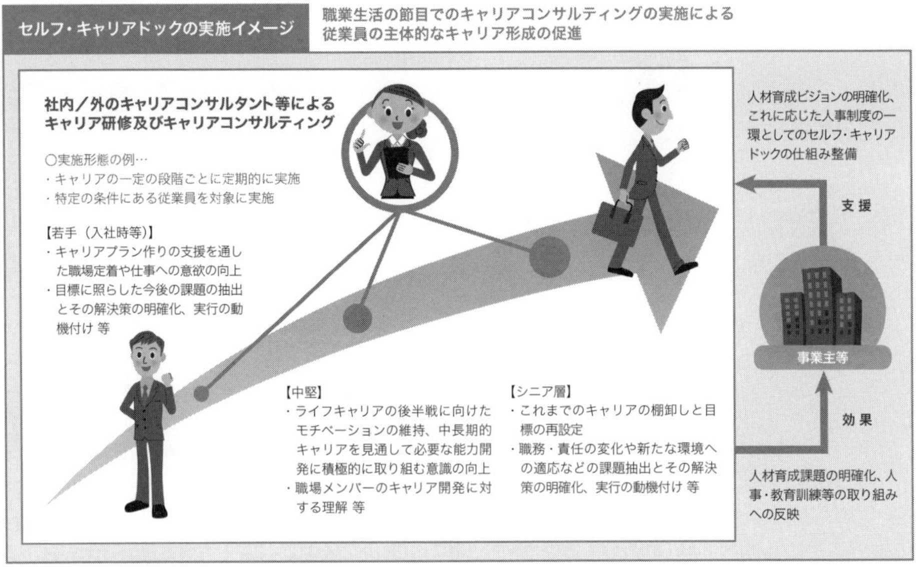
セルフ・キャリアドックの実施イメージ
職業生活の節目でのキャリアコンサルティングの実施による
従業員の主体的なキャリア形成の促進
社内／外のキャリアコンサルタント等による
キャリア研修及びキャリアコンサルティング
○実施形態の例…
・キャリアの一定の段階ごとに定期的に実施
・特定の条件にある従業員を対象に実施
【若手（入社時等）】
・キャリアプラン作りの支援を通した職場定着や仕事への意欲の向上
・目標に照らした今後の課題の抽出とその解決策の明確化、実行の動機付け 等
【中堅】
・ライフキャリアの後半戦に向けたモチベーションの維持、中長期的キャリアを見通して必要な能力開発に積極的に取り組む意識の向上
・職場メンバーのキャリア開発に対する理解 等
【シニア層】
・これまでのキャリアの棚卸しと目標の再設定
・職務・責任の変化や新たな環境への適応などの課題抽出とその解決策の明確化、実行の動機付け 等
人材育成ビジョンの明確化、これに応じた人事制度の一環としてのセルフ・キャリアドックの仕組み整備
支 援
事業主等
効 果
人材育成課題の明確化、人事・教育訓練等の取り組みへの反映

2 セルフ・キャリアドックの意義・必要性

現在、IT 化の進展や国際競争の激化など、変化の激しい時代にあって、企業にはビジネスモデルや事業内容の大胆な変化を迫られています。「日本再興戦略改訂 2015」では、従業員が社会や組織の変化を先取りする形で変革に対応し、持てる能力を最大限に発揮していくために、従業員が自らのキャリアについて立ち止まって考える「気づきの機会」が必要である、と提言されています。

平成 28 年 4 月 1 日に施行された改正職業能力開発促進法では、労働者は自ら職業生活設計（キャリアデザイン）を行い、これに即して自発的に職業能力開発に努める立場にあることが規定されました。同時に、この労働者の取組を促進するために、事業主が講ずる措置として、キャリアコンサルティングの機会を確保し、その他の援助＜付録 4（P30）の「よくある質問・回答例」を参照＞を行うことが規定されています。セルフ・キャリアドックはこうした背景を踏まえ、それを実現していくための具体的な施策を反映した取り組みであり、その実施を通じて、企業としての人材活用目標と従業員一人ひとりのキャリア目標とを調整していくことで、企業の活力・生産性向上と従業員のキャリア充実を両立することにつながるものです。

3 セルフ・キャリアドックの導入目的、効果と実施形態

1 セルフ・キャリアドックの導入目的と効果

セルフ・キャリアドックは、それぞれの企業が抱える人材育成上の方針や直面している課題によって、導入の目的や実施形態が異なります。しかし、どのようなパターンでも共通して、主に以下のことが効果として挙げられます。

① 従業員にとっては自らのキャリア意識や仕事に対するモチベーションの向上とキャリア充実
② 企業にとっては人材の定着や活性化を通じた組織の活性化

2 セルフ・キャリアドックの実施形態

セルフ・キャリアドックの導入の目的や実施形態は、企業ごとの人材育成上の方針や直面している課題によって様々に考えることができますが、例えば、企業が抱える多様な課題の中で、喫緊の課題として特に重要なものには以下のようなパターンがあります。

① 新卒採用者の離職率が高いという課題に対して

新卒採用者へのリアリティショックや働く作法を含めた定着支援・働き方支援がセルフ・キャリアドックの重要な支援の一つとなります。セルフ・キャリアドックにより、新卒採用者等に対して、キャリアプランの具体化のベースとなる、仕事への向き合い方・取り組む意欲などのマインドセットと、キャリアパスの可能性の明示などを通したキャリアプラン作りの支援を通して、職場への定着や仕事への意欲を高めていくことが期待されます。

上記のキャリアパスというのは、個々の社員のキャリア形成や昇進に必要な仕事の経験や、そのプライオリティづけを通した経験を積むことが期待される順序などをいいます。

② 育児・介護休業者の職場復帰率が低いという課題に対して

育児・介護休業者の職場復帰を円滑に行うことがセルフ・キャリアドックの重要な支援の一つとなります。セルフ・キャリアドックにより、育児・介護休業者が抱える不安を取り除き、仕事と家庭の両立に関わる課題の解決支援を行うとともに、職場復帰のためのプランを作成することにより、職場復帰を円滑に行うことが期待されます。またキャリアコンサルティング面談では、職場復帰に関する直近のプロセスだけでなく、復帰後中長期的な視点に立った、ライフキャリア作りの支援の相談にのることも重要です。

③ 中堅社員のモチベーションが下がっているという課題に対して

中堅社員を活性化していくことがセルフ・キャリアドックの重要な支援の一つとなります。従来型の人事制度が大きく変わり、年功序列型の昇進・昇格が保証されにくい仕組みの中で、(大学卒業者であっても)

管理職に昇進しない従業員が著しく増加する傾向が生じ、その傾向は特にバブル崩壊以降に採用された従業員に顕著にみられるようになってきました。そのような事態の中で、モチベーション の維持・向上において、昇進・昇格や昇給を中心としたキャリアアップの方策が機能しにくくなり、むしろキャリア充実に視点をシフトした対策が求められるようになってきています。ところがこの変化に、組織の人事施策や個人の働くマインドが充分に対応しきれず、中堅社員のモチベーションが低下してきています。セルフ･キャリアドックは、長い職業生活の前半戦を終え、これから後半戦を迎える踊り場、中間点に立っている中堅社員に対し、自己の持つ多様な能力を棚卸しし、その能力の発揮を通して、モチベーションの維持・向上を図り、キャリア充実の実践度合いを把握する一連の支援策といえます。

④ シニア社員の長い生涯キャリアの設計とその実践という課題に対して

生涯現役の期間が長期化し、働くことができるなら、年齢によらず長期に働き続けたいというシニア社員が増加しています。70 歳、75 歳、さらには 80 歳まで働き続けることもオプションに入る時代、どのようにシニア期を過ごすかをシニア期前から視野においた職業生活の設計、ライフキャリア構築が重要なテーマとなってきました。長い生涯キャリアを有意義に、豊かに送るには、いくつになっても仕事で成長を実感し、充実感をもって仕事ができることが重要です。今後、シニア社員の活性化と能力発揮を促す研修とキャリアコンサルティング面談を連動させた施策の提供はセルフ・キャリアドックの大切な活動であり、シニア社員のモチベーションの維持・向上にとって重要な活動です。いくつになっても生涯現役の道を歩み続けるため、セルフ・キャリアドックを活用し、自分のキャリア開発に当事者意識と責任をもつ仕組みをシニア期とその準備期において確立することは、少子高齢化社会を生き抜く上で重要です。

Column1

「従業員の意欲とキャリアコンサルティング」～（株）KMユナイテッド～

＜業種：建設業　従業員数：35 人（2017 年 10 月現在）＞

（株）KM ユナイテッドでは、年齢、性別、国籍、経験、資格、学歴などに関わらず、意欲さえあれば誰でも建設現場でプロの職人（匠）として活躍できるよう、教育システムや女性職人が働きやすい環境を整備しています。これに加えて、そうした仕組みと相まって、キャリアコンサルティング面談により、従業員一人ひとりが自らを振り返りながら将来のキャリア目標を再考する機会を設けており、意欲を持って入社した人材が、目指す職人像に近づくためのモチベーションを持ち続けられるように支援しています。

4 セルフ・キャリアドックの導入・実施プロセス

セルフ・キャリアドックの標準的なプロセスは以下のとおりです。次章から、このプロセスに沿って、具体的に実施する事項を説明していきます。

なお、このプロセスは、あくまで標準的なモデルとしてお示ししているものであり、各企業・組織の事情に応じて、一部を統合・簡略化、あるいは追加・細分化して実施することは差し支えありません。

図表1 セルフ・キャリアドックの標準的プロセス

1 人材育成ビジョン・方針の明確化

（1）経営者のコミットメント
（2）人材育成ビジョン・方針の策定
（3）社内への周知

2 セルフ・キャリアドック実施計画の策定

（1）実施計画の策定
（2）必要なツールの整備
（3）プロセスの整備

3 企業内インフラの整備

（1）責任者等の決定
（2）社内規定の整備
（3）キャリアコンサルタントの育成・確保
（4）情報共有化のルール
（5）社内の意識醸成

4 セルフ・キャリアドックの実施

（1）対象従業員向けセミナー（説明会）の実施
（2）キャリア研修
（3）キャリアコンサルティング面談を通した支援の実施
（4）振り返り

5 フォローアップ

（1）セルフ・キャリアドックの結果の報告
（2）個々の対象従業員に係るフォローアップ
（3）組織的な改善措置の実施
（4）セルフ・キャリアドックの継続的改善

第2章 人材育成ビジョン・方針の明確化

1 経営者のコミットメント

経営者には、職業能力開発促進法で規定された従業員に対するキャリアコンサルティングの機会の確保を、セルフ・キャリアドックの仕組みの具体化により明確化し、社内（全従業員）に対して各社の適切な形で明示・宣言することが求められます。

経営者のこのようなコミットメントは、組織全体としてセルフ・キャリアドックを推進していく前提として重要であると同時に、職業能力開発促進法で規定された措置を果たす上において必要なことです。

2 人材育成ビジョン・方針の策定

人材育成ビジョン・方針とは、企業の経営理念を実現するために、従業員に期待する人材像とそのための人材育成方針を明らかにするものです。

人材育成ビジョン・方針の策定に当たっては、業界・企業を取り巻く環境や、自社の人材が抱える実態を適切に把握する必要があります。把握された実態と、企業の経営理念やあるべき人材像とのギャップから課題を明確にし、そのギャップを埋めたり、あるいは、時代や組織の変化に対応するため、あるべき人材像を設定し直し、企業の求める人材像に向けた人材育成方針を明らかにしていきます。

3 社内への周知

策定した人材育成ビジョン・方針は、各社の適切な形・方法により、全ての従業員に対して提示する必要があります。

なお、人材育成ビジョン・方針は、導入時の一時的な周知に止まらず、後述するセルフ・キャリアドックの各プロセスを通じ、各従業員に繰り返し浸透を図ることが望ましいものです。

Column2

「キャリアコンサルティングを経営指針に」～（株）東邦プラン～

<業種：研究、専門技術サービス業　従業員数：29 人（2017年10月現在）>

中小企業では、従業員一人ひとりの成長が会社の成長に大きく影響します。若手が多く中堅層が少ない（株）東邦プランでは、手本（ロールモデル）となる先輩社員が少なく、若手従業員がどうやって自律的に成長していけるかが課題でした。このため、キャリアビジョン形成を目的としたキャリアコンサルティング面談を全従業員に対して実施しました。キャリアコンサルティング面談は、若手従業員のみならず管理職の育成にも大変有効でした。キャリアコンサルティング面談により、会社全体が「強くなった」という実感を得ました。現在、同社では、キャリアコンサルティング面談の実施を新たに経営指針に盛り込み、さらなる取組推進を目指しています。

第3章 セルフ・キャリアドック実施計画の策定

1 実施計画の策定

人材育成ビジョン・方針に基づいてセルフ・キャリアドックをどのように進めていくのかについて、企業としての具体的な実施計画を策定します。実施計画に盛り込む項目とそれぞれの一般的な実施内容は、以下のようなものです。

1 キャリア研修

集合研修方式により、自身のキャリア開発に関するビジョン・目標の設定やアクションプラン策定を行えるよう、これまでの経験と保有する多様な能力の棚卸しやキャリア形成上の課題への気づきを促すことを目的に行います。集合研修のメリットを活かし、小グループによるグループワークも盛り込むとより効果的なものとなります。

キャリア研修の対象者は、現在あるいは近い将来、ライフキャリア上の様々なステージで、キャリア形成上の課題に向き合うことが考えられる従業員です。以下のように、キャリアの観点で同一属性の対象者ごとに実施するのが今までの経験では有効とされています。

① キャリアの一定段階ごとに定期的にキャリアプランの策定・見直しを促す場合

入社時、一定年数経過時（5 年、10 年等)、一定年齢到達時（35 歳、45 歳、55 歳等における年齢などからくるライフキャリア上での課題や次の節目への準備など）に該当する従業員を対象者とする。

② 特定の条件にある従業員のキャリア支援を図る場合

入社直後～数年間の若手従業員（定着促進)、育児・介護休業復帰者（復帰・定着)、組織の中での期待や役割の変更に対応する中堅社員（キャリア再構築、活性化)、シニア層の従業員（職務・責任の変化や新たな環境への適応）等それぞれの課題に応じて対象者とする。

2 キャリアコンサルティング面談

① 実施時期

対象従業員の属性とキャリア形成上の課題に応じて、実施時期や頻度等を設定します。例えば、新入社員であれば入社時研修に併せて（あるいは一定期間後に）実施、中高年であればキャリア研修の直後に（あるいは一定期間後に）実施する等が考えられます。なお、時間的な制約などにより、人事考課面談に併せて実施する場合や対象従業員の上司が実施する場合でも、日常の仕事における課題の把握やフィードバックとは異なるものであり、キャリア形成の観点を明確にし、その狙いを対象従業員にも明確に伝えた上で実施する必要があります。また、特定のキャリア形成上の課題に応じた面談に加えて、組織全体、部門全体の従業員を対象とした「全員面談」を実施する場合もあり、その場合は十分なキャリアコンサルタントの人数を確保しておくことが必要となります。

②面談の場所

落ち着いてキャリアコンサルティング面談が実施できるように、外部に音漏れがしない社内会議室等を設定してください。可能であれば、面談数などを考慮した上で、他の面談などにも併用できる面談スペースの社内設置も検討の必要があります。

③面談時間

一回のキャリアコンサルティング面談にかける時間は、概ね45～60分程度です。それ以上となると、面談の効果が低減するばかりでなく、面談対象者の所属部署の業務にも影響が生じるおそれがあります。

④面談の内容

キャリア研修において明らかとなった対象従業員ごとのキャリア形成上の課題を踏まえた内容のほか、キャリア研修では充分展開できなかった期待・希望などに対する本人の気づきを再度促し、自身のキャリア開発に関するビジョン・目標の実現に向けて、アクションプランの実行を促すことが考えられます。

⑤面談のフォローアップ

面談実施後に、その効果を把握することで、その後のよりよい取組につなげることができます。フォローアップについては、様々な方法がありますが、個人の変化だけでなく、組織の活性化などをフォローする場合などを想定すると、個人に対する追加面談や、職場訪問（上司や同僚とのヒアリング）アンケート調査などの実施も考えられます。＜より具体的な内容は第6章の2（P24)を参照＞

Column3

「計画的な人材育成とキャリア形成支援」～伊藤忠商事（株）～

＜業種：卸売業、小売業　従業員数：4,381人（2017年4月1日現在）＞

伊藤忠商事（株）は、2002年に民間企業として初めて「キャリアカウンセリング室」を立ち上げた、従業員のキャリア形成支援の草分け的企業です。2007年には若手社員に対して仕事に対する動機付けや内的キャリア（価値観等）の充実を図るため、階層別研修と連動したキャリアコンサルティングを「システム」として構築しました。また、関連会社や取引先に出向中の社員も含め、対象年度に入社した社員全員に入社4年目、8年目等節目の研修を実施します。出向は、プロの商社パーソン育成には欠かせない経験であり、出向先でも現場経験を積みながら継続的・体系的なキャリア支援を受けられる環境を整備して計画的な人材育成を進めています。

2 必要なツールの整備

1 面談（記録準備）シート

キャリアコンサルティング面談で使用する面談（記録準備）シートを準備します。

あらかじめ、面談対象者に記載してもらうことにより、記載内容に基づきキャリアコンサルティング面談を効率的に実施することが可能となります。

「キャリアコンサルティング面談（記録準備）シート」の一般的な例を付録１（P28）にお示ししますので、それぞれの組織で使いやすいように加工し、活用してください。

2 全体報告書

キャリアコンサルティング面談の結果を、キャリアコンサルタントから人事部門（人事部門がない場合には人事を担当する関連部門。以下同じ。）に報告するための様式です。キャリアコンサルタントにとって、個別の面談内容は、職業能力開発促進法第 30 条の 27 第 2 項により守秘義務の対象になりますが、キャリアコンサルティング面談により把握された組織的・全体的な課題の傾向や、本人同意に基づき企業へ伝えるべき事項については原則として報告対象となります。セルフ・キャリアドックの実施で、企業（人事部門）にとって必要となる事項は、人材育成ビジョン・方針や企業としての組織目標達成に向けて、また、一人ひとりのキャリア充実の実践やその支援に向けての活動の進捗度合いや、逆にセルフ・キャリアドックの実施を妨げていたり、障害となる組織要因の把握事項などです。これをあらかじめ検討し、報告様式により具体化しておくことにより、キャリアコンサルティング面談の結果を効率的に把握・整理することが可能となります。具体的な事項は企業によって様々となりますが、例えば、従業員が元気に仕事に取り組めているか、自身のキャリア形成について当事者意識を持つようになったか、企業のビジョンに沿った行動をとっているか、企業に対して満足しているか、組織目標への貢献と自身の成長やキャリアチャンスの拡大が連動しているかといった点などを盛り込むことが考えられます。

3 アンケート様式

キャリア研修及びキャリアコンサルティング面談をより良いものとしていくために、対象従業員からのフィードバックをアンケート等で把握する必要があります。具体的な改善方策を検討するためにも、チェック方式のみならず、自由記述（感想文や意見など）を含むものとすることも検討に値します。

「セルフ・キャリアドック実施後のアンケート用紙」の一般的な例を付録２（P29）にお示ししますので、それぞれの組織で使いやすいように加工し、活用してください。

3 プロセスの整備

策定した実施計画の各プロセス（目標設定、実行、結果の把握、見直し）を着実に実施し、その進捗状況が管理できるよう、進捗管理表を作成しておくことをお勧めします。

第4章 企業内インフラの整備

1 責任者等の決定

セルフ・キャリアドックを推進していくために、社内における責任者を定めます。

この責任者は、セルフ・キャリアドックに関わるキャリアコンサルタントを統括するという位置づけを持つと同時に、人材育成に関して社内に影響力を有することが重要であるため、人事部門に限らず幅広いポストの中から適任者を選定することも検討してください。

また、セルフ・キャリアドックの実施組織（社内キャリアコンサルタントを含む担当者）を決定します。

2 社内規定の整備

キャリアコンサルティングの機会の確保という職業能力開発促進法で規定された措置を、セルフ・キャリアドックの実施・推進が果たすことになるということを、従業員に対して明示する必要があります。セルフ・キャリアドックを社内の制度として制定し、運用するために、セルフ・キャリアドック実施にむけた企業としてのビジョン、方針、実施内容などの規定を就業規則や社内通達として出し、セルフ・キャリアドックの方針具体的な活動内容などを明示してください。従業員規模が小さいなど、こうした内容を就業規則や社内通達といった方法によらず直接従業員に伝えることが可能な場合には、規定の整備という形式にこだわることなく、柔軟な方法を取ることも考えられます。付録3（P30）に、「セルフ・キャリアドックの就業規則」における制定例をお示しします。

3 キャリアコンサルタントの育成・確保

セルフ・キャリアドックの中核的な取組みは、対象従業員に対するキャリア研修と個別のキャリアコンサルティング面談、及びそれらの結果に対するフォローアップであり、これを担うキャリアコンサルタントの育成・確保は必要不可欠の事項となります。

キャリアコンサルタントには、大きく、①社内キャリアコンサルタント（資格を保有する従業員）、②社外キャリアコンサルタントの２種類があります。

1 社内・社外のキャリアコンサルタントに共通する事項

① 資質

対象従業員が納得・信頼してキャリアコンサルティング面談を受けられるよう、キャリアコンサルタントの公的資格である「キャリアコンサルタント国家資格」、「キャリアコンサルティング技能検定（１級・２級）」のいずれかを保有していることが原則として必須要件となります。

この要件を満たさない方であっても、人事部門等での勤務経験が長く、従業員との相談経験も豊富な方であって、従業員からの信頼が厚い方については、組織内で他に有資格者がいない等の事情がある場合には、社内キャリアコンサルタントに代わり、役割を果たすことは可能です。しかし、そうした方にもキャリアコンサルタント資格の取得を目指して、養成講座の受講等必要な学習を行っていただくことが法律の趣旨で求められていることに留意してください。

なお、このようなキャリアコンサルタント資格の保持者以外の方を社内キャリアコンサルタントとする場合には、キャリアコンサルティングの意義･手法を十分に理解してもらうよう、事前の研修並びに、キャリアコンサルティング面談の実践期間中及び終了後の活動に関する内容の把握と、課題・問題などがある場合に改善を図るための十分な対応を行ってください。

② 守秘義務等

キャリアコンサルタントに対しては、キャリアコンサルティング面談の内容について法に基づく守秘義務が発生することを徹底します。また、面談だけではなく、キャリア研修の実施により、研修参加者が提供した情報にも守秘義務が発生する場合がありますので注意してください。なお、キャリアコンサルタント以外の方々でも、講師や参加者としてキャリア研修に関与された方々も含めて社内規定に基づく守秘義務が課せられていることは言うまでもありません。

また、キャリアコンサルティング面談の実施後は、セルフ・キャリアドックを担うキャリアコンサルタントの間での情報共有や質の向上のためのスーパービジョン（指導レベルのキャリアコンサルタントによる実務指導）における活用のために、一人ひとりの面談内容について、個人のキャリア意識の課題、職場内やメンバーとの人間関係、組織上の問題から生じている個人の状況などをまとめた報告書（個別報告書）を作成することに加えて、企業（人事部門）向けに報告書（全体報告書）を作成することになるため、これについて面談前に同意してもらった上で、面談後の具体的な報告内容に関して同意を得ることが必要不可欠です。全体報告書には、個別の従業員が特定されないよう配慮した上で、面談対象者全体のキャリア意識の傾向や組織的な課題、及びその課題に対する解決策（提案）を盛り込みます。

なお、面談内容のうち、面談対象者の生命や安全に関する内容があれば、緊急の場合は必ずしも本人の同意を前提としないで企業側に伝えるほか、法令違反やハラスメントなどの企業側が組織的に対応すべき内容があれば、原則として本人の同意を得た上で企業側に伝えることとなります。

こうした本人からの同意の取得については、面談時の安心感や信頼感につながることから、書面により行いましょう。

③ 質の向上

キャリアコンサルタントの知識・スキルを向上させる手法としては、指導者レベルのキャリアコンサルタントからスーパービジョンを受ける、社外での勉強会・情報交換会で多くの事例研究に触れる、人事部門との協働を検討する機会を確保する、各種アセスメントツールを学習するといったこと等が有効です。セルフ・キャリアドックをより良いものにしていくために、これら質の向上の機会に関しても、企業は社内キャリアコンサルタントに積極的に提供すると同時に、キャリアコンサルタントの自主的な努力も必要となります。

2 社外キャリアコンサルタントに特有の事項

① 社外キャリアコンサルタントの場合、企業の経営目的や経営戦略、人材育成ビジョン・方針や人材育成計画、人材育成に関する現状の課題等を事前に十分に理解してもらう必要があります。人事部門は、社外キャリアコンサルタントとこれらの点を十分に共有しなければなりません。また、必要に応じて、人事部門が経営層と社外キャリアコンサルタントの顔合わせをする機会を設けることも有効です。

② キャリアコンサルティング面談を実施する中で問題が発生した場合、社外コンサルタントやそのコンサルタントと契約などを結んでいる組織との間できめ細かく情報・意見交換ができ、早期に問題解決ができるよう、社外キャリアコンサルタントに対する対応窓口と担当責任者を決めておくことが必要です。

③ 社外キャリアコンサルタントの候補者となる公的資格の保有者については、厚生労働省の国家資格キャリコン Web サイト「キャリコンサーチ」等で検索することが可能です。

Column4

「社内キャリアコンサルタントの継続的学習」～味の素（株）～

＜業種：製造業　従業員数：3,459 人（2017 年 3 月 31 日現在）＞

味の素（株）では、社内キャリアコンサルタントのレベルアップを目的とした勉強会を立ち上げ、社外講師を招いて、グループワークやスーパービジョンに取り組んでいます。事前に想定される相談テーマ（3題程度）に対して、ロールプレイングやグループワークを行い、実際に相談者に対してキャリアコンサルティングを行った後に、社外講師によるスーパービジョンと意見交換を行います。この取り組みを通じて、キャリアコンサルティングの基礎的な対応力が向上し、より自信をもってキャリアコンサルティング面談を行えるようになりました。

4 情報共有化のルール

キャリアコンサルティング面談により得られた情報を、人事部門及び関連部門（産業医等）と共有化するルールを整備する必要があります。

また、単に共有化するだけでなく、その後、教育訓練・人事管理諸制度にどのように反映させるかなども想定した準備をあらかじめ検討したり、対応の実践などを行ったりすることも望ましいといえます。

5 社内の意識醸成

セルフ・キャリアドックを企業に定着するためには、企業内におけるインフラの整備と併せて、キャリア自律とその支援に関する組織風土の構築や組織内各層の従業員に対するキャリア自律意識の啓発により、セルフ・キャリアドックの意義について理解を促し、円滑な導入に向けた社内の意識醸成を図ることが重要です。

1 現場管理職の理解

セルフ・キャリアドックの対象従業員の上司にあたる管理職に、セルフ・キャリアドックの目的、内容を知ってもらい、キャリアコンサルタントや人事部門と一緒になって対象従業員の支援に関わってもらわなければなりません。セルフ・キャリアドックを実施すると、管理職からは「キャリア開発は、必要を感じる個人が自己啓発の一環として実施すれば十分ではないのか？企業が個人のキャリアを考える機会をお膳立てする必要があるのか？」、「セルフ・キャリアドックを導入すると、転職・離職を促進してしまうのではないか？」等といった質問が出てきます。これらの質問に十分な回答を用意することが必要です。付録4の「よくある質問・回答例」を参考に、適切に対応してください。対象従業員の上司にあたる管理職向けに、部下のライフキャリアの理解や働き方支援に対するセミナーや、その支援の程度を把握する 360度評価と呼ばれる、部下に対するアンケート調査の実施なども有効です。

2 対象従業員の理解

対象従業員に対しては、企業を取り巻く事業環境の変化が激しい現代において、企業が示すキャリアパスに単に従ったり、個人の専門性の現状レベルを維持したりするだけでの対応では限界があることを理解し、主体的にキャリア形成を行わなければならないことを認識してもらう必要があります。

社内通知等によるほか、後述の「対象従業員向けセミナー（説明会）」の場において説明するといった方法が考えられます。

3 共通言語化

現状では、「キャリア」、「キャリア自律」といった言葉は、一般的にはまだ十分理解されているとは言い難い状況です。言葉の難解さから、セルフ・キャリアドックに対して拒否感を覚える従業員もいるかも知れません。このため、こういった言葉を従業員すべてが理解できるよう、機会あるごとに繰り返し、周知していくことが必要です。

①「キャリア」とは

過去から将来の長期にわたる仕事を通した多様な経験とこれに伴う能力開発や人間的な成長の連鎖を指すものです。キャリアは、労働者の意思や適性、労働市場等の外的環境を反映したものとなりますが、職業生活の長期化や産業構造・労働市場の変化、ライフスタイルの変化の下、全ての労働者等が仕事を通じて能力ややりがいを高め、ひいては職業生活の安定、生産性向上への寄与を図ることが一層重要になってきています。

②「キャリア自律」とは

自分自身のキャリアビジョンをしっかり持ち、中長期的な視点から計画的・主体的な行動の積み重ねを行い、自分のキャリアを構築することです。社会・組織のあり様の変化の中で、職業生活設計に基づいて能力開発等に積極的に取り組み、社会・組織の環境変化や個々のライフキャリア上の節目に対応して、キャリア充実に当事者意識と意欲を持ち、能力を発揮できるよう、自己のキャリアビジョン・目標、それに基づくアクションプランを作成し、その実践を図り、また、能動的に自己の役割やチャンス・成長を３年から５年の中長期的な視点で作っていくことです。

Column5

「経営層、労働組合への働きかけについて」～中日本高速道路（株）～

＜業種：サービス業　従業員数：2,043 人 2017 年 3 月 31 日現在）＞

中日本高速道路（株）では、社員のキャリア形成支援をいかに組織風土の一つとして浸透・定着させるかが当初の課題でした。そこで、経営層からは、担当役員がグループ報を通じて『キャリアプラン実現への支援』を明言し、労働組合からも社員のキャリア形成は大変重要なものとの認識を得て、経営層と労働組合の双方向から社員への浸透と理解の共有を行いました。この結果、キャリア形成支援の社内への浸透は着実に進んでいます。

第5章 セルフ・キャリアドックの実施

1 対象従業員向けセミナー（説明会）の実施

キャリア研修・キャリアコンサルティング面談の実施に先立ち、対象従業員等に向けて、セルフ・キャリアドックの趣旨・目的、スケジュール、研修や具体的面談内容（提出物等を含む）、情報の取扱い（キャリアコンサルタントの守秘義務を含む）等を事前に説明し、了解を得ます。

このセミナー（説明会）は、職場の実情に応じて、階層別研修、職種別研修、ライフプラン研修等と合わせて実施することも可能ではありますが、その場合にはそれぞれの研修において目的とする組織の視点から見た能力開発等と、個人の視点から見たセルフ・キャリアドックの目的が異なることを丁寧に説明することが必要です。付録5（P33）に、「対象従業員向けセミナー（説明会）の標準的構成」をお示しします。

なお、キャリア研修・キャリアコンサルティング面談を担当するキャリアコンサルタントが説明会の講師を担うことにより、対象従業員とキャリアコンサルタントの「顔合わせ」の場とすることができます。また、その後のフォローアップについてもキャリアコンサルタントが行うことが、セルフ・キャリアドックを効果的に展開するために重要です。

2 キャリア研修

個別のキャリアコンサルティング面談における限られた時間のみでは、自身のキャリアの棚卸しから、キャリアビジョンや目標、アクションプランの作成などを行うことは難しいものです。このため、セルフ・キャリアドックの対象従業員について、集合形式の研修により、これらを実施する場を設定することが効果的です。また、集合形式で実施することで、他の対象従業員からの学びの機会を得て、相互啓発を通した変化や気づきを促すことも期待できます。

1 対象者

現在あるいは近い将来、ライフキャリア上の様々なステージや、キャリア形成上の課題に遭遇することが考えられる従業員、入社から一定の年数を経過した従業員や一定の年齢層に当てはまる従業員全員を対象としたり、職場復帰や組織内の役割変化（ポストオフ）に当てはまる特定の層を対象としたりするなどの方法があります。

2 実施時期

実施時期について決まった考え方はありませんが、キャリアコンサルティング面談との組み合わせを考慮して設定します。なお、対象者が多い場合には複数回に分けて実施することも可能です。

3 内容

対象者の層によって、キャリア意識の持ち方や社内での立場が異なるため、それらを踏まえたテーマや内容とすることが必要ですが、基本的には、半日～2日程度の研修時間で、可能であればグループワークも活用して、対象者のこれまでのキャリアの棚卸し、キャリア開発の考え方の学習、キャリアビジョンや目標の構築、自己理解（強み・弱みの自覚)、現在及び近い将来に担う仕事理解、アクションプランの作成などを行います。

4 振り返り

対象従業員にアンケートを行うなどして、研修の実施によって自身のキャリアについて意識の変化や気づきがあったか、キャリア開発についての何らかの取組を行うきっかけとなったかなどを把握し、その結果をキャリアコンサルティング面談の際に参考とすることができます。

3 キャリアコンサルティング面談を通した支援の実施

キャリアコンサルティング面談の基本的なプロセスやそれぞれの内容は以下のようなものです。

1 守秘義務に関する約束

キャリアコンサルタント等は、キャリアコンサルティング面談を通じて知り得た情報について、対象従業員の同意なしにキャリアコンサルタント自身以外の第三者に開示しないことを約束します。

2 キャリアコンサルティング面談の目的の共有

キャリアコンサルティング面談の目的の確認を行います。対象従業員のこれまでの職務・業務・仕事を通した経験や成長、キャリアや働き方で大切にしているポイントなどの気づきや棚卸しを行い、現在および将来にわたって企業から求められる仕事の役割や責任、対象従業員の現在や仕事に対する認識や理解、期待や不安などについて面談を行うことを確認します。さらに、場合によっては、その確認を基にした、これからのキャリアのビジョンや方向性の明確化、キャリアの目標やその実現のためにとるべき方策や行動プラン（アクションプラン）を策定することも面談の目的となることを確認します。

3 自己理解

対象従業員が仕事・キャリア・働き方などで大切にしているポイントや、自己の保有している資産・資源といった力や志向性などの理解に関する気づきや棚卸しを行います。特に仕事・キャリア・働き方に対する姿勢・意欲・マインド・大切にする価値観の気づきや棚卸しは個々の従業員の職業生活の設計においては不可欠です。さらに、対象従業員が現在保有している多様で個性的な能力、発揮している力を理解することは、職業生活の設計に必要な能力開発の準備と対応には必要不可欠です。これらの自己理解があって、対象従業員が今後どのような仕事にチャレンジしたいかという方向性・方針の確立を促し、その仕事の獲得や実践、そしてそれがもたらす効果や意味・意義などに関する本人の認識変化やこれからのキャリア作りに対する新たな期待などを促すことになります。

4 仕事理解

第5章3の2「キャリアコンサルティング面談の目的の共有」で提起された、仕事理解を面談で具体的に展開することとなります。仕事理解にあたっては様々なものが考えられますが、職務分析といったような仕事をどのように行っているかの理解、仕事上の期待や要請、仕事上の責任の理解、企業の方針や戦略から求められる仕事内容の理解などです。現在及び近い将来、対象従業員が担当している、または、今後担当する仕事において、顧客や組織、あるいは上司、同僚や部下から期待・要請されている役割を理解することが仕事理解には必要であり、また、将来的に企業環境の変化、企業の方針・経営戦略の変化に伴い、その仕事内容は変化し、対象従業員に期待される役割や行動も変化することを理解し対応するための準備を整えることも仕事理解に関する面談では必要となります。

なお、こうした仕事理解とその背景にある問題点に関しては、対象従業員がそれぞれの立場から理解をしています。面談にあたっては、まずはその立場に基づく対象従業員の理解を受けとめることが重要ですが、受けとめるだけで終わるのではなく、その受けとめ方とは異なる多様な見方があれば、それを伝え、その多様な見方の内容を伝えたり、対象従業員が見ることができていなかったり、気づいていなかった問題点などを整理することも場合によっては必要となります。多様な視点を提示し、また問題点を整理することは、対象従業員の認識を広げ、多様な選択肢の可能性を広げることにもつながります。

5 意見・要望事項等の聴取

人事や職務・業務・仕事に対する不満、私生活において困っていること、企業への要望等については、本来は人事面談等で申し立てるべき事項ですが、キャリアコンサルティング面談の流れの中で必要が生じた場合には聴き取ります。場合によっては、本人同意の下で、企業側や上司などに内容を伝達します。

6 キャリアビジョンの策定

第5章3の2「キャリアコンサルティング面談の目的の共有」で記述した、キャリアビジョンとそれを実現するための方策の策定の面談場面での展開です。自己理解と仕事理解に基づいて、組織における自分の立場・位置づけを検討したり、理解した後に、キャリアビジョンを描き、そのビジョンを実現するためのキャリア目標とアクションプランを作成します。対象従業員が今後やってみたいと思う仕事と企業側が将来的に期待するであろう役割が合致し、さらに、それらの仕事や役割において対象従業員の能力や価値観が十分に活用できる状態が理想です。

7 キャリア形成上の課題とその対策の明確化

対象従業員に、仕事以外の私的な活動における何らかの躓きや事情がある、自己理解が進まない、仕事理解で納得がいかない、職務に対する能力が不足しているなどの課題がある場合は、この一連のキャリア形成の阻害要因に関する幅広い面談を行い、これらのキャリア形成上の課題を明確にし、課題に対してどのように対応するかを検討することも重要です。キャリアビジョンの策定とは別に、この一連の対策についても、面談・職場へのヒアリングなどを通じて明確化を図ります。

8 面談後のフォロー

面談で配慮・注意すべき重要な点は、面談内容に関してのフォローを行うことです。<「個々の対象従業員に係るフォローアップ」の詳細は第6章の2（P24）を参照>具体的な目標やアクションプラン、行動変容などが面談で話し合われた場合、その後どのような行動に結びつき、その結果どのような展開となったかを、一定の期間が経過した後に、対象従業員から報告をしてもらう約束をしたり、キャリアコンサルタント自身が対象従業員に対し活動の展開をフォローすることも必要です。場合によっては、具体的な問題ではなくても、対象従業員からキャリアや仕事上での強い不安や悩みなどが出た場合、その後どのように推移・展開しているのかに関してもフォローが必要です。

Column6

「サントリーキャリアワークショップとキャリア面談の連動」
～サントリーホールディングス（株）～

<業種：製造業　従業員数（グループ全体）：38,013人（2016年12月31日現在）>

サントリーホールディングス（株）では、「世界でもっとも人材が育つ会社」を目指して、社員全員が自発的に成長し学び続ける「個の能力確立とキャリア自律」をミッションに掲げ、2007年に設立されたキャリアサポート室が支援を推進する体制としています。キャリアサポート室は主に、①サントリーキャリアワークショップ、②キャリア面談、③社員意識の組織フィードバック、④マネージャー相談支援、⑤現場支援の5つの活動を行っており、①のキャリアワークショップでは、4年次、10年次、38歳－49歳、ミドルマネージャー、53歳、58歳の6つのプログラムを、社員全員を対象に実施し、キャリア開発部における階層別研修と併走する形で展開しています。

キャリアワークショップのプログラムは、例えば、2017年からスタートした40代後半～50歳のミドルマネージャー対象のものでは、自身のキャリアビジョン策定のみならず、自部署のメンバーのキャリアビジョンやキャリア開発の支援方法を学びます。各ワークショップは、世代別に応じた「自己理解」と「環境変化理解」を統合し、自らの中長期のキャリアビジョンや、実現に向けてのアクションプランを自身で考え、設定する内容になっています。さらに、キャリアワークショップの実施から一定期間経過した後には、キャリアサポート室の国家資格保有のキャリアコンサルタントがキャリア面談を実施し、参加者全員と、その後の実践や変化を確認することで、社員一人ひとりの自発的な成長やキャリア形成を継続的に支援しています。

4 振り返り

1 個別のキャリアコンサルティング面談の効果把握

個別のキャリアコンサルティング面談が終了するたびに、対象従業員に対し、面談の実施効果についての簡単なアンケートや場合によっては別途のヒアリングをするとよいでしょう。

対象従業員の過大な負担とならないよう、質問内容は、「キャリアコンサルティング面談には満足したか？」、「キャリアコンサルティング面談の内容は今後の実務で活用できそうか？」等の簡単なものとし、また質問項目も絞ることが望ましいです。

こうした面談ごとの振り返りは、キャリアコンサルタントのスキルアップや経験の客観化に役立ち、そしてそれらを活用するスーパービジョンの質の向上にもつながり、ひいては面談を受ける従業員のためにもなるのです。

2 セルフ・キャリアドック全体の効果把握

対象従業員等のキャリア形成意識にセルフ・キャリアドックにおける取組がどのような変化をもたらしたかなどの効果を調べるため、キャリア研修の実施直後と一定期間（概ね３か月以上）後にアンケート等を実施します。

これは、以後セルフ・キャリアドックをどのように進めていくか（見直しを含む）を検討する際に必要な資料となります。

なお、「セルフ・キャリアドック全体の効果把握のためのアンケート用紙例」を付録６（P34）にお示ししますので適宜ご活用ください。

第6章 フォローアップ

1 セルフ・キャリアドックの結果の報告

キャリアコンサルティング面談の一つのセッションが終了したら、そのフィードバックの観点から、キャリアコンサルタント及び人事部門は以下を行います。

1 キャリアコンサルタント

キャリアコンサルティング面談の内容について、個人のキャリア意識の課題、職場内やメンバーとの人間関係、組織上の問題から生じている個人の状況などをまとめた個別報告書を作成し、セルフ・キャリアドックを担うキャリアコンサルタント間で共有したり、質の向上のためのスーパービジョンにおいて活用したりします。個別報告書をまとめる場合のほか、面談（記録準備）シートを活用して共有する場合もあります。それに加えて、対象従業員全体の面談内容に基づく全体報告書を作成し、人事部門（企業）に報告します。全体報告書には、個別の従業員が特定されないよう配慮した上で、キャリアコンサルティング面談の対象従業員全体のキャリア意識の傾向や組織的な課題、及びその課題に対する解決の方針や解決策、あるいは従業員育成策に関する提案などを盛り込みます。なお、個別の面談の内容のうち、生命や安全に関する内容は企業側へ伝えるほか、法令違反やハラスメントなどの企業側が組織的に対応すべき内容で本人が同意している内容についても、企業側へ伝えます。

こうした報告などを行うことが、セルフ・キャリアドックの信頼性を増し、効果を上げることにつながると考えられます。

2 人事部門

人事部門は、キャリアコンサルタントからの報告を受けて、以下の情報をまとめ、経営層に報告します。

① キャリアコンサルタントが作成した全体報告書に記載されている従業員のキャリア意識の傾向、その傾向から見えてくる従業員自身の課題と組織的な課題及びその課題に対する解決の方針や解決策、あるいは従業員育成策に関する提案

② キャリアコンサルティング面談結果（個別）のうち、本人の同意を得て報告された内容で、特に組織的な検討及び対応が必要と思われる重要な事案及びその解決策

2 個々の対象従業員に係るフォローアップ

1 追加的キャリアコンサルティング面談

対象従業員のキャリア形成支援の必要上、さらに追加のキャリアコンサルティング面談が必要と判断された場合には、追加的に必要回数のキャリアコンサルティング面談を実施します。結果の把握等の手続は、第５章の４の１に準じて行います。

2 上司へのコンサルテーション

対象従業員の上司に対し、キャリアコンサルティング面談の前後で対象従業員の仕事ぶりやモチベーションにどんな変化があったかをヒアリングすることなども望ましい活動です。

また、対象従業員の同意の下で面談結果をフィードバックし、上司から部下を支援してもらうことも、さらに対象従業員のキャリア形成の支援ともなりえます。

このため、上司に対しては、事前にキャリアコンサルティングの意義・手法を十分に理解してもらう必要があります。

3 関係部署等との連携等

セルフ・キャリアドックは、従業員のキャリア意識やモチベーションが高まることを主たる目的としていますが、その結果企業の人材確保や定着率、生産性が向上し、企業の活性化を促し、また企業が抱える様々な人材育成上の課題へも対応できるという効果があります。しかしセルフ・キャリアドックの結果、対象従業員に精神保健上の問題が認められた場合には、社内の福利厚生担当者や産業医、さらには外部機関（産業保健総合支援センター等）へのリファー（適切な専門家・専門機関への紹介）を検討・実施します。

3 組織的な改善措置の実施

事業主による労働者へのキャリアコンサルティングの機会の確保は職業能力開発法で規定された措置であり、それゆえ、経営理念、人材育成方針の中で明文化されたものであることが要請されています。そのキャリアコンサルティングの結果、組織としての検討課題が出てきたら、実務的にしっかりとした対応を行うことが必要であり、実施することが重要です。

組織的な改善措置を実行する際には、セルフ・キャリアドックで実施したことを契機とし、改善措置の実行に至ったことを従業員に周知するなど、セルフ・キャリアドックの成果をインパクトの大きさや効果のスピード、本人や組織にとっての成長や変革の度合いなどを考慮して改善策（例えば、規則等の見直しや運用の見直し）を検討し、経営層から発信することなどにより社内で共有し、より一層の意識醸成につなげる工夫を行うことも重要です。

4 セルフ・キャリアドックの継続的改善

セルフ・キャリアドックを、毎年よりよい仕組みにしていくために、継続的な改善を行います。

キャリアコンサルタントは、人事部門や関連部門と協働で、人事部門は、キャリアコンサルタントと協働で、対象従業員やその上司などに対して、キャリア意識や仕事ぶりに変化が出たかどうかを定期的にモニターし、追加的なキャリアコンサルティング面談や、翌年のキャリアコンサルティング面談で結果を話し合うとよいでしょう。また人事部門は、人事部門が行う面談などで話合いの場をもつなどの工夫や、他社の先進事例のベンチマーキングも行うとよいでしょう。

「継続的改善のための定期的なモニターの手法の例」を付録7(P35)にお示ししますので、適宜ご活用ください。

【付録】

セルフ・キャリアドック導入支援事業モデル企業における具体的事例

① キャリアコンサルティング面談（記録準備）シートの例

キャリアコンサルティング面談シート

作成日	年　月　日	面談日	年　月　日		
(ふりがな) お名前		年齢		性別	男性　女性
勤務年数	年　か月	所属部署			
資格など					

(目　　的) このシートはキャリアコンサルティング面談の前に、相談内容を整理することに役立ちます。
(守秘義務) このシートに記載したことや面談内容が、ご本人の同意なくキャリアコンサルタント以外の者に伝わることはありません。
(運用方法) コピーをとり、キャリアコンサルティング面談の際にこのシートをお持ちください。ご本人が同意した事項に限り、上司・人事に共有されます。

1. これまでの職歴と現在の職務の概要

2. 上司から期待されていること

3. 興味関心があること

4. 得意なこと、苦手なこと

5. 今後取り組みたいこと

6. 仕事を通じて達成したい目標

相談したい内容はどのような事ですか？（仕事以外のことがある場合もご自由にご記入ください。）

② セルフ・キャリアドック実施後のアンケート用紙の例

セルフ・キャリアドック実施後アンケート

セルフ・キャリアドックにおける研修と面談の質向上の為、アンケートのご記入をお願い致します。

記入日：平成　　年　　月　　日　　部署：

※該当の欄にレ点をお願いいたします。

1−1	今回の面談について総合的な満足度はいかがでしたか？ □大変満足　□満足　□どちらでもない　□やや不満　□不満
1−2	どのような点が満足（不満）だと感じましたか？
2−1	キャリアコンサルタントの対応はいかがでしたか？ □良い　□やや良い　□どちらでもない　□やや悪い　□悪い
2−2	どのような点が良かった（悪かった）だと感じましたか？
3	今回の面談はご自身にとってどの程度有益でしたか？ □有益だった　□どちらでもない　□有益ではなかった
4	具体的にどのような点が有益でしたか？（有益ではなかったですか？）
5	今後も面談制度がありましたら活用したいですか？ □はい　□どちらでもない　□いいえ
6	その他、ご意見やご感想などございましたらご自由に記入してください。

ご協力ありがとうございました。

③ セルフ・キャリアドックの就業規則例

（セルフ・キャリアドック制度）

第○条　会社は、労働者が職業能力の開発及び向上に関する目標を定めることを容易にするために、労働者に対して、職業能力開発促進法（昭和44年法律第64号）に定めるキャリアコンサルタントによるキャリアコンサルティングを行う。

2　会社は、別に定める条件に労働者が該当するときは、前項で規定したキャリアコンサルティングを行う。

3　キャリアコンサルティングを受けるために必要な経費は、会社が全額負担する。

※別に定める条件については、それぞれの企業が抱える人材育成上の方針や直面する課題に応じて設定することが考えられます。

④ 対象従業員の上司からのよくある質問・回答例

Q1. キャリア開発は、必要を感じる個人が自己啓発の一環として実施すれば十分ではないでしょうか？
企業が個人のキャリアを考える機会をお膳立てする必要があるのでしょうか？

A1.

「職業能力開発促進法」では、事業主が講ずる措置として、キャリアコンサルティングの機会を確保し、その他の援助（＊）を行うことが規定されています。

セルフ・キャリアドックの狙いは、従業員が仕事に主体的に取り組み、成果を出すために自分自身の行動を見直し、キャリア作りの実践を可能にする能力を 習得・発揮することです。それにより、一人ひとりがより高い付加価値を生み出し、企業の競争力の源泉となることを目指します。

（＊参考：その他の援助として考えられるものの一例として、会社の実情に応じて選択する内容）

① キャリア健診・組織風土・モラルサーベイなどによる、組織レベルの職業生活の設計に対する組織レベル、職場レベルの支援

② 職場開発・組織開発・職場ぐるみ訓練といった職場レベルでの職業生活設計と能力開発を活用した支援

③ 管理者によるキャリア面談の実施とその支援

④ OJTなどを通した現場レベルでの仕事に対する能力の改善・工夫の支援

⑤ 360度評価 / フィードバックなどを通した個人の能力開発の多面性の確保

⑥ キャリアコンサルティング面談の結果や職業生活の設計とそのための能力開発にかかわる多面的なデータをまとめたデータベース作成などによる、個々人の情報を一元化した、支援のメカニズムの運用効果の向上

Q2. セルフ・キャリアドックを導入すると、転職・離職を促進してしまうのではないでしょうか？

A2.

セルフ・キャリアドックは、企業内で定期的に実践する場面を想定しています。そのような場面では、基本的に現在の企業・そして現在の職場の中でキャリアをどのように形成するかを支援するものであり、転職・異動を促進することを意図したものではありません。キャリアの目標を明確化し、仕事の目的意識を高め、これに即した計画的な能力開発を促すことは本人の現在の仕事を通じた継続的な成長を促し、働くことの満足度向上につながるとともに、企業の立場としても、働くことの元気度や満足度、キャリア充実度の向上が組織の活性化につながり、生産性の向上への寄与等の効果が期待されるものです。

Q3. キャリアコンサルティング面談の内容や部下が抱えている問題を上司が把握することは可能でしょうか？

A3.

対象従業員とキャリアコンサルタントとの間には守秘義務がありますので、キャリアコンサルティング面談の個別の内容の全てを上司と共有することはできません。ただし、対象従業員が同意した範囲内で、面談結果や本人が持っている期待や希望、抱えている課題、本人が希望している解決策なども含めて、上司にフィードバックしたり、キャリアコンサルタント、対象従業員、上司の三者面談を実施したりすることがあります。

Q4. 部下が、上司である自分ではなく第三者であるキャリアコンサルタントに仕事の相談をすると、自分が信頼されていないように感じます。

A4.

キャリアコンサルティング面談は上司と部下の相互理解、特に業務上の指示等に関して、横から口をはさむ立場にはありません。むしろ、上司と部下との相互理解をさらに促進していただくために実施されるものです。上司は日常業務やその達成に目を向けるだけでなく、長期的な部下の成長目標の策定や、そのための目標設定、さらには長いライフキャリアにおけるキャリアビジョンといったことがらにも目を向けることが必要ですが、日ごろ上司と部下の話合いでは取り上げにくかったことがらなどを、上司に代わって部下である対象従業員に気づいていただくものです。そしてそれをもとに対象従業員が、さらに上司と話し合いをしていただくことなので、むしろ相互理解と信頼を深めるためのものと位置付けられています。これらの活動を通して、上司と部下との間の仕事に向き合う姿勢や、進め方、仕事を通した職業生活の設計などで、多様な見方や考え方、目標を検討していただき信頼関係のさらなる構築や醸成、強化が期待されるものです。

Q5. セルフ・キャリアドックにおけるキャリアコンサルティング面談は、目標管理面談とどのような関係性になるのでしょうか？

A5.

目標管理面談が、対象従業員が現在担当している業務をいかに円滑に遂行するかという視点で行われるのに対して、キャリアコンサルティング面談は、対象従業員個人のライフキャリアの部分も含めたキャリアについて話し合うものであり、両者は別ものです。それを理解した上で、対象従業員のキャリア形成上の課題や改善点を人材育成という視点で目標管理とリンクさせる場合には、上司の立場でのフォローが必要となります。

Q6.部下のキャリア目標が、現在の部署ではどうしても実現できない場合はどうすればよいですか？

A6.

セルフ・キャリアドックにおいては、キャリアコンサルタントは、キャリアコンサルティング面談の内容を、個人の守秘義務を担保したうえで、人事部門と共有することもあります。対象従業員のキャリア目標と現在の所属部署との間に本人の努力のレベルを越えた大きな乖離がある場合は、上司との人事考課面談では限界があり、人事部門との面談などの設定を行い、本人の目標達成のための支援を共存的に解決可能な方策、視点で行うことも考えられます。

Q7.日常業務が忙しく、部下をキャリアコンサルティング面談に参加させる時間がありません。

A7.

企業は人材育成ビジョン・方針という形で、中長期的な人材育成の方針を打ち出しています。その内容を踏まえて、従業員１人１人が中長期的な視点に立って自らのキャリアの方向性を主体的に考える時間を確保することは非常に重要であると同時に広い意味での法律的な要請もあります。キャリアコンサルティング面談の実施によって対象従業員の自己理解や仕事理解が進み、業務遂行上の改善点が見出され、業務の効率化、生産性の向上、職場における信頼関係の醸成等が図られる可能性もあるものであり、参加に費やされる時間以上の価値があるものとご理解ください。

Q8.キャリアコンサルティング面談が終了した後、上司は何をすればよいですか？

A8.

キャリアコンサルタントは面談実施後、企業（人事部門）向けに報告書を作成します。面談内容のうち、面談結果などから組織として対処すべき内容などがあれば、個人を特定化できない方法で全体データを企業側に伝えたり、場合によって本人の同意を得た上で組織の課題や改善点を企業側へ伝えることもあります。その場合、対象従業員のキャリア形成上の課題や改善点を人材育成という視点で目標管理とリンクさせる、対象従業員が日常業務で抱えている課題について上司が支援するなど、上司の立場で対象従業員をフォローしていただくことが考えられます。

⑤ 対象従業員向けセミナー（説明会）の標準的構成

（全体で１時間～１時間３０分程度）

時　間	タイトル	内　容
15～25分程度	1. セルフ・キャリアドックの背景と目的	事業を取り巻く環境が激変する現代において、企業がその人材育成ビジョン・方針に基づき、体系的・定期的なキャリアコンサルティングの実施を含め、従業員の主体的なキャリア形成を促進・支援する総合的、かつ具体的な取り組みのことであることを説明します。
15～25分程度	2. セルフ・キャリアドックの進め方	キャリアコンサルティング面談の対象者、実施場所、日程等について説明します。キャリアコンサルティング面談をキャリア研修等と合わせて実施する場合は、その旨を説明します。
5～10分程度	3. 当社の人材育成ビジョン・方針	業界・企業を取り巻く環境を踏まえ、企業の経営理念を実現するために、従業員に期待する人材像とそのための人材育成方針を明らかにした人材育成ビジョン・方針について説明します。
10～15分程度	4. キャリアコンサルティング面談の実施方法と注意点	キャリアコンサルティング面談の一連の流れについて説明します。対象従業員とキャリアコンサルタントとの間には守秘義務があり、対象従業員が開示に合意した内容以外については、人事部門等に開示されないことを約束します。
5分程度	5. キャリアコンサルタントの紹介	キャリアコンサルティング面談を担当するキャリアコンサルタントを対象従業員に対して紹介します。
10分程度	6. 質疑応答	

⑥ セルフ・キャリアドック全体の効果把握のためのアンケート用紙例

キャリア形成意識調査

あなたのキャリア形成意識について、「5.あてはまる」、「4.ややあてはまる」、「3.どちらでもない」、「2.ややあてはまらない」、「1.あてはまらない」の5段階で回答してください。

性別	男性　女性	部署				
年代	10代	20代	30代	40代	50代	60代以上

＜Ⅰ．職務意識＞

1．自分の職務や目標に対して積極的に挑戦している	5	4	3	2	1
2．現在の職務において、十分な成果を上げていると思う	5	4	3	2	1
3．職務に対する能力向上や開発の計画や目標を持っている	5	4	3	2	1
4．現在の職務は、大変重要であると思う	5	4	3	2	1
5．現在の職務に対して、大変やりがいを感じている	5	4	3	2	1

＜Ⅱ．自分のことを知っている度合い＞

6．自分の長所・短所を知っている	5	4	3	2	1
7．仕事をする上で自分が大切にしたい価値観を持っている	5	4	3	2	1
8．仕事に対する姿勢や意欲といった仕事のマインドの重要性を理解し行動に反映している	5	4	3	2	1
9．自分の多様な力や行動特性をわかっている	5	4	3	2	1
10．自分に求められている仕事の役割をきちんとわかっている	5	4	3	2	1

＜Ⅲ．将来のイメージ＞

11．将来を少しでもよりよい方向にするため積極的・前向きな日常行動を実践している	5	4	3	2	1
12．行動を起こすために、計画を立てる方である	5	4	3	2	1
13．将来の見通しに対しては楽観的である	5	4	3	2	1
14．環境の変化に対応していける方である	5	4	3	2	1
15．自分がやってみたい仕事には、いつでも挑戦することができると感じている	5	4	3	2	1

＜Ⅳ．現在と将来に向けての取り組み＞

16. 10年後、20年後や特定の年齢に達した時、どういう生活をしていたいかという展望をもっている	5	4	3	2	1
17. これからのことを含めて仕事上必要なスキルを身につける努力をしている	5	4	3	2	1
18. 時代や自分の変化に見合った仕事にも好奇心を持って取り組んでいる	5	4	3	2	1
19. 同じ社内であっても、様々な部門や多様な背景をもった人たちとも積極的に交流している	5	4	3	2	1
20. 会社以外の人との付き合いが多い	5	4	3	2	1

＜Ⅴ．心身の健康、ワーク・ライフ・バランス＞

21. 規則正しい生活を維持するよう努力している	5	4	3	2	1
22. 自分なりのストレス解消方法をもっている	5	4	3	2	1
23. 時間の使い方はうまくいっており、追われているような気はあまりしない	5	4	3	2	1
24. 仕事だけでなく、仕事以外の趣味などを話す相手がいる	5	4	3	2	1
25. 自分の仕事や今後のキャリアについて相談する相手がいる	5	4	3	2	1

7 継続的改善のための定期的なモニターの手法の例

・付録6（P34）で示した「セルフ・キャリアドック全体の効果把握のためのアンケート」を半年～1年に1回のペースで継続的に実施する。

・企業が独自に実施している組織風土調査等がある場合、セルフ・キャリアドックの対象者と非対象者の結果に違いがあるかどうかを分析する。

・目標管理シートに本人の中長期的なキャリア目標が書かれている場合は、キャリア目標の達成率を集計するとともに、目標達成後の次の目標の設定状況を確認する。

・人事部門が集まる勉強会に定期的に参加して、セルフ・キャリアドックを導入している企業同士で情報交換をし、他社の方が優れている点を吸収する。

セルフ・キャリアドック導入支援事業
「セルフ・キャリアドック」導入の方針と展開

平成29年11月 発行
12月 改訂

厚生労働省　人材開発統括官付参事官（若年者・キャリア形成支援担当）付
キャリア形成支援室
〒100-8916　東京都千代田区霞が関1-2-2

あとがき

～セルフ・キャリアドックの普及・発展に向けて～

本書は，セルフ・キャリアドックという枠組みを用いて，個人と組織の両者を活性化しうるキャリアコンサルティングの考え方や理論・技法を紹介しました。特に，個別面談よりも高い視座で「個人と組織の関係性」を捉えて，「個を超えた支援方法」について提示できたことは，企業内キャリアコンサルティングの実効性と存在意義を高めることに貢献できたのではないかと思います。

本書で紹介した内容は，既にフットワークよく活躍している組織内のキャリアコンサルタントにとっては，実践済みのことかもしれません。しかし，その実践活動は，泥臭い経験則による活動ではなく，理論的背景を持った活動であることが本書によって示されたのではないでしょうか。

一方，個別面談を中心に行ってきたキャリアコンサルタントは，個を超えた支援に対して，ハードルの高さを感じているかもしれません。しかし，これまで以上に有益な支援を企業内で行っていこうとするのであれば，本書に書かれている考え方や技法を是非マスターしていただきたいと願います。なぜなら，個別面談だけでは組織に適合できないでいる従業員が存在するからです。この時，個人と組織の関係性を見立てて，連携やネットワーク形成を行うことができれば，キャリアコンサルタントは間接的ではあってもより多くの従業員を支援することが可能になります。これは，キャリアコンサルタントのさらなるパワーアップを意味します。

このように，本書は支援する側にとって有意義であったと思うわけですが，セルフ・キャリアドックはまだまだ理論的にも技法的にも確立されているとはいえません。また，本書で紹介した技法や各種ツールは絶対的なものではないので，導入企業に応じて実行しやすく効果的な方法になるように適宜カスタマイズしていただきたいと思います。本書をたたき台として，より有効な方法を検討・実践していただくことを期待します。皆様の貴重な実践経験が蓄積されることによって，近い将来，セルフ・キャリアドック理論が確立されるのではないでしょうか。

残された課題は，セルフ・キャリアドックの普及についてです。筆者の感覚としては，2019年時点でセルフ・キャリアドックはまだまだ普及しているとはいい難い状況にあります。その原因は，①セルフ・キャリアドックおよびキャリアコンサルティングが一般に知られていない，あるいは誤解されている，②知ってはいるが，その良さ・効果が分からない，③導入しようにも，どうしてよいか分からない，といったことが考えられます。

①については，誤解の解消とさらなる宣伝が必要だと思われます。キャリアコンサルティング導入に対しては，「人材が流出する」，「退職勧奨の方法では」，「キャリアは自社・私には関係ない」といった誤解がまだまだ存在します。私たちキャリアコンサルタントは，これらの誤解を解いて，より多くの働く人にキャリアコンサルティングやセルフ・キャリアドックの素晴しさをアピールする場を作っていかないといけません。

②については，その良さや効果を検証して，これを公開していく活動が一層必要になると思われます。既に，「セルフ・キャリアドック普及拡大加速化支援サイト」というホームページが公開され，14社のモデル企業の実績が示されています。このような好事例や，他社でも活用できる活動事例の紹介件数を増やしていくことによって，その良さが理解されていくと思われます。加えて，セルフ・キャリアドックに関心がある企業が，気軽に活動内容を掲載でき情報交換ができるSNSがあるとよいかもしれません。

また，良さ・効果については，次のような研究が求められると思います。１つは，複数の企業におけるセルフ・キャリアドックの活動のなかから共通パターンを抽出し，導入や活動のタイプ分けをしてベスト・プラクティスを体系化する研究です。これにより，セルフ・キャリアドックを新規導入する企業にとって，自社のタイプにあった導入方法や活動内容を具体的に検討したり，流用したりすることがより容易になります。

もう1つは，効果測定の研究です。セルフ・キャリアドック導入済みの各社が，その効果測定を継続的に行い，これを公開していくことが望まれます。セルフ・キャリアドックの活動指標と，生産性や売上といった経済的指標との関連を明らかにしていくことが求められます。既に，「バランス・スコアカード」という経営手法では，「財務の視点」，「顧客の視点」，「学習と成長の視点」，「内部業務プロセス」が関連し合っていることを示しています。この「学習と成長の視点」のなかにセルフ・キャリアドックの支援施策の頻度や対象従業員数，行動変容の指標などを設定することによって，経済的指標との関連性を実証することができるのではないでしょうか。このように，経営手法とセルフ・キャリアドックを組合せて諸指標を測定・分析していくことによって，経営者が納得できる効果のエビデンスを蓄積していくことが求められます。

③については，既に「平成30年度・平成31年度セルフ・キャリアドック普及拡大加速化事業」によって導入サポートが行われています。これは今後も継続していくでしょう。

以上の活動を，行政が主導してくれるのを待つのではなく，企業内のキャリアコンサルタントが率先して実践していくことが今後のセルフ・キャリアドックの発展のために必要不可欠ではないかと思います。私たち企業内のキャリアコンサルタント全員でセルフ・キャリアドックを創っていきましょう。

2019年6月吉日

ユースキャリア研究所
高橋　浩

執筆者紹介

高橋　浩（たかはし・ひろし）　第１章・第２章・第４章・第６章・第７章

ユースキャリア研究所代表，特定非営利活動法人日本キャリア開発協会理事，法政大学および目白大学講師。博士（心理学），公認心理師。国家資格キャリアコンサルタント。1987年，弘前大学教育学部を卒業後，日本電気アイシーマイコンシステム株式会社に入社し半導体設計，経営企画，キャリア相談に従事。2001年，CDA（キャリア・デベロップメント・アドバイザー）を取得し，2012年，キャリアカウンセラーとして独立。2016年～2017年，厚生労働省委託事業セルフ・キャリアドック導入支援事業推進委員会委員，2018年～2019年，厚生労働省委託事業セルフ・キャリアドック普及拡大加速化事業および2020年～2021年，キャリア形成サポートセンター事業，2023年，キャリア形成・学び直し支援センター事業，2024年，キャリア形成・リスキリング推進事業においてセルフ・キャリアドック導入支援アドバイザーを務める。主な著書として『実践　コミュニティアプローチ』（共著，金子書房，2024），『新時代のキャリアコンサルティング』（共著，労働政策研究・研修機構，2016）。

増井　一（ますい・はじめ）　第３章・第５章

一般社団法人キャリアコンサルティング振興協会 常務理事，２級キャリアコンサルティング技能士，１級ファイナンシャル・プランニング技能士，eMC メンタルヘルスカウンセラー。1979年，立命館大学法学部を卒業後，森下製薬株式会社に入社。外資系製薬会社との数度のＭ＆Ａを経験。MR・労働組合専従・総務部を経て，人事部に23年間在籍。味の素製薬株式会社でキャリア形成支援施策の導入とキャリア相談に従事。2016年定年退職後，2016年～2017年，厚生労働省委託事業のセルフ・キャリアドック導入支援事業推進委員会委員，2017年～2018年，働きやすく，生産性の高い企業・職場表彰作業部会委員，2018年～2019年，セルフ・キャリアドック普及拡大加速化事業アドバイザー，2020年～2021年，キャリア形成サポートセンター事業セルフ・キャリアドック導入支援アドバイザー，2023年からキャリア形成・学び直し支援センター事業，セルフ・キャリアドック導入支援アドバイザー，2024年キャリア形成・リスキリング推進事業キャリアドック導入推進アドバイザーを務める。労政時報に「キャリアコンサルタントと進める従業員のキャリア自律」を投稿（第4039号2022年）。

セルフ・キャリアドック入門
キャリアコンサルティングで個と組織を元気にする方法

2019年9月20日　初版第1刷発行　［検印省略］
2024年6月30日　初版第9刷発行

著 者　高橋　浩
　　　　増井　一

発行者　金子紀子

発行所　株式会社　金子書房
〒112-0012 東京都文京区大塚 3-3-7
TEL 03-3941-0111(代)／FAX 03-3941-0163
振替 00180-9-103376
URL　https://www.kanekoshobo.co.jp

印刷／藤原印刷株式会社
製本／有限会社井上製本所

ISBN 978-4-7608-2673-5　C3034　Printed in Japan